Berufsethos kontra Ökonomie

Johannes Jörg

Berufsethos kontra Ökonomie

Haben wir in der Medizin zu viel Ökonomie
und zu wenig Ethik?

 Springer

Johannes Jörg
Klinikum Universität Witten/
Herdecke
Helios-Klinikum Wuppertal
Wuppertal

ISBN 978-3-662-47065-7   ISBN 978-3-662-47066-4 (eBook)
DOI 10.1007/978-3-662-47066-4

Die Deutsche Nationalbibliothek verzeichnet diese Publikation in der Deutschen
Nationalbibliografie; detaillierte bibliografische Daten sind im Internet über
► http://dnb.d-nb.de abrufbar.

Umschlaggestaltung: deblik Berlin
Fotonachweis Umschlag: © Andy Dean – Fotolia
Satz: Crest Premedia Solutions (P) Ltd., Pune, India

Gedruckt auf säurefreiem und chlorfrei gebleichtem Papier

Springer-Verlag ist Teil der Fachverlagsgruppe Springer Science+Business Media
www.springer.com

Vorwort

Die rasante Entwicklung der Neurologie in den letzten dreißig Jahren mit Neuroradiologie, Stroke-Unit-Konzept und neurologischer Intensivstation wäre möglicherweise mit den heutigen ökonomischen Zwängen und Anreizen so nicht möglich gewesen. Diese moderne Neurologie konfrontiert uns aber auch zwangsläufig mit vielen ethischen Fragen, wie z. B. der Sterbehilfe bzw. Langzeitbeatmung bei der ALS oder dem vegetativen Status.

Problemlösungen gerade in ethischen und ökonomischen Grenzbereichen erfordern heute eine überzeugende ärztliche Profession und einen multiprofessionellen Ansatz mit hoher Transparenz. Beispiele hierfür sind die Teamarbeit auf Intensivstationen, gemeinsame Fortbildungen wie bei den von Ärzten und Pflegenden konzipierten Jahrestreffen der »Arbeitstagung NeuroIntensivMedizin« (ANIM), Fachgruppenkonferenzen und die Ethikkonsile. Eine ärztliche Entscheidungs- und Therapiefreiheit mit primärer Ausrichtung auf das Patientenwohl ist heute im Klinik- oder Praxisalltag wegen des Anspruchs auf höchste Qualität und Wirtschaftlichkeit kaum noch realisierbar ohne enge Zuarbeitung von Ökonomen. Frontstellungen zwischen einem qualitativ hochstehenden Gesundheitssystem und ökonomischen Aspekten sind kaum zu vermeiden, aber lösbar. Dabei benötigen wir, entgegen der veröffentlichten Ärztemeinung, meist nicht weniger Ökonomie, sondern mehr Berufsethik.

Die Hauptkapitel dieses Buches entstammen Vorträgen über »Qualität und ökonomische Anreizsysteme im Klinikalltag« vor Ökonomie-Studenten der Universität Wuppertal, »Ethik versus Ökonomie« bei der Summer School der Helios-Kliniken sowie »Interessenkonflikte in der Medizin« bei Ethiktagungen. Meine Schlussfolgerungen gründen sich auf Erfahrungen als Fachgruppenleiter und beim Peer Review im Rahmen der Initiative Qualitätsmedizin (IQM), Arbeiten in der Ethikkommission der Uni Wuppertal sowie im Ethikkomitee am Helios-Klinikum Wuppertal, auf der Mitarbeit bei NeurologyFirst und der Tätigkeit im Beirat sowie in den Selbsthilfegruppen der deutschen Parkinsonvereinigung.

Meiner lieben Frau Christel danke ich, dass sie mir immer den für diese Arbeit nötigen kreativen Freiraum gewährleistet hat. Meinem Sohn Simon verdanke ich den sachkundigen Rat besonders in Fragen von privaten oder gesetzlichen Krankenkassen.

Mein Dank gilt Frau Dr. Renate Scheddin vom Springer-Verlag für ihre schnelle Bereitschaft, dieses Buch zu realisieren. Ihren beiden Mitarbeiterinnen Frau Natalie Brecht und Frau Elke Renz danke ich für die reibungslose Umsetzung im Verlag bis hin zur Drucklegung.

Johannes Jörg
Wuppertal und Mönchengladbach, am 7. Mai 2015

Inhaltsverzeichnis

Serviceteil

Abkürzungsverzeichnis

AiP	Arzt im Praktikum (in Ausbildung)	EKG	Elektrokardiogramm
AkdÄ	Arzneimittelkommission der deutschen Ärzteschaft	EMA	wissenschaftliches Komitee der Europäischen Arzneimittel-Agentur
ALS	amyotrophe Lateralsklerose	EMG	Elektromyographie
ÄK	Ärztekammer	EPRT	Endoprothesenregister Deutschlands
AMNOG	Arzneimittelmarktneuordnungsgesetz	ETM	evidenzbasierte Therapiemodule
ANIM	Arbeitstagung NeuroIntensivMedizin	EU	Europäische Union
		FA	Facharzt
AWMF	Arbeitsgemeinschaft der wissenschaftlichen medizinischen Fachgesellschaften	FSA	Freiwillige Selbstkontrolle für die Arzneimittelindustrie
		G-BA	Gemeinsamer Bundesausschuss
AZ	Allgemeinzustand	GF	Geschäftsführer
BÄK	Bundesärztekammer	GKV	Gesetzliche Krankenversicherung
BC	Bronchialkarzinom	GEK	Gmünder Ersatzkasse
BGB	Bürgerliches Gesetzbuch	GOÄ	Gebührenordnung für Ärzte
BGH	Bundesgerichtshof	HNO	Hals Nasen Ohren
BMI	Body-Mass-Index	HzV	Hausarztzentrierte Versorgung
BSG	Bundessozialgericht	ICD	implantierbarer Defibrillator
BVDN	Berufsverband deutscher Nervenärzte	IGeL	Individuelle Gesundheitsleistungen
		IMC	Intermediate Care
BVG	Bundesverfassungsgericht	InEK	Institut für das Entgeltsystem im Krankenhaus
CA	Chefarzt		
CIRS	Critical Incident Reporting System	IQM	Initiative Qualitätsmedizin
CME	Continuing Medical Education	IQTG	Institut für Qualität und Transparenz von Gesundheitsinformationen
CMI	Case Mix Index		
CT	Computertomographie	IQWiG	Institut für Qualität und Wirtschaftlichkeit im Gesundheitswesen
cCT	kranielle Computertomographie		
DGN	Deutsche Gesellschaft für Neurologie	ITS	Intensivstation
		KBV	Kassenärztliche Bundesvereinigung
DMP	Disease Management Programme = Behandlungsprogramm für chronisch Kranke	KEK	klinisches Ethikkomitee
		KK	Krankenkasse
		KKH	Kaufmännische Krankenkasse
DNR	Do Not Reanimate (vgl. VaW)	KV	Kassenärztliche Vereinigung
dPV	Deutsche Parkinson Vereinigung	LÄK	Landesärztekammer
DRG	Diagnosis Related Groups (Diagnosebezogene Fallgruppen); diagnosebezogene Vergütung bzw. Fallpauschalen)	LWK	Lendenwirbelkörper
		m	männlich
		MBO-Ä	(Muster-)Berufsordnung für die in Deutschland tätigen Ärztinnen und Ärzte
DRV	Deutsche Rentenversicherung		
EBM	Einheitlicher Bewertungsmaßstab	MDK	Medizinischer Dienst der Krankenversicherungen
EbM	Evidenzbasierte Medizin		
EEG	Elektroenzephalogramm	MPM	Medizinisches Prozessmanagement

MRSA	Methicillin-resistenter Staphylokok-kus aureus
MRT	Kernspintomographie
MVZ	Medizinisches Versorgungszentrum
N	Nervus
NICE	National Institute for Health and Clinical Excellence
NUB	Neue Untersuchungs- und Behandlungsmethoden
OA	Oberarzt
OECD	Organisation für wirtschaftliche Zusammenarbeit und Entwicklung
Off label	Anwendung abseits des eigentlichen Behandlungszwecks
OP	Operation
OPS	Operationen- und Prozeduren-schlüssel
P4P	Pay for Performance (Qualitätsorientierte Vergütung)
PEG	Perkutane enterale Gastrostomie
PET	Positronen-Emissions-Tomographie
PKV	Private Krankenversicherung
PPSA	Physician Payment Sunshine Act
PRG	Patientenrechtegesetz
PSA	Prostataspezifischer Antikörper
PV	Patientenverfügung
PVS	persistierender vegetativer Status
RA	Rechtsanwalt
RCTs	randomisierte, kontrollierte, verblindete klinische Studien
RR	Blutdruck im arteriellen System
SAS	Schlaf-Apnoe-Syndrom
SEP	somatosensorisch evozierte Potenziale
SGB	Sozialgesetzbuch
SM	Schrittmacher
StGB	Strafgesetzbuch
TEP	Totalendoprothese
TIA	transitorische ischämische Attacke
TK	Techniker Krankenkasse
VaW	Verzicht auf Wiederbelebung (vgl. DNR)
w	weiblich
ZEK	schweizerische Zentrale Ethikkommission

Einführung

Johannes Jörg

J. Jörg, *Berufsethos kontra Ökonomie*,
DOI 10.1007/978-3-662-47066-4_1, © Springer-Verlag Berlin Heidelberg 2015

1.1   Zwei vergleichbare Fälle im deutschen Gesundheitssystem

Kasuistik 1: W. M. 49 J. m., Psychogene Kopfschmerzen – gesetzlich versichert mit Hausarztvertrag

Herr W. M., 49 Jahre alt, leidet seit über einem halben Jahr unter drückenden Kopfschmerzen. Er geht zu seinem Hausarzt, der ihn seit über 20 Jahren kennt. Sein Arzt findet nach einer körperlichen Untersuchung mit Blutdruckmessung und Elektrokardiogramm (EKG) nur Normalbefunde. Er veranlasst wegen der Abhängigkeit der Kopfschmerzen vom Wochentag, Urlaub und Stress auf der Arbeit ein gemeinsames Gespräch mit der Ehefrau. Dabei erfährt er soziale Besonderheiten am Arbeitsplatz und einen zeitlichen Zusammenhang mit dem Tod der Mutter.

Der Hausarzt erklärt den Zusammenhang einer Somatisierung mit den Worten: Der eine Mensch macht sich bei Konflikten Gedanken, der andere Kopfschmerzen. Er rät zu Sport, Aufnahme von Hobbys und einem Gespräch mit seinem Chef am Arbeitsplatz. Auf die Empfehlung einer Medikation verzichtet er, da sich die Spannungskopfschmerzen bei einem Kontrolltermin 6 Wochen später schon deutlich zurückgebildet haben.

Ein zusammenfassender Arztbericht wird nicht erstellt. Die Abrechnung mit der Kasse erfolgt über die KV am Quartalsende, eine Rechnung erhält der Patient nicht.

Kasuistik 2: A. D. 40 J. m., Episodischer Spannungskopfschmerz – privat versichert

Herr A. D., 40 Jahre alt, leidet seit fast 2 Jahren an mehrmals wöchentlich auftretenden, eher zunehmenden, drückenden Kopfschmerzen. Er benötigt als privat Versicherter keine Überweisung zum Facharzt. So vereinbart er bei einem ihm empfohlenen Facharzt für Neurologie einen Untersuchungstermin. Dieser findet einen normalen neurologischen Befund. Er vermutet einen episodischen Spannungskopfschmerz und veranlasst neben einem Elektroenzephalogramm (EEG) und einer Dopplersonografie der hirnversorgenden Gefäße ein MRT des Gehirns, um keinen Tumor zu übersehen. Die gesamte Diagnostik war unauffällig.

Anschließend erläutert der Facharzt die Ursache von Spannungskopfschmerzen, empfiehlt das Erlernen von Entspannungsverfahren, den Abbau von Stress am Arbeitsplatz und in der Familie sowie die Aufnahme von Dauersport wie z. B. Joggen und verschreibt eine Dauermedikation mit 10 mg Amitriptylin täglich.

Bei einer Kontrolluntersuchung 8 Wochen später gibt Herr A. D. eine Linderung der Kopfschmerzen an. Daher verzichtet der Neurologe auf eine Überweisung zum Psychiater zur Exploration einer Psychogenese der Kopfschmerzen. Der Hausarzt erhält über die Ergebnisse einen getippten Arztbrief, eine Kopie davon erhält Herr A. D. erst auf ausdrücklichen Wunsch. Eine Rechnung geht dem Patienten innerhalb von 2 Wochen zu.

▪ **Resumee von Kasuistik 1 und 2**

Beide Patienten erhalten ärztliche Hilfe gegen ihre chronischen Kopfschmerzen und sind mit der Behandlung zufrieden.

Der Patient W. M. – allgemein versichert – erhält bis auf ein EKG keine zusätzliche apparative Diagnostik. Der Hausarzt erhält gemäß Hausarztvertrag seiner GKV eine Pauschale von nicht einmal 40 €. Die Abrechnung erfolgt pro Quartal über die KV, die Berechnung ist nach EBM. Die identische ärztliche Leistung würde – eine PKV vorausgesetzt – nach GOÄ mehr als 100 € erbringen. Ein Arztbericht wird nicht erstellt.

Der Patient A. D. besucht als Mitglied einer PKV ohne Überweisung direkt einen Facharzt und erhält neben einer neurologischen eine ausgiebige apparative Diagnostik zu einem

Gesamtbetrag von mehr als 500 €. Die Rechnung erhält er innerhalb von 10 Tagen, nur auf besondere Bitte erhält er die Kopie des Arztbriefes.

1.2 Notwendiger Wandel in der dualen Versicherungsform

Seit 2012 besteht für alle Bürger in Deutschland eine Versicherungspflicht gegen Krankheiten. Unser Zweisäulenmodell der Gesundheitsversorgung mit gesetzlichen und privaten Krankenkassen ist aber im Kern schon 130 Jahre alt. Diese duale Versicherungsform umfasst 43 private und 124 gesetzliche Krankenversicherungen (PKV und GKV), wobei bei der PKV 8,89 Mio. Menschen voll versichert und 22 Mio. zusatzversichert sind. Die große Mehrzahl der Menschen – 69,7 Mio. (inklusive mitversicherter Angehöriger), Stand Juni 2013 – sind gesetzlich krankenversichert. Dieses typisch deutsche Gesundheitssystem wird nach einer Umfrage des Meinungsforschungsinstitutes Allensbach aus dem Jahre 2012 von 82 % der Deutschen als überwiegend gut bis sehr gut bewertet. Dies erstaunt, weil in derselben Umfrage wegen der ungleichen medizinischen Versorgung 47 % Reform-Befürworter sind, die Kosten auch durch eine unterschiedliche Abrechnung nach GOÄ oder EBM schon bald aus dem Ruder laufen dürften und die Patientenrechte oft keine Beachtung finden.

In einer von Koch et al. 2011 publizierten, internationalen Umfrage bei Hausärzten und hausärztlich tätigen Internisten schätzt die Mehrheit der 1.500 befragten deutschen Ärzte die Qualität der Patientenversorgung mehrheitlich positiv ein; trotzdem sehen 82 % der befragten deutschen Ärzte einen grundlegenden Änderungsbedarf. Dieser wurde in allen übrigen 9 Ländern deutlich niedriger gesehen und bezog sich besonders auf die Wochenarbeitszeit, die Zahl der wöchentlich zu behandelnden Patienten (in Deutschland 242, in allen übrigen Ländern von 53 bis 171) und die mittlere Zeit pro Patientenkontakt (in Deutschland 9,1 Min., sonst 10,3 in Irland und 28,8 Min. in der Schweiz). Eine komplette Reformierung unseres Gesundheitssystems hielten 31 % der deutschen Ärzte für nötig, in den übrigen Ländern reichten die Werte von 1 % in den Niederlanden, 3 % in Großbritannien bis 15 % in den USA. Obwohl deutsche Ärzte eine Spitzenposition im Sozialprestige einnehmen, dominieren in ihrer Arbeit immer mehr Zweifel und Pessimismus.

Patientenrechte sind in Deutschland aufgrund mangelnder Transparenz und vieler Abhängigkeiten noch immer so unterentwickelt, dass sich Patienten in ihrer Not oft wie Unmündige verhalten. Daran haben weder die 2009 erfolgte Einführung des Patientenverfügungsgesetzes zur Stärkung des Rechtes auf Selbstbestimmung noch das Patientenrechtegesetz vom 26. Februar 2013 etwas geändert. Viele Ärzte handeln immer noch »patriarchalisch«, auch zu ihrem ökonomischen Nutzen, dies gilt insbesondere bei Patienten der PKV. Ohne eine Gegensteuerung von Patienten- und Kassenseite ist mittelfristig die Finanzierung des gesamten Gesundheitssystems gefährdet.

In 9 Kapiteln wird anhand von 17 Kasuistiken und der Beschreibung der derzeitigen Verhältnisse im Gesundheitssystem aufgezeigt, welche Veränderungen bei Ärzten, Kassenvertretern und Patienten nötig sind, um sowohl ein generell hohes medizinisches Niveau für alle als auch das Recht auf Transparenz, Selbstbestimmung und gerechte Behandlung zu erreichen.

Auf ärztlicher Seite gehört die jetzige Zweiklassenmedizin zugunsten einer einheitlichen Basisversorgung in Verbindung mit einem Mehrklassenservice reformiert (▶ Kap. 5, ▶ Kap. 6). Ökonomische Ziele sind unabhängig vom Träger der Klinik – privat, kirchlich oder öffentlich – legitim, sie sind aber dem Wohlergehen der Patienten und der ärztlichen Entscheidungs- und Therapiefreiheit unterzuordnen (▶ Kap. 2).

Jedem Patienten ist ein Zugang zu allen Krankenkassen zu ermöglichen, wobei alle Kassen eine identische, großzügige Basisversorgung – ambulant wie stationär – garantieren müssen. Das Liquidationsrecht mit Abrechnung nach GOÄ ist ebenso wie die kassenärztliche Vereinigung mit Abrechnung nach EBM zugunsten einer freien Arztwahl ambulant wie stationär abzuschaffen. Die ärztliche Honorierung hat auf einer einheitlichen Basis zu erfolgen, daher sind die jetzigen Abrechnungen nach GOÄ und EBM zu vereinheitlichen (▶ Kap. 8). Veranlassen Ärzte kostspielige Untersuchungen ohne streng fachgerechte Indikation, ist unabhängig von der Art der Zusatzversicherung auch der Patient an den Kosten zu beteiligen, um so die Solidargemeinschaft zu entlasten. Nicht evidenzbasierte Medizin gehört ebenso wie Luxusmedizin nicht zur Basisversorgung (▶ Kap. 9). Alle Interessenkonflikte sind transparent zu machen (▶ Kap. 10).

Patienten müssen lernen, ihre Rechte gegenüber den Ärzten und ihren Kassenvertretern persönlich – ggf. unter Heranziehung sachkundiger Berater - einzufordern und mündig Kontrollfunktionen ähnlich wie bei jedem täglichen Wareneinkauf vorzunehmen (▶ Kap. 3). Als Ausdruck der Selbstbestimmung bedarf es einer monetären Selbstbeteiligung (▶ Kap. [5], ▶ Kap. 6) und eines Zugangsrechts zu allen Ärzten und allen Krankenkassen (▶ Kap. [8], ▶ Kap. 9).

Krankenpflegende können ebenso wie Arzthelfer je nach Qualifikation auch sogenannte ärztliche Aufgaben übernehmen, soweit dies aus Kostengründen sinnvoll und zur Qualitätserhaltung – unabhängig von Zeiten des Ärztemangels – möglich ist; in der Herzchirurgie, Urologie oder Anästhesie wird es seit Jahren mit Erfolg praktiziert. Pflegende in Kliniken nehmen für Patienten eine Berater- und Patronats-Funktion wahr. In dieser Funktion sollen sie der heute immer mehr zunehmenden Ökonomisierung durch Erkennen und Ansprechen ethischer Fragen entgegenwirken (▶ Kap. 2, ▶ Kap. [7]) (Dörries et al. 2010).

Krankenkassenmitarbeiter haben transparent für ihre Mitglieder und unabhängig von Institutionen wie der KV alle Arzt- und Krankenhausrechnungen zu prüfen und sich aktiv im Rahmen des Versorgungsmanagements gemäß § 11 SGB V in die Beratung ihrer Mitglieder einzuschalten (▶ Kap. [7], ▶ Kap. 9). Bei der Erstellung von Zweitmeinungen sollen sie allen Versicherten ermunternd zur Seite stehen.

■ **Ziel einer gerechten und bezahlbaren medizinischen Versorgung auf höchstem Niveau**

Anliegen aller Beteiligten im Gesundheitssystem sollte eine medizinisch und ethisch begründete Versorgung auf höchstem Niveau sein, unter Beachtung größter Transparenz, Selbstbestimmungsrecht der Patienten, Gerechtigkeit und gegenseitigem Respekt (▶ Kap. 2). Eine unterschiedlich hohe Honorierung trotz gleicher medizinischer Leistung sollte nur durch einen unterschiedlichen Service zustandekommen. In der Marktwirtschaft ist das typische Vorbild der Flug oder die Zugfahrt, die für alle Mitfahrenden in gleicher Zeit das gleiche Ziel ansteuern, wobei aber der Service vor und während der Fahrt je nach Ticket-Preis sehr unterschiedlich ist. Die überfällige Vereinheitlichung der unterschiedlichen und ungerechten Abrechnungsmodalitäten je nach PKV- oder GKV-Zugehörigkeit entspricht auch dem Patientenrechtegesetz vom 26. Februar 2013. Mit der Angleichung des dualen Versicherungssystems würden auch die Kosteneffizenz der öffentlichen Ausgaben für das Gesundheitssystem gesteigert und die Pflege verbessert werden, wie es im Juli 2014 der Rat der EU-Mitgliedsländer für Deutschland gefordert hat.

Die Beschreibung typischer Abläufe in Kliniken und Arztpraxen haben das Ziel, das Verantwortungsgefühl der Ärzte und die Mündigkeit der Patienten zu fördern, eine gerechtere, bezahlbare Spitzenmedizin auf ethischer Grundlage zu erreichen und wieder mehr Arbeitsfreude bei den Therapeuten auch in Zeiten von DRG und Ökonomisierung zu erzielen.

Literatur

Dörries A, Neitzke G, Simon A, Vollmann J (2010) Klinische Ethikberatung, 2. Aufl. Kohlhammer, Stuttgart
Koch K, Miksch A, Schürmann Ch, Joos St, Sawicki PT (2011) Das deutsche Gesundheitssystem im internationalen Vergleich. Dtsch. Ärztebl. 108 (15): 255–261

Ethik und Ökonomie in der Medizin

Johannes Jörg

J. Jörg, *Berufsethos kontra Ökonomie*,
DOI 10.1007/978-3-662-47066-4_2, © Springer-Verlag Berlin Heidelberg 2015

In jedem Beruf besteht ein Spannungsfeld zwischen speziellen, berufsethischen Zielen und ökonomischen, also wirtschaftlichen Interessen. Der Kaufmann erfüllt möglichst alle Interessen seiner Kunden zu dessen Zufriedenheit und geht davon aus, dass sich diese Zielsetzung positiv auf die Rendite seines Betriebes und damit auch die Gehaltshöhe seiner Mitarbeiter auswirkt. Das Verkaufen fragwürdiger Produkte oder ein mangelhafter Service allein aus Gründen einer schnellen Gewinn-Maximierung beeinträchtigen – zumindest langfristig – auch seinen Gewinn. Ein Restaurantbesitzer wird besonders auf die Qualität in seinem Speisenangebot achten, ein typisches, berufsspezifisches ethisches Ziel, was jedem ökonomisch formulierten Ziel – unter anderem einer ausreichend hohen jährlichen Gewinnausschüttung – überzuordnen ist.

In der Medizin ist der Stellenwert der berufsethischen und ökonomischen Ziele in die Diskussion geraten, da durch den Druck der ökonomischen Anreizsysteme die Gefahr besteht, dass der Vorrang der medizinischen Ethik und damit der ärztlichen Entscheidungs- und Therapiefreiheit infrage gestellt wird.

2.1   Ethik und Ökonomie in der heutigen Gesellschaft

Unter ethischem Verhalten versteht man die Einhaltung eines Wertesystems mit den Grundwerten Menschenwürde, Gerechtigkeit, Nächstenliebe, Fürsorge, Gleichberechtigung, Selbstbestimmung, Ehrlichkeit und Transparenz. Unter Ökonomie oder Wirtschaftlichkeit ist der kluge Umgang mit Ressourcen, Prozessoptimierung und Einhalt von Verschwendung zu verstehen. Eine übertriebene Ökonomisierung liegt vor, wenn in der Medizin zur grenzenlosen Gewinnmaximierung Fehlanreize zur Fallzahlsteigerung oder eine Priorisierung von teuren Fällen eingesetzt werden.

Der Stellenwert der Ethik scheint in der heutigen Gesellschaft abzunehmen, wie sich am Beispiel unserer Berufseliten zeigen lässt:

Der Stellenwert der Ökonomie tritt in der Medizin immer mehr in die Vordergrund: So war bis vor 20–30 Jahren die Trias Gerichtsbarkeit, Bildung einschließlich Kultur und Gesundheitssystem als öffentliches, für alle Bürger gleich zugängliches Gut anerkannt. Alle drei Systeme hatten den Auftrag, als »öffentliches Gut« frei von ökonomischen Interessen und allein dem Gemeinwohl verpflichtet zu agieren.

Im Sport beschließt die FIFA die Fußball-Weltmeisterschaft 2020 in Katar aus monetären Gründen, trotz im Sommer dort herrschenden Temperaturen von über 40° C. Der Präsident des FC Bayern München wurde wegen Steuerhinterziehung angeklagt; ein Rücktritt wurde nicht einmal nach der Verurteilung zu 3 ½ Jahren Gefängnis gefordert.
In der Wirtschaft hat sich mit dem Motto »Geiz ist geil« eine Ethik des Marktes breit gemacht. Banker verkaufen Todeswetten, spekulieren auf Lebensmittel wie Getreide und betreiben so Spekulationen ohne Wertschöpfung (Sandel 2012).
In der Religion führt der Limburger Bischof van Eltz, ebenso wie andere katholische Bischöfe, schwarze Kassen, und er hat so einen 1.-Klasse-Flug nach Indien und eine Luxusbadewanne finanziert. Der Staat erhebt auf diese legalen schwarzen Kassen aufgrund der Säkularisierungsgesetze von 1803 (!) nicht einmal eine Steuer.
In der Politik ist der Begriff »schnorren« durch »wulffen« ersetzt worden in Erinnerung an die zahlreichen »Vorteilsannahmen« des früheren Bundespräsidenten Wulff. Immerhin haben die

öffentlichen Vorwürfe – trotz eingestelltem Strafverfahren – ebenso zum Rücktritt geführt wie die Plagiatsvorwürfe gegen den früheren Verteidigungsminister von Gutenberg. In den USA musste dagegen Präsident Clinton trotz sexuellen Missbrauchs einer Praktikantin nicht einmal zurücktreten.

In der Humanmedizin hat der Skandal um die Organtransplantation an der Uni Göttingen die Problematik von Fehlanreizen in geheimen Bonusverträgen aufgezeigt: der mittlerweile gekündigte Leiter der Abteilung für Organtransplantation erhielt zusätzlich zu seinem Monatsgehalt von 14.000 € ab der 21. Lebertransplantation pro Leber und Jahr 1500 €. In England und China sind Ärzte bereit, bei Embryos mit unerwünschtem Geschlecht abzutreiben. Indische Leihmütter erhalten für das Austragen eines Embryos 6.250 $.

Die Einführung von DRG im Jahre 2003 hat zu ökonomischen Begleiteffekten geführt: So kam es beispielsweise bei Frühgeborenen zu Gewichtsverschiebungen nach unten, wohl Folge der Honorar-Unterschiede mit 80.000 € bei Wiegegewicht von < 750 g und 57.000 € bei Wiegegewicht > 750 g.

Ärzte sind ebenso wie Juristen und Theologen Vertreter einer Profession. Als solche haben sie nach Heubel (2014) ein abstraktes Handlungsziel, eine anspruchsvolle, meist akademische Ausbildung und einen Gemeinschaftsbezug. Als Anerkennung verleiht der Staat diesen Professionen eine gewisse berufliche Autonomie. Arztsein ist also nicht nur ein Beruf, sondern bedeutet im Sinne des Wortes »Versprechen« eine soziale Verpflichtung, ja eine Verpflichtung, dass das Wohl des Patienten über allem zu stehen hat (Maio 2014).

Mit der Einführung des Wettbewerbs in das deutsche Krankenhaussystem unter Gesundheitsminister Seehofer ist die Medizin aus dieser Trias ausgeschert. Nach Aufgabe des früher öffentlichen Gutes sowie des Gemeinschaftsbezugs leitet heute in aller Regel nicht mehr ein Arzt, sondern ein Betriebswirt ein Krankenhaus.

Nun sind Privatisierungen, besonders im ärztlichen Niedergelassenenbereich, die Regel, und bei vielen Unternehmen garantiert eine Privatisierung ja oft erst das Erreichen einer besonders hohen Qualität (u. a. Lufthansa, Hoteliers, Speiserestaurants). Nicht die Tatsache der Privatisierung im Gesundheitssystem und damit das Entstehen von Konkurrenz sowie das Streben nach Gewinn sind negativ, sondern nur die damit verbundene Tendenz, dass mit der Privatisierung der Renditegedanke überhandnimmt und berufsethische Primärziele wie Patientenwohl und Wohl der Mitarbeiter den wirtschaftlichen Zielen gleichgestellt werden.

So wird im Bereich der niedergelassenen Ärzte das duale Krankenkassensystem dazu missbraucht, dass Privatversicherte finanziell so »übervorteilt« werden, dass damit eine Querfinanzierung der GK-Versicherten erfolgt. In Privatkliniken ist die Expertise u. a. mit der DRG-Abrechnung und den qualitäts- sowie fallzahlabhängigen Boni besonders groß, und die Abhängigkeit der leitenden Ärzte kann so stark sein, dass ökonomisches Denken zur Erlössteigerung die medizinische Indikationsstellung immer mehr beeinflusst.

In unserer Gesellschaft ist Leistung allein durch Übertragung von Verantwortung und ohne einen materiellen Anreiz oft nicht mehr zu erreichen. Wachstumsdenken wird nicht mehr als Förderung von Innovationen, sondern nur als Konsumsteigerung betrachtet. Das zunehmende Gewinnstreben unter Auslassung ethischer Grundwerte hat Sloterdijk (2012) für die Banker pointiert ausgedrückt: »Fiskalethik bedeutet: nehmen ist seliger als geben.«

2.2   Historie der Medizinethik

Ethische Verpflichtungen der Ärzte haben eine lange Geschichte und beginnen mit dem Eid des Hippokrates (400 v. Chr.); er findet sich bis zum heutigen Tag im Gelöbnis der Ärzte (▶ Abschn. 2.3).

Im letzten Jahrhundert war das medizinische Denken »paternalistisch« geprägt. Der Chefarzt wusste nicht nur im Notfall, was für seinen Patienten das Beste war, so dass er beispielsweise bewusstlose Patienten oft über Wochen »im vermuteten Interesse des Patienten« behandelte. Ein Vormundschaftsverfahren blieb die Ausnahme.

Erst mit dem Betreuungsgesetz vom 12.9.1990 wurden Ärzte verpflichtet, bei einer fortdauernden Entscheidungsunfähigkeit des Patienten über 24 Stunden hinaus und fehlender Verfügung des Patienten eine gesetzliche Betreuung einzuleiten. Die Selbstbestimmungsrechte wurden schließlich in dem Patientenverfügungsgesetz vom 1.9.2009 so eindeutig betont, dass Ärzte gegen eine Patientenverfügung mit Vorsorgevollmacht in der Regel keine Entscheidungsbefugnis mehr haben. Diese Betonung der Patientenautonomie hat der Gesetzgeber dann mit weiteren Rechten auf Information, Aufklärung vor Eingriffen, Einsicht in die Krankenblätter sowie alle Befunde in dem Patientenrechtegesetz vom 26.2.2013 zusammengefasst.

Ethische Richtlinien zur medizinischen Forschung am Menschen wurden mit der Deklaration von Helsinki 1954 durch den Weltärztebund (World Medical Association, abgekürzt WMA) festgelegt und mit Einrichtung von Ethik-Kommissionen ab etwa 1980 an den medizinischen Fakultäten umgesetzt. Heutzutage sind medizinische Studien und Publikationen ohne ein positives Votum einer Ethik-Kommission in Deutschland nicht mehr möglich.

Erst in den letzten Jahren wurden Klinische Ethikkomitees (KEK) zur Beratung in Fragen wie Therapiefortführung, Therapiebegrenzung oder Therapieabbruch an großen Kliniken eingerichtet. Die Komitees sind interdisziplinär mit verschiedenen Berufsgruppen besetzt. Sie sollen Patienten, ihren engsten Angehörigen oder den Mitarbeitern in schwierigen ethischen Fragen ethisch begründete Empfehlungen geben und so dem Selbstbestimmungsrecht der Patienten Geltung verschaffen. Auch bei der Bewertung kulturell unterschiedlicher Moralvorstellungen soll das KEK dem verantwortlichen Arzt hilfreich zur Seite stehen (Jörg 2013).

Die größte Errungenschaft des 20. Jahrhunderts war das Selbstbestimmungsrecht der Patienten in Krankheitsfragen. Ethische Werte gehören damit heute wie selbstverständlich zum modernen Rechtsstaat und zu jeder Art Medizin.

2.3   Medizinische Ethik

Medizinische Ethik beschäftigt sich mit den sittlichen Normen, die für alle im Gesundheitswesen tätigen Personen und Organisationen gelten. Das Wohl des Patienten ist dabei oberstes Gebot und Richtschnur jeden ärztlichen Handelns. So findet sich der Leitspruch vereint weltweit in allen Kliniken: »Salus aegroti suprema lex – Das Wohl des Patienten ist das höchste Gut«. Aus dieser Verpflichtung ergeben sich alle weiteren medizinischen Grundwerte mit der Fürsorgepflicht an erster Stelle.

2.3.1   Grundwerte der medizinischen Ethik

Die Grundwerte der medizinischen Ethik sind
a. Patientenautonomie mit dem Recht auf Selbstbestimmung
b. Patientenwohl mit Fürsorgpflicht, Pflicht zur Hilfeleistung
c. Menschenwürde und Gerechtigkeit
d. Schweigepflicht (versus Offenbarungspflicht)
e. Garantenpflicht für menschliches Leben.

  a. Unter Patientenautonomie und Selbstbestimmung versteht man das Recht auf Aufklärung sowie das Recht auf Zustimmung oder Ablehnung jeder gestellten, medizinisch indizierten Maßnahme. Ein Recht auf Durchführung von nicht indizierten medizinischen Maßnahmen – z. B. die Beatmung eines sterbenden, todkranken Menschen – besteht aber nicht.
  b. Die Fürsorgpflicht spiegelt sich in dem Genfer Gelöbnis des Weltärztebundes wieder: »Die Gesundheit meines Patienten soll oberstes Gebot meines Handelns sein«. Sie bedeutet für den Patienten die Gewähr, dass ihm durch die ärztliche Maßnahme kein Schaden zugefügt (»primum non nocere«) und er vor sozialem Missbrauch geschützt wird.
  c. Die Menschenwürde wird im Grundgesetz Artikel 1 Abs. 1 gewährleistet und bedeutet, dass jeder Arzt seine Patienten unabhängig von Rasse, Geschlecht, Religion, Behinderung oder gesellschaftlichem Status behandeln muss. Dazu ist die ärztliche Entscheidungs - und Therapiefreiheit Voraussetzung; diese Berufsfreiheit wird in Art. 12 des Grundgesetzes geschützt.
  d. Die Schweigepflicht ist Kernstück des ärztlichen Ethos; sie gilt auch gegenüber Ehepartner oder Lebensgefährten und endet nicht mit dem Tod des Patienten.
  e. Die Garantenpflicht für das menschliche Leben findet sich im Hippokratischen Eid wieder und konkurriert mit dem Recht auf Sterbehilfe (▸ Abschn. 7.5).

Die Verpflichtung jedes Arztes, gemäß dem hippokratischen Eid kranken Menschen zu helfen, schließt nicht die Berücksichtigung ökonomischer und damit finanzieller Interessen aus; diese müssen nur transparent sein.

In Deutschland werden die Ärzte vor ihrer Kammer mit einem Gelöbnis auf die ärztlichen Grundwerte verpflichtet:

Gelöbnis auf die ärztlichen Grundwerte
»Bei meiner Aufnahme in den ärztlichen Berufsstand gelobe ich, mein Leben in den Dienst der Menschlichkeit zu stellen. Ich werde meinen Beruf mit Gewissenhaftigkeit und Würde ausüben. Die Erhaltung und Wiederherstellung der Gesundheit meiner Patientinnen und Patienten soll oberstes Gebot meines Handelns sein. Ich werde alle mir anvertrauten Geheimnisse auch über den Tod meiner Patientinnen und Patienten hinaus wahren.
Ich werde mit allen meinen Kräften die Ehre und die edle Überlieferung des ärztlichen Berufes aufrechterhalten und bei der Ausübung meiner ärztlichen Pflichten keinen Unterschied machen weder nach Geschlecht, Religion, Nationalität, Rasse noch nach Parteizugehörigkeit oder sozialer Stellung. Ich werde jedem Menschenleben von der Empfängnis an Ehrfurcht entgegenbringen und selbst unter Bedrohung meine ärztliche Kunst nicht in Widerspruch zu den Geboten der Menschlichkeit anwenden.
Ich werde allen, die mich den ärztlichen Beruf gelehrt haben, sowie Kolleginnen und Kollegen die schuldige Achtung erweisen. Dies alles verspreche ich auf meine Ehre«.

Zur ärztlichen Ethik gehört es auch, die eigenen Grenzen zu erkennen und mit den eigenen Unsicherheiten angemessen umzugehen. Dies gilt für den erfahrenen Chefarzt genauso wie für den in der Facharztausbildung stehenden Assistenzarzt im Nachtdienst.

2.3.2 Häufige ethische Fragen

Hierzu zählen in Zeiten einer immer spezialisierteren Notfall- und Intensivmedizin Fragen der Therapiebegrenzung, Therapiereduktion oder gar des Therapie-Abbruchs bei Fortführung einer pflegerischen Basisversorgung. Mit der Formulierung von Patientenverfügungen können Unsicherheiten der Übertragung auf die aktuelle Krankheitssituation aufkommen. Wann die Maximaltherapie bei Demenz, Multimorbidität oder schwerer Depression zu begrenzen ist, kann Diskussionsstoff für ethische Komitees sein. Eine sichere medizinische Indikation ist Voraussetzung für die Patientenautonomie oder die Entscheidung des Betreuers.

Im Fall der ► Kasuistik 3 war die medizinische Indikation umstritten und der Patientenwille nicht bekannt. Der Hausarzt sah sich ebenso wie der Psychiater mit dem möglichen Vorwurf der unterlassenen Hilfeleistung konfrontiert, wenn er nicht die Indikation zur Dialyse stellt.

Kasuistik 3: C. M. 52 J. w., Korsakow-Syndrom nach Alkoholabusus (Dialyseindikation?)
Die 52-jährige Patientin C. M. leidet an einem schweren Korsakow-Syndrom als Folge eines chronischen Alkoholabusus. Sie ist zeitlich und örtlich desorientiert, öfter unbegründet fremdaggressiv und inkontinent. Sie ist, auch zum Selbstschutz, in einem Heim im geschlossenen Bereich untergebracht. Die Gehfähigkeit ist bisher trotz bestehender diabetischer Polyneuropathie nicht eingeschränkt. Die Behandlung des Diabetes mellitus und der Hypertonie ist wegen der wechselnden Kooperation ganz unzureichend.
Wegen einer sich entwickelnden terminalen Niereninsuffizienz mit Kreatininwerten um 6 und Harnstoff um 160 weisen Hausarzt und Psychiater mit der ärztlichen Indikation zur Shunt-Anlage und Dialyseeinleitung in die Klinik ein. Der Psychiater sieht die Indikation zur optimalen Therapie für gegeben an, da es sich beim Korsakow-Syndrom um ein stabil bleibendes, nicht progredientes, demenzielles Syndrom handelt, vergleichbar einer schweren Minderbegabung und im Gegensatz zur Alzheimer-Demenz. Der Hausarzt sieht sich dem Vorwurf der unterlassenen Hilfeleistung durch den Betreuer und die leibliche Schwester ausgesetzt, wenn er die Einweisung verweigern würde.
Der amtlich bestellte Betreuer – von Beruf Rechtsanwalt – und die Geschwister halten die seit Monaten diskutierte Einleitung einer Dialyse für berechtigt. Die Heimschwestern bitten dagegen im Rahmen eines klinischen Ethikkonsils um eine klare Entscheidung, und sie betonen, dass bei der Blutabnahme im Heim nicht selten eine Fixierung mit 4–5 Personen nötig war. Das von den Intensivärzten der Klinik beantragte Ethikkonsil soll die Frage klären, ob die Anlage eines Shunt zur Dauerdialysebehandlung vertretbar ist. Einer der Ärzte hat Bedenken gegenüber einer Shunt-Anlage in Narkose und anschließend lebenslanger Dialyse, u. a. wegen der Renitenz und immer wieder auftretender Unruhezustände der Patientin. Eine erhöhte Selbstgefährdung durch Manipulationen am Shunt mit drohenden Entzündungen oder Blutungen ist zu erwarten. Die leibliche Schwester ist der Meinung, man sollte die Shunt-Anlage ggf. auch unter Zwang, ebenso wie die Dialyse, zumindest »versuchen«, der amtliche Betreuer ist ohne feste Meinung.
Zur Erarbeitung einer ethischen Empfehlung treffen sich 3 Mitglieder des Ethikkomitees am 25. März 2014 mit der Patientin und sprechen gemeinsam auf Station mit den behandelnden Ärz-

ten, den 2 betreuenden Heimschwestern, dem betreuenden Rechtsanwalt und einer leiblichen Schwester. Nach längerer Diskussion besteht Einigkeit, dass aus ethischer Sicht keine Indikation zur Dauerdialyse durch Shunt-Anlage gegeben ist, da dies eine erhöhte Selbstgefährdung bedeuten würde. Gefahren wie Blutungen oder Sepsis durch Hantieren der Patientin am Shunt sind selbst in einer geschlossenen Abteilung und mit Neuroleptika-Dosiserhöhung nicht zu gewährleisten. Narkosen zu jeder Dialyse, verbunden mit Zwangsmaßnahmen, wiegen den Vorteil der Nierenwertreduktion nicht auf. Darüber hinaus wäre als Besserung unter Dialyse nur eine höhere Vigilanz, allerdings bei längerer Lebenserwartung, zu erwarten.

Neben der fragwürdigen medizinischen Indikation ist zu vermuten, dass die Patientin diese Belastungen nicht gewollt haben dürfte. Selbst wenn eine medizinische Indikation zur Dialyse gestellt würde, wäre dies nicht mit dem vermuteten Patientenwillen in Einklang zu bringen. Die Patientin wird im Konsens ohne Shunt-Anlage wieder in das betreuende Heim zurückverlegt; die behandelnden Fachärzte akzeptieren telefonisch diese Entscheidung.

► Kasuistik 3 zeigt, dass eine ethische Reflexion die medizinische Indikation ergänzen kann und ökonomische Aspekte dabei keine Rolle spielen.

Die perkutane endoskopische Gastrostomie (PEG) ist ebenso wie die Magensonde keine natürliche Ernährung, und die medizinische Indikation zur PEG wird nicht selten als Leidensverlängerung Schwerstkranker oder gar Verhinderung des Sterbens erlebt. Immer noch zu selten holt der Arzt auch für diesen Eingriff die Zustimmung des Patienten oder seines Bevollmächtigten ein. Auch können viele Ärzte nicht akzeptieren, dass Patienten selbst ein Recht auf »unvernünftige« Entscheidungen haben.

Ethische Probleme kommen bei der Entscheidungsfähigkeit von Patienten und dem vermuteten Patientenwillen auf, wenn ein schweres organisches Psychosyndrom oder eine Demenz vorliegt wie bei dieser Patientin mit dem Korsakow-Syndrom.

2.3.3 Verletzungen der medizinischen Berufsethik

Kienzle (2012) unterscheidet beim Arzt ein individuelles und ein organisiertes Versagen. Zum individuellen Versagen gehören die Vorteilsannahme oder sachfremde Einflüsse auf die Indikation, zum organisierten Versagen zählt er beispielsweise Verlegungsmanipulationen, CMI als Zielgröße, Therapiesplitting und Verweildauer-Manipulationen (u. a. ökonomisch motivierte Frühentlassungen).

Keine Berücksichtigung des Patientenwillens ist eine besonders schwere Verletzung des Patientenrechtes; dies ist gegeben, wenn Patientenverfügungen und Vorsorgevollmachten von den Ärzten keine Beachtung finden.

Der Patientennutzen muss immer vor den persönlichen, ökonomischen Nutzen gestellt werden, dies gilt auch bei Empfehlung von IGeL-Leistungen (► Abschn. 3.2). Bei der Patientin mit der Niereninsuffizienz (► Kasuistik 3) wäre die Entscheidung für eine Dauerdialyse ökonomisch für die Dialysepraxis attraktiv gewesen, die Ablehnung war aber ethisch gut begründet.

Gesetzte Ziele der Quantität dürfen nicht zu Lasten der Qualität gehen; so wurden viele Jahre bei der Zertifizierung von Stroke Units Minimalzahlen von Lysen pro Jahr gefordert unabhängig vom Lyse-Ergebnis und der Indikation. Zielvereinbarungen von leitenden Ärzten nennen Operationszahlen mit Untergrenzen pro Jahr, die Folge sind in Deutschland deutliche Zunahmen der Herzkatheter-Untersuchungen, eine Verdoppelung der Wirbelsäulenoperationen innerhalb von 5 Jahren und ein Spitzenplatz Deutschlands innerhalb der 34 OECD-Länder im Protheseneinbau von Knie- oder Hüftgelenken (Wiesing 2013). Fallzahlabhängige Boni in Arztverträgen setzen beim Arzt unbewusst Anreize für besonders großzügige Indikationsstellungen zu Lasten der Patienten und sind daher ethisch höchst bedenklich. Dabei wird kein Chefarzt gezwungen, solche Bonivereinbarungen einzugehen bzw. einzuhalten.

Jede Art ökonomisch begründete Indikationsstellung ist eine Körperverletzung. Da zwischen Operateur und Patient oft ein unausgesprochenes Einverständnis besteht, lässt sich die Zahl der gestellten Operationsindikationen nur dadurch reduzieren, dass bei diskutabler Indikationsstellung vom Kostenträger – also der Krankenkasse – ein zweiter sachkundiger Arzt ohne eigenes Operationsbedürfnis hinzugezogen wird. Ökonomie muss ärztliches Handeln ermöglichen, darf es aber nicht bestimmen.

Die Berufsethik wird verletzt, wenn die Qualität von Arztbriefen primär von der Schnelligkeit der Fertigstellung und nicht vom Inhalt her bestimmt wird. Die Entscheidung für eine Maximaltherapie muss ethisch, darf aber nicht ökonomisch begründet sein, auch wenn dies letztlich gewinnbringend zu einer Ausdehnung von Beatmungstagen oder Liegezeiten auf IMC-Einheiten führt.

Nicht selten erfolgt die stationäre Behandlung auf IMC-Stationen zur maximalen Erlösgewinnung über die volle abrechenbare Zeit von z. B. 72 Stunden auf Stroke Units, obwohl medizinisch 2 Aufenthaltsstage schon ausreichend wären. Solche Anreize dem Chefarzt oder Oberärzten in Bonusverträgen anzubieten, ist ethisch höchst fragwürdig, insbesondere wenn diese intransparent erfolgen. Ebenso sind Frühentlassungen oder Weiterverlegungen allein zur Budgetentlastung ethisch verwerflich.

Privatversicherte erleben bei gleicher Krankheitssituation besonders im ambulanten Bereich eine umfassendere Diagnostik. Dies ist Folge der oft mehr als doppelt so hohen Honorierung der gleichen ärztlichen Leistung durch die PKV im Vergleich zur GKV. Unterschiedlich hohe Honorierungen bringen jeden Arzt in einen Interessenkonflikt: unabhängig vom Erfüllen des Patientenwohls als primäres Ziel entwickeln Ärzte dann »sekundäre Ziele« wie höheren Service, schnellere Termine und aufwendigere Diagnostik. Eine Lösung dieses Zielkonfliktes kann die Abschaffung dieses Fehlanreizes der ungleichen Honorierung sein (Jörg 2013).

Jede Vorteilsannahme durch Industriesponsoring bei Fortbildungen ist ebenso wie die Teilnahme an suspekten Anwenderstudien obsolet. Ein Schutz vor Interessenkonflikten bietet die Einhaltung der 4 Prinzipien Trennungsprinzip, Transparenzprinzip, Äquivalenz- und Dokumentationsprinzip (De Meo u. Jakobs-Schäfer 2011) (▶ Abschn. 10.1).

2.4   Ökonomisierung in der Medizin

Ohne eine Ökonomisierung in der Medizin wäre der Fortschritt in der stationären und ambulanten Medizin in den letzten Jahren in Deutschland nicht erreicht worden. So sind mit der Einführung der Fallpauschalen (DRG) im Jahre 2003 im Krankenhaus klinische Abläufe hinterfragt und ökonomisch optimiert worden. Kommt es aber zu einer Über-Ökonomisierung mit Fehlanreizen, die so weit führen kann, dass ökonomisches Denken zur Erlössteigerung die medizinische Indikationsstellung und damit den ärztlichen Entscheidungsprozess beeinflusst, ist die berufsethische Grenze überschritten (Kienzle 2012).

2.4.1 Ziele des medizinischen Prozessmanagements und der Ökonomie

Die Ziele des medizinischen Prozessmanagements und der Ökonomie sind
1. die Steigerung des Patientennutzens und der Wertschöpfung im Gesundheitssystem,
2. eine leistungsbezogene Honorierung bei rein medizinisch begründeter Indikation,
3. Prozessoptimierung mit Einhalt von Verschwendung,
4. ethische Abwägung bei allen gesetzten Anreizen zum Schutz vor Fehlanreizen.

Eine Ökonomisierung der Kliniken mit diesen 4 Zielen ist für jeden Arzt von Nutzen, vorausgesetzt, ihre Grenzen in ethischen Fragen werden beachtet und die Unterschiede zum Kaufmann bzw. Kunden in der freien Wirtschaft erkannt. Auch ein Gewinn als Indikator einer guten Leistung ist ökonomisch in der Medizin erwünscht; nicht aber eine Kommerzialisierung, bei der ein Gewinn als Indikator einer guten Selektion gilt (Prinz 2014).

Jedes medizinische Prozessmanagement (MPM) unterscheidet fünf spezielle MPM-Arten:

- **I. Ressourcenmanagement**
Hier steht das Finden und Binden von Fachpersonal an erster Stelle. Hierzu zählen Summer School-Projekte für Studenten, günstige Dienstzeiten, Kita-Angebote samt Klinikkindergarten, eine Fortbildungsgarantie ohne Sponsoring durch die Pharmaindustrie und Zielvereinbarungsgespräche zweimal pro Jahr für alle Mitarbeiter. Im Interesse der Mitarbeiter ist das Drei-Schichten-Modell in Kliniken ebenso zu hinterfragen wie der Personalschlüssel, der sich meist nach dem InEK-Datenportal richtet. Dieses berücksichtigt zu wenig, dass gerade in der Pflege die Arbeitsbelastung nicht nur durch Team- und Arbeitsorganisation, sondern auch durch die praktische Anteilnahme für Schwerstkanke bestimmt wird (Jörg 2014).

Es ist grenzwertig, wenn private Klinikträger für eigene Mitarbeiter nur während der bestehenden Anstellung eigene Zusatzversicherungen (»Heliosplus«) mit günstigerer stationärer Unterbringung und Chefarztbehandlung anbieten. Solche Vergünstigungen für eigene Mitarbeiter waren zu Zeiten öffentlicher Trägerschaft selbstverständlich.

- **II. Ergebnisqualität**
Leitlinien sind Handlungsrichtlinien der Fachgesellschaften, vergleichbar einem »Code of Conduct«. Leitlinien können auch in interdisziplinär besetzten Fachgruppen von Großkliniken selbst erarbeitet sein und gelten als Kernbaustein im Qualitätsmanagement.

Behandlungspfade in den großen Medizinfächern ermöglichen den Abbau berufsgruppenabhängiger, organisatorischer Hindernisse. In der Neurologie betreffen die häufigsten Behandlungspfade den Schlaganfall, das akute Wurzelreiz- oder Wurzelausfall-Syndrom (»Ischias«), den epileptischen Anfall, die akute bleibende Bewusstseinsstörung und den akuten Kopfschmerz. Jeder Behandlungspfad beschreibt detailliert den auf die eigene Klinik bezogenen, ortsabhängigen diagnostischen und therapeutischen Ablauf.

Zur Qualitätssicherung medizinischer Prozesse gehören in der Neurologie u. a. der Schlucktest und die »door-to-needle time« (Schroeter et al. 2015). So ist jede orale Ernährung ohne normalen, dokumentierten Schlucktest bei Schlaganfallpatienten oder Patienten mit Bewusstseinsstörungen verboten, da das Verschlucken von Nahrung die Hauptursache von Aspirations-Pneumonien sind. Je schneller nach Einlieferung eines Hirninfarktpatienten die Injektion zur Thrombolyse beginnen kann, umso besser ist später das klinische Ergebnis.

Gefordert sind Door-to-needle-Zeiten von < 60 Min. vom Betreten der Klinik bis zum Beginn der Injektion. Durch verbesserte ökonomische Abläufe – u. a. Vermeidung großer, Zeit kostender Wegstrecken zum CT – lässt sich die Lebenserwartung steigern (»Time is brain«).

Zur Transparenz der Routinedaten gehören die Zahl an Schlaganfällen, Herzinfarkten, Wirbelsäulen-Operationen oder Endoprothesen und deren Kurzzeit- und Langzeitergebnisse; für die Erfassung der 1-Jahres-Ergebnisse ist die Kooperation mit Krankenversicherungen nötig. Allein die Vergleiche der Routinedaten mit Konkurrenzkliniken kann zur Motivation eines ganzen Teams beitragen.

Mortalitätszahlen als einfaches Messinstrument bei den Hauptkrankheiten Herzinfarkt, Karotisoperation, Sepsis, Schlaganfall, Knie-Endoprothese etc. haben sich bei Helios für den stationären Zeitraum seit über 10 Jahren bewährt. Dabei dienen überregionale Benchmarking-Zahlen vergleichbarer Fachkliniken oder internationale Studienergebnisse als Zielgröße.

Peer Reviews mit externer Begutachtung durch »Ebenbürtige« erfolgen bei Überschreiten von Qualitäts-Sollwerten oder der gesetzten Mortalitätszahlen; in der Regel begutachten erfahrene Chefärzte mit besten eigenen Ergebnissen in externen Kliniken die Einhaltung von Leitlinien und Standards. Bei der Initiative Qualitätsmedizin (IQM) haben sich seit 2008 mittlerweile über 250 Kliniken zusammengeschlossen, die mit der Verpflichtung zu den drei Grundsätzen »Qualitätsmessung mit Routinedaten, Veröffentlichung der Ergebnisse und aktives Qualitätsmanagement durch Peer-Review-Verfahren« eigene Ergebnisarbeit betreiben (Eberlein-Gonska u. Rink 2013).

Weitere Methoden zur Verbesserung der Ergebnisse am Krankenhaus sind Mortalitäts- und Morbiditätskonferenzen, Budgetkonferenzen unter Einbeziehung von Pharmakologen, Apothekern, Einkäufern und externen Chefärzten sowie die Teilnahme an Qualitätszirkeln (Tumor-, Schmerzkonferenz) (Griem et al. 2013).

Umfrageergebnisse bei Patienten zum Klinikessen, bei Hausärzten zur Arztbrief-Qualität, zum Service des Diagnostikpersonals, zur allgemeinen Patientenzufriedenheit oder auch zur Zufriedenheit der eigenen Mitarbeiter dienen der Verbesserung der Arbeitsergebnisse und damit der Ergebnisqualität.

Die Einrichtung von Fehler- und Beinahefehler-Meldesystemen erlaubt eine ständige Qualitätsverbesserung, wobei auch den anonym zugestellten Beschwerden nachgegangen wird.

▪ III. Wirtschaftlichkeit

Wirtschaftlichkeit bedeutet eine möglichst effiziente Verteilung von Gütern und Dienstleistungen sowie einen wirksamen, aber sparsamen Einsatz vorhandener Ressourcen. Hierzu gehören im Krankenhaus die Verbesserung organisatorischer Abläufe, Unterlassung von Verschwendung und der Abbau von Überkapazitäten.

Prinz (2014) definiert die Effizienz in der Medizin mit dem Quotienten aus Input und Outcome, wobei mit Outcome das Ergebnis für die Patienten, konkret die gewonnene Lebenszeit und Lebensqualität, gemeint ist.

Die Kosten-Nutzen-Bewertung wird auf den gesamten Behandlungsprozess ausgedehnt. Die Folge können eine Optimierung von Prozessen oder ein Aufbau medizinischer Schwerpunkte sein. Aktuelles Beispiel ist der Aufbau der Notfallzentren in Klinken der Maximalversorgung oder das Schließen von operativen Stationen zum Wochenende.

Für Operationssäle ist die optimale Auslastung oberste Priorität. In vielen Kliniken hat noch heute jedes operative Fach seinen eigenen Operationssaal. Dies gilt ökonomisch als Verschwendung; zur optimalen Auslastung der heute interdisziplinär genutzten Operationssäle ist ein OP-Koordinator nötig.

Outsourcing bedeutet, dass Bereiche, für die in der Klinik die Fachkompetenz fehlt, ausgelagert werden. Dies gilt für die Küche, Wäscherei oder die Cafeteria samt Kiosk. Dass mit der Auslagerung diese Mitarbeiter in einer niedrigeren Gehaltsklasse landen, ist leider nicht selten der wahre Grund der Auslagerung.

Finanzielle Anreizsysteme u. a. in Bonusverträgen leitender Ärzte mit dem Ziel von Fallzahlsteigerungen oder ökonomischen Einflusses auf Indikationen sind nach Bekanntwerden des Transplantationsskandals 2013 zu Recht in die Diskussion geraten und gelten als Fehlanreize. Monetäre Anreize können Einstellungen und Normen korrumpieren. Sie sind eine Mitursache für die zunehmende Zahl an Bandscheibenoperationen, Gelenkendoprothetik, Herzkatheter, Tonsillektomien oder aorto-koronare Bypass-Operationen (Wiesing 2013; Bertelsmann Stiftung 2013). Leider sind Bonusverträge von Klinikgeschäftsführern, Oberärzten und Chefärzten immer noch nicht transparent, so dass solche erfolgsorientierten Vergütungen (Pay for Performance –P4P) immer noch verwendet werden.

Dem Ziel der Gewinnmaximierung des Klinikträgers und des leitenden Arztes gelten Zielvereinbarungen, die alle ökonomisch relevanten Sachverhalte betreffen können:

- die Priorisierung von »teuren Fällen«,
- die Abweisung und Weiterverlegung von Patienten zur Budgetentlastung,
- die Einhaltung der am besten vergüteten Liegezeiten auf der IMC,
- die Frühentlassung nach Erreichen der Fallpauschale,
- die Verlegung auf Intensivstationen zur Erlangung höherer Entgelte (»jede Beatmungsminute zählt«),
- die Aufteilung einer einheitlichen Behandlung in mehrere Episoden, um so für jeden Behandlungsabschnitt eine eigene Fallpauschale abrechnen zu können.

Die Aufzählung zeigt, dass Ärzte mit diesen Zielvereinbarungen Gefahr laufen, statt zum Anwalt des Patienten zum Komplizen der Geschäftsführung zu werden. Sinnvolle Zielvereinbarungen orientieren sich nicht an Fallzahlen sondern an medizinischen Qualitätsmerkmalen, der Etablierung neuer Methoden, der Qualität sowie dem Umfang der ärztlichen Fortbildung und der Mitarbeiterzufriedenheit.

- **IV. Patientenorientierung**

Die Erwartung der Patienten entspricht oft nicht den Ärztewünschen, wie u. a. Studien mit Brustkrebspatientinnen gezeigt haben. Hier sind regelmäßige Befragungen von Patienten und das Nachgehen jeder Beschwerde wichtig, um der Patientenautonomie und dem Selbstbestimmungsrecht Geltung zu verschaffen.

Jedem Arzt muss klar sein, dass eine von ihm empfohlene Diagnostik und Therapie erst nach der Zustimmung eines aufgeklärten Patienten durchgeführt werden darf. Jeder Patient ist nach seiner Patientenverfügung samt Vorsorgevollmacht zu befragen.

Das Informationsrecht des Patienten gilt auch für Leitlinien, hauseigene Operationsergebnisse und die Ergebnisse einer evidenzbasierten Medizin. Veröffentlichungen im Internet von den Hygiene-Ergebnissen (MRSA-Statistik) einer Klinik sowie den Mortalitäts- und Morbiditätsstatistiken sind Standard (vgl. ▶ http://www.helios-kliniken.de/hygiene, zugegriffen: 7. Mai 2015).

- ■ **V. Kontinuierliche Verbesserung von Prozessen und Abläufen**

Hierzu zählen ein Blick für patientenorientierte Versorgungsformen, ständige Aktualisierung der Leitlinien sowie der kliniktypischen Behandlungsabläufe und das Hinterfragen jeder Routinemaßnahme auf ihre Notwendigkeit. Klassisches Beispiel sind Messungen verschiedener Arbeitsabläufe im Operationssaal, da durch eine bessere Transparenz einzelner Abschnitte im Operationsablauf gezielt eine bessere Effizienz erreicht werden kann.

Jede Maßnahme ist auf Verschwendung zu überprüfen. Diagnostische Abläufe gehören in festen Intervallen auf potenzielle Modernisierung hin überprüft.

Ärztliche Einweiser sollten ebenso wie die Leiter von Übernahme-Kliniken zum eigenen Reformbedarf befragt werden.

Die Einrichtung von medizinischen Versorgungszentren (MVZ) durch Klinikleitungen kann eine verbesserte Patientenversorgung zum Ziel haben, unverkennbar dient sie aber auch dazu, dem gleichen Träger die Patientenströme zu sichern.

2.4.2   Negative Folgen der Ökonomisierung

49 % der Krankenhausärzte und 37 % der Pflegekräfte sind der Meinung, dass sich die Qualität mit Einführung der DRGs verschlechtert hat (Kienzle 2012). Mit umsatzbezogenen Vergütungen und finanziellen Anreizsystemen hat der Druck auf die »Produktivität« der Ärzte zu einer Zunahme der Operationen u. a. an der Wirbelsäule, der Endoprothesen und der Kaiserschnitte geführt. Allein die Zahl der Kaiserschnitte hat sich in den letzten 20 Jahren mit etwa 30 % aller Geburten verdoppelt (Schönmayr 2013). Die Zahl der kardialen Stents ist zu einem lukrativen Geschäft entartet; kein Land in Europa hat so viele Koronarinterventionen. Keine Art Anreizsystem entschuldigt es aber, wenn sich dadurch Ärzte veranlasst sehen, die Indikationen für Operationen zu verwässern oder gar Laborbefunde etc. zu manipulieren, geschehen zuletzt im Transplantationsskandal.

Das Setzen falscher, insbesondere finanzieller Anreize geht auch zu Lasten der sprechenden Medizin, da diese im Vergleich zu technischen Leistungen viel schlechter oder gar nicht honoriert wird (Schönmayr 2013, Dohmen u. Fiedler 2015). Die derzeitigen Vergütungs- und Erlössysteme bilden die beratende, betreuende, menschliche Funktion des Arztes mit der Notwendigkeit intensiver Gespräche nicht ab. Technische Leistungen und kurze Verweildauern in Kliniken werden dagegen »belohnt«.

Ärztliche Diskussionen über Zweifel an der Diagnose und Differenzialdiagnosen werden seit Einführung des DRG-Systems 2003 immer mehr von Überlegungen über die ökonomisch lohnendste Verschlüsselung nach DRG und Case Mix Index (durchschnittliche Erkrankungsschwere) abgelöst. Auch ist das Mehraugenprinzip der stationären, neurologischen Diagnostik durch die Ambulantisierung verlorengegangen. Mehr Patienten mit kürzeren Liegezeiten, geringere Sachkosten, Priorisierung von »teuren Fällen«, bessere Stationsauslastungen und weniger Personal kann zur Devise werden. Diese Kommerzialisierung wird von den positiven Folgen des DRG wie die geringere Wochenarbeitsbelastung der Ärzte oder effizientere Ablaufstrukturen nicht aufgewogen. Ein Resultat dieser mehr ökonomisch orientierten Diskussionen zeigt sich in der Qualität der Arztbriefe, die nach dem Wunsch der Einweiser möglichst schnell verschickt und kurz sein sollen; eine Forderung, deren Umsetzung zu Lasten jeder pathogenetischen, epikritischen Überlegungen und der Fortbildungspflicht geht.

Eine Negativfolge der Erlösmaximierung ist das Zurückstehen der eigentlichen Steuergrößen Behandlungsqualität, Qualität der Fortbildung, Qualifikation und Patienten- sowie Mitarbeiterzufriedenheit.

Folgen jeder ökonomischen Überreizung sind ein erhöhter Krankenstand, erhöhte personelle Fluktuation, vermehrte Kündigungsraten, erhöhte Fehler- und Beinahefehlerraten sowie eine »innere Emigration« des Personals mit Identitätsverlust. Gerade in Kliniken zeigt sich, dass finanzielle Anreize zur Motivation bei Ärzten und Pflegenden viel weniger taugen als eine Motivationssteigerung durch Förderung der Identifikation mit den ideellen Krankenhauszielen und Übertragung von mehr Verantwortung. Es demotiviert Ärzte, wenn Regeln der Marktwirtschaft immer mehr die Grundlage ärztlichen Handelns werden, statt einer von Respekt und authentischer Fürsorge geprägten Arzt-Patienten-Beziehung.

Bei Einsatz umstrittener Abrechnungsarten – beispielsweise einer Aufteilung einer einheitlichen Behandlung in mehrere Eingriffe zur Vermehrung von Fallpauschalen, CMI als Zielgröße, Verweildauer-Planung aus ökonomischen Gründen – ist eine offene Diskussionskultur zwingend nötig, da sich sonst die ethisch verpflichteten Mitarbeiter sorgen, es könnte bei dieser Form der Abrechnung eine Art von Körperverletzung (§ 223 StGB) oder Betrug (§ 263 StGB) vorliegen (Wiesing 2013).

Medizinethiker wie Maio (2013) und Heubel (2014) fordern, dass Gesundheitsökonomen zum Schutz vor negativen Folgen der Ökonomisierung lernen müssen, medizinisch zu denken; Patienten sind keine frei und souverän handelnde Kunden, wie es Ökonomen gemäß den Gesetzen der Marktwirtschaft erwarten. Umgekehrt ist zu fordern, dass Ärzte ökonomisches Denken verstehen müssen, da Medizin bezahlbar bleiben muss.

2.5 Ethik versus Ökonomie: Schlussfolgerungen

Der Neurochirurg und Chefarzt Prof. Dr. Schönmayr (2013) fordert zu Recht, dass Patienten darauf vertrauen können müssen, dass ihr Wohlergehen Priorität vor wirtschaftlichen Überlegungen hat. Dies bedeutet, dass die Ziele der Marktwirtschaft nicht gleichrangig mit den Zielen der Medizin anzusehen sind. Die Ökonomie muss ärztliches Handeln optimal ermöglichen, darf dieses aber nicht bestimmen. Gemäß dem Genfer Gelöbnis des Weltärztebundes hat das Wohlergehen der Patienten aus berufsethischen und rechtlichen Gründen immer Vorrang vor wirtschaftlichen Überlegungen.

Diese Grundmaxime bedeutet, dass medizinische Indikationsstellungen nicht durch ökonomisches Denken mit dem Ziel der Erlössteigerung beeinflusst werden dürfen. Jeder Interessenkonflikt ist ebenso transparent zu machen wie alle Arten von vereinbarten Anreizen in Chefarzt- und Oberarzt-Verträgen. Ökonomen müssen lernen, medizinisch zu denken, da Ziele wie Gewinnmaximierung bei Ärzten und Pflegenden ein Gefühl der Sinnentleerung ihres Tuns vermitteln. Zu starkes ökonomisches Denken gefährdet in den Köpfen der Ärzte die Humanität und Ethik in der Medizin; die Folgen monetär gesteuerter Fehlanreize sieht man auch beim Einsatz des Liquidationsrechtes (▶ Kap. 8). Auch im privat organisierten, ambulanten Bereich ist Transparenz für alle Anreize zu fordern, da es unethisch ist, wenn beispielsweise Laboruntersuchungen nur deshalb nicht erfolgen, weil der Arzt bei Unterschreitung eines Labordurchschnittswertes bei seinem Patienten einen Bonus von der Krankenkasse erhält.

Bei Diskussionen zur Indikationsstellung auch ökonomisch relevanter Maßnahmen sollte bei allen Versicherten die Einholung einer Zweitmeinung als Kultur etabliert werden. Wirtschaftliche Mitverantwortung der Ärzte darf nicht zu einer Einflussnahme auf rein ärztliche Entscheidungen führen. Haben Mitarbeiter den Eindruck, dass ökonomische Zwänge medizinisch-ethische Gründe zurückdrängen, sind Ethikkomitees, Beschwerdestellen oder Ombudspersonen bei den Ärztekammern zur Einhaltung ethischer Prinzipien einzuschalten.

Die ökonomische Orientierung ist bei privaten Klinikbetreibern besonders ausgeprägt, und hier zeigt sich, dass ein besonders gutes Qualitätsmanagement sowohl dem Patienten als auch dem Träger Nutzen bringt. Helfen als Selbstzweck – ein christlicher Gedanke, der die Würde jedes Patienten anerkennt – kommt dagegen bei privatwirtschaftlich orientierten sowie staatlichen Trägern zu kurz.

Als Vorteile der privaten Träger Helios, Rhön oder Asklepios gelten die kurzen Entscheidungswege, Kostenvorteile beim Einkauf (Rhön ist mit Braun Melsungen assoziiert, Helios gehört zum Fresenius-Konzern) und Kostenvorteile bei Neubauten. Ethisch fragwürdig ist es jedoch,

- wenn Therapien mehr internen Produktvermarktungsstrategien und nicht den Leitlinien entsprechen,
- wenn die Renditeziele bis 15 % nicht primär der Re-Inventarisierung, sondern der Gewinnmaximierung der Aktionäre dienen,
- wenn medizinische Kooperationen mit MVZ's oder Rehabilitationskliniken nicht medizinisch, sondern nur durch die gleiche Trägerzugehörigkeit begründet sind.

Freie Wohlfahrtsverbände und so auch kirchliche Träger unterscheiden sich von privaten, profitorientierten und gemeinnützigen, öffentlichen Anbietern durch den Verzicht auf Privatisierung von Gewinnen und ihre weltanschaulich bestimmte Wertegebundenheit. Wenn letztere mit Toleranz gepaart ist, kann christliche Trägerschaft ein Vorteil sein, da Menschlichkeit als medizinethischer Grundwert in der Klinik im Zweifel immer vor Wirtschaftlichkeit und Ökonomie rangiert (Neher 2013).

Sollte sich die Ökonomisierung in den nächsten Jahren zum Nachteil der Ärzte und Patienten weiterentwickeln, wäre die ärztliche Autonomie nur dadurch wiederherzustellen, dass jede Art ärztliche Tätigkeit von finanziellen Anreizen entkoppelt wird.

Literatur

Bertelsmann Stiftung (2013) Faktencheck Gesundheit. Im Internet. Aktueller Zugriff zum Portal: ▶ https://fak-tencheck-gesundheit.de/ (8. Mai 2015)

De Meo F, Jakobs-Schäfer A (2011) Die Transparenzregelungen der HELIOS-Kliniken. In: Lieb K, Klemperer D, Ludwig W-D (Hrsg) Interessenkonflikte in der Medizin. Springer, Berlin, S 175–184

Dohmen A, Fiedler M (2015) Betriebswirtschaftlicher Erfolg als Unternehmensziel. Dtsch. Ärztebl. 112 (9): C 308–10

Eberlein-Gonska M, Rink O (2013) Peer Review. Fortschreiten in einem lernenden System. Dtsch. Ärztebl. 110 (16): A 660–6

Griem Ch, Kleudgen S, Diel F (2013) Instrumente der kollegialen Qualitätsförderung. Dtsch. Ärztebl. 110: A1310–3

Heubel F (2014) Haben wir in der Medizin zu viel Ökonomie und zu wenig Ethik ? Aus medizinethischer Sicht. (Referat auf dem 3. KEK-Ethiknachmittag am Helios-Klinikum Wuppertal am 16.9.2014)

Jörg J (2013) Wozu braucht man an einem Akutkrankenhaus ein Ethikkomitee ? Ein Erfahrungsbericht. (Vortrag am 13. April 2013 auf dem 30. Medizinisch-theologischen Kolloquium in Schleswig)

Jörg J (2014) Qualität und ökonomische Anreizsysteme im Klinikalltag – aus medizin-ethischer Sicht. (Referat an dem Bergischen Kompetenzzentrum für Gesundheits-Management und Public Health der Universität Wuppertal am 20.6.2014)

Kienzle H-F (2012) Statement: Ökonomisierung und ärztliche Freiheit. (Vortrag auf dem 41. Symposium für Ärzte
     u. Juristen der Kaiserin-Friedrich-Stiftung am 24.2.2012 – Berlin)
Maio G (2013) zit. aus: Die Grenzen des Marktes. Dtsch. Ärztebl. 100: C 982–4
Maio G (2014) Interessenkonflikte in der Medizin – eine ethische Analyse. Nervenarzt 85 (Heft 4): 503–4
Neher P (2013) Zwischen Wirtschaftlichkeit und Menschlichkeit. Nr.405 der Reihe Kirche und Gesellschaft. J.P.
     Bachem Medien, Köln
Prinz A (2014) Haben wir in der Medizin zu viel Ökonomie und zu wenig Ethik ? Aus gesundheitsökonomischer
     Sicht. (Referat auf dem 3. KEK-Ethik-Nachmittag am Helios-Klinikum Wuppertal am 16.9.2014)
Sandel MF (2012 Was man für Geld nicht kaufen kann, 6. Aufl. Ullstein, Berlin
Schönmayr R (2013) Ethik und Ökonomie in der Medizin. Unversöhnliche Feinde. Rotary Magazin 1/2013: 54–7
Schroeter M, Lüßem B, Engelhardt A, Erbguth FJ, Ferbert A, Steinmetz H, Vieregge P, Fink GR (2015) Ergebnisse
     der 11. Erhebung der DGN zur Struktur der neurologischen Kliniken der Akutversorgung in Deutschland.
     Akt Neurol 42: 72–9
Sloterdijk P (2012) Zeilen und Tage. Suhrkamp, Berlin
Wiesing U (2013) Stellungnahme der BÄK: Ärztliches Handeln zwischen Berufsethos und Ökonomisierung.
     Dtsch. Ärztebl. 110: A 1752–1756

Transparenz und Eigenverantwortung

Johannes Jörg

J. Jörg, *Berufsethos kontra Ökonomie*,
DOI 10.1007/978-3-662-47066-4_3, © Springer-Verlag Berlin Heidelberg 2015

Transparenz, Ehrlichkeit und Kommunikationskompetenz sind die Schlüsselqualitäten für viele Berufe. Im Alltag jedes Bürgers wird Transparenz – und damit verbunden auch Kontrolle – spätestens dann eingefordert, wenn es an den eigenen Geldbeutel geht. Typisches Beispiel ist der Kauf eines eigenen Autos, wo Preis, PS, Lackqualität oder gar Zahl der Zylinder hinterfragt werden. Wer sich hingegen ohne eine Notfallsituation für die Behandlung in einer Praxis oder einer Klinik entscheidet, kennt oft weder die Kosten noch objektive Qualitätskriterien.

Monetarisierung findet in Deutschland nahezu in allen Lebensbereichen statt und prägt das sorgfältige Umgehen mit den beanspruchten Dienstleistungen (Miegel 2010). Findet trotz persönlicher Inanspruchnahme keine persönliche Bezahlung, ja nicht einmal eine Ausstellung einer einsehbaren Rechnung statt, überrascht es nicht, dass der Bundesbürger in seiner Rolle als Patient kaum noch ärztliche Tätigkeiten kontrolliert.

Wir alle in unserer Gesellschaft sind seit früher Kindheit derart sozialisiert, dass jede von uns ausgewählte Leistung, sei es im Gemüseladen oder im Restaurant, mit persönlicher Gegenleistung – meist in Form des Bezahlens – honoriert wird. Eine angemessene Bezahlung nehmen wir aber erst nach Prüfung der Qualität und des Umfangs der gelieferten Leistung vor. Allein im Gesundheitssystem ist diese Form des mündigen Kunden außer Kraft gesetzt: Wen wundert es, dass ein solcher Kunde – hier Patient – möglichst viel in seinen »medizinischen Warenkorb« einpackt und der Lieferant – hier Arzt – sich bei prompter Bezahlung durch die Kasse über möglichst viele Verkäufe – hier medizinische Untersuchungen – freut.

Wenn selbst bei effektiv gleicher medizinischer Leistung Privatpatienten oft mehr als das Doppelte über ihre Privatkasse bezahlen, wird das Verhältnis zwischen Patient und Arzt samt seinem Team im täglichen Verhalten ganz und gar auf den Kopf gestellt. Ein verrücktes System, welches unbedingt durch Einführung von Transparenz, Selbstverantwortung und gerechte Bezahlung verbessert werden muss.

Bei jedem Einkauf bestimmt unsere frühkindliche Sozialisation das Verhalten bei der Wahrnehmung von Angeboten, den Wunsch nach Information sowie Auswahl und Bezahlung der kontrollierten Rechnung. In der Situation zwischen Arzt und Patient ist dagegen die mangelhafte Transparenz und die unzureichende Übernahme der Eigenverantwortung als Patient täglich zu bemerken, ja diese wird auch noch von beiden Seiten durch die Abhängigkeitssituation oft bewusst so aufrechterhalten.

Fehlende Transparenz im Arzt-Patienten-Verhältnis und fehlende oder unzureichende finanzielle Eigenbeteiligung sind Hauptursachen für viele überflüssige Untersuchungen und zahlreiche medizinische Zusatzkosten, wie ▶ Kasuistik 2 zeigt. Darüber hinaus sind schnellere Arzttermine, höherer Service, überflüssige Diagnostik und umfassendere Gespräche unbewusst im Sinne der ärztlichen »Schuldentwicklung« vorprogrammiert, da die gleiche medizinische Leistung »privat versichert« eine mehr als doppelt so hohe Honorierung erlaubt. Diese ungleiche Honorierung trotz gleicher Leistung ist ein Unding und langfristig die Hauptursache für unsere Zweiklassenmedizin.

3.1   Transparenz für Patienten

3.1.1   Istzustand bei gesetzlich und privat Versicherten

Die Deutschen gehen sehr oft zum Arzt. Im Jahre 2010 gab es in Deutschland ca. 18 Arztbesuche pro Einwohner/in, 6-mal mehr als in Norwegen; gleichzeitig ist die Zahl der Kassenärzte in den vergangenen 20 Jahren um 40 % gestiegen; 1990 waren es 98.000, im Jahre 2009 137.000

(Elger 2011). Eine höhere Arztdichte verursacht immer höhere Kosten, und die Patienten bekommen in Abhängigkeit von ihrer Diagnose und dem Alter des Arztes nicht nur evidenzbasierte Medizin (EbM), sondern kostspielige und fragwürdige Außenseitermedizin angeboten.

Je höher die Facharztdichte – beispielsweise in Großstädten im Vergleich zur Landbevölkerung – desto größer der Leistungszuwachs, auch bei gleicher Krankheit und unabhängig von der Versicherungsart (Heier 2011).

Trotz gewachsener Kassenärztezahl ist die einzelne Behandlungsdauer kürzer geworden, und dies, obwohl 7 % der Bevölkerung den Praxen ganz fernbleiben, andererseits aber 40 % jährlich mindestens 4 Ärzte aufsuchen. Laut Arztreport 2010 der Barmer GEK haben die Ärzte wegen des ökonomischen und zeitlichen Drucks für jeden Patientenkontakt im Mittel nur 8 Min. Zeit zur Verfügung. Dies ist sicher zu wenig angesichts der zunehmend älteren, multimorbiden Patienten und der oft eingreifenden, erklärungsbedürftigen Therapieformen.

In den Wartezimmern wird immer häufiger »Placebotherapie« angeboten. Gerade suggestible Patienten bevorzugen bei funktionellen Beschwerden oder Störungen der Befindlichkeit gerne Natur- und Außenseitermethoden, wie sie auch Naturheilmediziner und Heilpraktiker anbieten. Dass manche »Heiler« medizinisch unzureichend aus- und fortgebildet sind und kurzfristige »Heilungen« nur mit sog. Esoterik-Medizin und besonderer menschlicher Zuwendung erreicht werden, ist vielen Patienten nicht bewusst. Trotzdem kommen gerade Privatversicherungen oft für diese Kosten auf.

Dabei bleibt unberücksichtigt, dass bei Befindlichkeitsstörungen oder psychogenen Störungen statt Pseudotherapien wie »Fliege-Essenz« oder Handauflegen die Ursachenklärung *langfristig* für den Patienten nützlicher sein kann, auch wenn »Spontanheilungen« für kurze Zeit nicht so selten sind.

- **Gesetzlich Krankenversicherte (GK-Versicherte) ambulant**

GK-Versicherte können ihren Hausarzt nur auswählen und auch wechseln, wenn er von der KV zugelassen ist. Zum Besuch niedergelassener Fachärzte benötigen GK-Versicherte meist dann eine Überweisung, wenn ein Hausarztvertrag besteht.

GK-Versicherte haben keine freie Arztwahl: sie dürfen auf Kosten ihrer GKV nur Vertragsärzte der KV aufsuchen – Chefärzte sind meist ausgeschlossen –, und diese sind nach dem Wirtschaftlichkeitsgebot § 12 (1) SGBV bei Strafe durch Regress verpflichtet, ihre Patienten wirtschaftlich, angemessen, notwendig und zweckmäßig zu behandeln. Dabei haben die Patienten Anrecht auf eine Versorgung nach dem gegenwärtigen Stand der medizinischen Wissenschaft.

GK-Versicherte werden bei der Terminvergabe im Vergleich zum Privatpatienten nahezu regelmäßig benachteiligt; wegen dieses Missstandes wird im Koalitionsvertrag 2013 eine 4-Wochen-Grenze gefordert.

Der Besuch eines Klinikchefarztes oder eines Professors an der Universität ist in der Regel nicht möglich, da dieser selbst in seinem Spezialgebiet meist nicht die Zulassung der KV erhält, so dass dem Patienten die ambulant entstehenden Kosten nicht von seiner Kasse erstattet werden. Zu Recht beklagt Lauterbach (2008), dass die KV-Ärzte mit dieser Zulassungseinschränkung das Monopol auf den ambulanten Patienten behalten wollen.

Wird ein Spezialist benötigt, veranlasst der Hausarzt eine stationäre Einweisung, um so das Spezialwissen über die Chefarztvisite durch eine vorstationäre oder stationäre Behandlung anzuzapfen. Privat Versicherte nehmen im gleichen Falle eine ambulante Diagnostik in Anspruch: für die GKV eine kostspielige Angelegenheit und in der Folge für den Kassenpatienten eine große Benachteiligung. Zu Recht bezeichnet die NRW-Gesundheitsministerin Barbara

Steffens das Festhalten an der starren Trennung von ambulanter und stationärer Versorgung als Irrsinn (Schumacher 2011).

Kopien von Arztbriefen und Untersuchungsergebnissen werden dem GKV-Patienten trotz berechtigtem Anspruch oft nicht oder nur mit Druck ausgegeben. Beim Wunsch nach Einholen einer zweiten Meinung kommen »Verrätergefühle« beim Patienten auf. Eine CD mit Originalbildern von CT oder MRT erhalten Kassenversicherte oft nicht spontan.

Kasuistik 4: C. J. 67 J. w., Euthyreote Struma seit über 40 Jahren

Die 67-jährige Patientin C. J. hatte 2008 im Rahmen eines chronischen Nikotinabusus erstmals starkes Husten mit Blut im Sputum. Der sofort vereinbarte Untersuchungstermin beim Allgemeinmediziner erbrachte keine ernsthaften Ursachen, insbesondere nicht das befürchtete Bronchialkarzinom (BC). Da der Hausarzt Frau J. erstmals als GK-Versicherte untersuchte, legte er Wert darauf, nicht nur ein Röntgen des Thorax, Blutuntersuchungen und eine gründliche körperliche Untersuchung vorzunehmen, sondern in einem weiteren Termin auch die gängigen Vorsorgeuntersuchungen (Darm, Brust, Sonographien) und Impfungen zu empfehlen.

Auf Vorsorgeuntersuchungen verzichtete die Patientin; sie gab nur dem Drängen zu einer Schilddrüsendiagnostik mit Laboruntersuchungen und Szintigramm nach, obwohl ein kompensierter heißer Knoten (Struma) schon im Alter von 22 Jahren als Zufallsbefund untersucht worden war und nie zu Beschwerden geführt hatte. Die jetzige, erneute Untersuchung erbrachte keinen Malignomverdacht im Ultraschall, die Labor- und Szintigraphie-Befunde bestätigten die bekannte latente Hyperthyreose. Sowohl Hausarzt als auch der Nuklearmediziner drängten zu einer baldigen Operation und strengen Jodkarenz.

Dem Wunsch der Patientin auf ein Abwarten wegen 45-jähriger Beschwerdefreiheit und über Jahren unveränderten Befunden wurde mit Unverständnis begegnet. Erst auf Bitten wurden die Laborbefunde in Kopie ausgehändigt.

Frau J. veranlasste eine Mitberatung durch eine ihr bekannte Schilddrüsenexpertin, die selbst weder operativ noch strahlentherapeutisch tätig ist. Sie fand keine Indikation zur Operation oder Radiojodtherapie, da die Ultraschalluntersuchung kein Malignomverdacht zeigte und Beschwerdefreiheit seit mehr als 40 Jahren bestand. Auch eine besondere Vorsicht vor Jodeinnahme durch Fisch oder im Rahmen von Röntgendiagnostik wurde für nicht nötig angesehen.

Zwei Jahre später – 2010 – war aus anderem Anlass erneut der Besuch beim Hausarzt notwendig. Über die unterbliebene Schilddrüsenoperation zeigte er sich enttäuscht, obwohl auch die jetzt erneut durchgeführten Untersuchungen der Schilddrüsenparameter sowie das Ultraschall keine neuen Gesichtspunkte erbrachten. Seitdem hat die Patientin den persönlichen Arztkontakt bis jetzt – Stand 2014 – gemieden.

Resumee: Im Status eines »Kunden« hätte der Arzt – ähnlich wie ein Bäcker – die Entscheidung respektiert und sich über die Beschwerdefreiheit gefreut. Im Arzt-Patienten-Verhältnis mit dem »Drang« zu Vorsorgemaßnahmen zählt der Laborbefund und die Angst vor einer Dekompensation des heißen Knotens mehr als die jahrelange Beschwerdefreiheit und die Entscheidungsbefugnis eines mündigen Patienten.

Der Wunsch zur Einholung einer zweiten Meinung (»second opinion«) ist für die meisten Ärzte ein »Kratzen an ihrer Kompetenz«. Der Patient selbst empfindet dies oft, ebenso wie das Erbitten von Originalbefunden, als »unmoralisches Ansinnen« (Bartens 2007). Dabei müssen Ärzte sich daran gewöhnen, dass ihre Patienten nicht nur mitdenken, sondern auch Detailwissen einholen. So ist für »Schilddrüsenpatienten« die Information bedenkenswert, dass in Deutschland mit insgesamt mehr als 100.000 Schilddrüsenoperationen jährlich drei- bis achtmal häufiger als in Großbritannien oder den USA dieser operative Eingriff vorgenommen wird, obwohl Deutsche nicht öfter an Schilddrüsenkrebs erkranken (Jähne 2014).

Nach Abschluss der Behandlung wird der GK-Versicherte von seinem Arzt informiert. Die Gesprächsdauer ist oft kürzer als bei privat Versicherten. Eine Einsicht in die Rechnung erhalten GK-Versicherte nur über die KV.

Das Honorar für die gleiche medizinische Leistung, z. B. die Untersuchung eines Patienten mit Ruhe-EKG und Befundung, wird von der Kasse des GK-Versicherten über die KV dem Arzt mit ca. 30 € quartalsweise zugeteilt. Der PK-Versicherte honoriert seinem Arzt die gleiche Leistung mit dem 2,3 bis 3,5-fachen GOÄ-Satz, was in diesem Fall über 80 € ausmachen kann. Es wundert nicht, dass sich das gesamte Umfeld in der Praxis oder Klinik bei einer solch hohen, differenten Bezahlung durch »besondere Verhaltensweisen« insbesondere im Service, der Bereitschaft zur Diagnostikerweiterung und der Terminvergabe »erkenntlich« zeigt.

Eine Überdiagnostik zeigt sich am Beispiel der Pro-Kopf-Laborkosten, die 2008 bei gesetzlich Versicherten 26 € und bei privat Versicherten 129 € betrugen (Heier 2011).

▪ Gesetzlich Krankenversicherte stationär

Im Krankenhaus sind für GK-Versicherte Allgemeinstationen mit 3-Bett-Zimmern die Regel, 1- oder 2-Bett-Zimmer sind die Ausnahme je nach Schwere der Erkrankung. Die Stationsleitung hat ein OA (Oberarzt), der meist auch Facharzt ist und die Patienten mit Hilfe von Assistenzärzten betreut. Stationsarzt-Visiten in Begleitung der Stationsschwester erfolgen täglich, OA-Visiten einmal pro Woche. Von Spezialfällen abgesehen, findet einmal wöchentlich die Chefarztvisite statt; sie hat Kontrollfunktion für Patienten und Ärzte samt dem medizinischen Team. Leider findet die wöchentliche CA-Visite in Akutkliniken trotz vertraglicher Verpflichtung nicht mehr regelmäßig statt, da sich Chefärzte »vertraglich verpflichtet« primär um Privatpatienten kümmern müssen und organisatorische Aufgaben zugenommen haben. Auch die Visitenbegleitung durch Pflegepersonal ist bei Allgemeinstationen – insbesondere bei öffentlichen oder nichtkirchlichen Trägern – nicht immer die Regel.

Im Gegensatz zu Privatpatienten mit gesondertem Behandlungsvertrag zwischen Patient und dem zur Liquidation berechtigten CA hat der allgemein Versicherte Anspruch auf alle medizinisch erforderlichen Leistungen; die Person des behandelnden Arztes richtet sich in der Klinik ausschließlich nach der medizinischen Notwendigkeit und der praktischen Verfügbarkeit.

Für Schwerstkranke stehen Intensivstationen (ITS) und Intermediate Cares (IMC), z. B. in Form einer Stroke Unit, zur Verfügung; hier sind unterschiedliche medizinische Angebote für PK- und GK-Versicherte eher die Ausnahme.

Kommt es zu Überbelegungen der Allgemeinstationen, werden Patientenbetten auf Stationsfluren abgestellt, statt sie in noch freie Krankenzimmer einzuschieben (Bartens 2007); eine unethische Verhaltensweise, die man sich bei PK-Versicherten nie erlauben würde.

Mit Flurbelegungen unterstreichen manche Chefärzte ihre Forderung nach einer höheren Gesamtbettenzahl in ihrer Abteilung oder einer Aufstockung des Pflege- oder Ärzteschlüssels. Beides sind neben der behandelten Patientenzahl pro Jahr Parameter, die das Selbstwertgefühl eines CA erhöhen. Die Alternative zur Flurbelegung wäre die Nutzung freier Betten auf Privatstationen oder in der Nachbarklinik, dies wird aus Konkurrenzgründen abgelehnt.

Die Datendokumentation erfolgt in den Stations- und Krankenblattkurven per Hand oder elektronisch. Patienten müssen erheblichen Druck ausüben, um ihr Recht auf Akteneinsicht für sich selbst oder eine Vertrauensperson wahrnehmen zu können. Die meisten Patienten verzichten darauf aus Angst vor Repressionen.

- **Privat Versicherte ambulant und stationär**

In Kliniken wählen privat Versicherte auf Privatstationen zwischen 1- und 2-Bett-Zimmern; in einzelnen Kliniken werden durch Ausgründung zusätzlich Privatkliniken mit 5-Sterne-Hotel-Komfort angeboten. Auf Privatstationen kümmert sich der CA aufgrund eines bilateralen Behandlungsvertrages täglich persönlich um »seine« Patienten und nimmt auch die Erst- sowie Abschlussuntersuchung vor. Untersuchungen, die der CA in Rechnung stellt, müssen von ihm persönlich oder unter seiner verantwortlichen Leitung durchgeführt werden. Deutsch sprechende Ärzte finden sich auf Privatstationen häufiger als auf Allgemeinstationen.

Neben den ärztlichen Wahlleistungen – hier Betreuung durch den Chefarzt – gibt es nichtärztliche Wahlleistungen, die sich auf Leistungen der Unterbringung sowie der Service- und Zusatzleistungen beziehen. Auf Privatstationen herrscht ein insgesamt höherer Komfort. Dank der hier deutlich geringeren Zahl an Pflegefällen ist das Personal durchweg zuwendungsbereiter und freundlicher. Bartens (2007) meint, dass Schwestern auf Privatstationen vor allem nach ästhetischen Kriterien ausgesucht werden. Eine Flurbelegung ist hier undenkbar, allein, um diese für das Budget besonders wichtige Kundenklientel nicht zu verprellen.

Die Patienten erhalten nach der Entlassung von allen liquidationsberechtigten Chefärzten eine Rechnung über alle durchgeführten Leistungen. In gleicher Weise verfährt auch das Krankenhaus für die allgemeinen medizinischen und sog. »Hotel-Leistungen«. Der Patient ist gefordert, die aufgeführten Leistungen zu überprüfen und zu bezahlen. Anschließend wird ihm von seiner Versicherung und ggf. der Beihilfestelle nach deren getrennter Prüfung der Betrag teilweise oder komplett zurückerstattet.

Die Überlassung der Rechnung führt zu Beschwerden, wenn Visiten oder spezielle Untersuchungen nicht erfolgt waren bzw. die Rechnung zu hoch ist. In der Regel wird ein Zuviel, selten ein Zuwenig von Patienten moniert. Oft erstellen externe Institute die Rechnungen; sie werden prozentual je nach Höhe der Rechnung honoriert. Damit besteht ein Eigeninteresse, möglichst alle angefallenen Untersuchungen detailliert und mit möglichst hohem Schweregrad abzurechnen. Da die ärztliche Dokumentation zeitaufwendig und oft unzureichend ist, kommt es vor, dass Mitarbeiter der Institute Untersuchungen als »durchgeführt« vermuten und in Rechnung stellen, die dann bei Gegenkontrolle vom Patienten als falsch erkannt werden. Solche Kontrollen haben somit einen kostendämpfenden Effekt.

Abschlussgespräche sind meist ausführlicher, da privat Versicherte im Vergleich zu allgemein Versicherten mehr Rückfragen haben, besser informiert, gebildeter und anspruchsvoller sind. Diese erhöhte Anspruchshaltung geht oft auch mit einer gesteigerten Selbstbeobachtung einher.

3.1.2 Sollzustand

Jeder Arzt hat das Einsichtsrecht seiner Patienten in das Krankenblatt, die Untersuchungsergebnisse und alle Arztbriefe zu beachten. Sowohl Kopien der Arztbriefe als auch CDs von Röntgenbildern, CT oder MRT sind spontan auszuhändigen. Auch Kassenpatienten sind Leistungsnachweise mit Rechnung ohne besondere Bitte zu überlassen. Nur in Ausnahmefällen sind Arztberichte dem Patienten zu verwehren, so bei begründeter Gefahr für das Leben und die Gesundheit des Betroffenen. Eine solche persönliche Schädigung ist besonders bei psychotischen oder schwer depressiven Patienten zu befürchten. Eine Ablehnung zur Akteneinsicht kann aber auch dann gerechtfertigt sein, wenn die Krankenakte detaillierte Informationen von Dritten enthält, deren Weitergabe diese Dritten nicht zugestimmt haben (Lieb 2012).

Transparenz fördert die Selbstverantwortung und Mündigkeit, auch wenn einzelne Studien der GKV belegen, dass die Überlassung der Rechnung nicht automatisch zu einer Rechnungsprüfung führt. Trotz des Patientenrechtegesetzes vom 26.2.2013 beachten viele Ärzte immer noch nicht, dass jeder Patient ein Recht auf Einsicht in seine Krankenakte und in jede ausgestellte Rechnung hat. Auf Wunsch ist ihm auch eine Kopie des Arztbriefes zur Verfügung zu stellen. Ärztliche Gespräche, insbesondere alle Informationen, müssen für alle Patienten gleich gut sein.

Die Klinikleitung muss darüber informieren, dass jeder Patient sich seinen Service wie 1- oder 2-Bett-Zimmer ebenso gesondert wählen kann wie eine persönliche CA-Behandlung. Alle Kosten der angebotenen Wahlleistungen müssen genau ausgewiesen werden, damit sich der Patient selbst sein »medizinisches- und Service-Menu« nach Bedarf und ggf. nach Beratung mit seinem Kassenvertreter zusammenstellen kann.

Flurbelegungen sind nur in strengen Ausnahmefällen wie Notfällen erlaubt und auf maximal 24 Stunden zu begrenzen. Die Forderung des CDU-Abgeordneten Spahn, alle Patienten sollten unabhängig von ihrem Versicherungsstatus Anspruch auf ein 2-Bett-Zimmer haben, ist weder realistisch noch immer wünschenswert, beispielsweise bei Anfallspatienten. Man sollte diese Forderung auf Patienten beschränken, die wegen der Schwere ihrer Erkrankung ein 1- oder 2-Bett-Zimmer benötigen oder aber bereit sind, die Mehrkosten zu tragen. Nach diesem Prinzip wird heute meist schon verfahren.

Eine Kostenbeteiligung bei Nutzung von Privatstationen mit Hotelkomfort kann die Liegezeiten privat Versicherter verkürzen und die Kosten senken helfen. Zum Schutz vor einer Ausdehnung der Liegezeiten muss dem behandelnden Arzt jede bestehende Tagegeldversicherung bekannt sein. Wenn der Patient ausdrücklich einen besonders hohen Komfort – wie in den ausgegründeten Privatkliniken angeboten – wünscht, wäre es ratsam, dass die PKV immer auch eine Eigenbeteiligung einfordert. Nur so könnten einer Verwechslung zwischen dem Angebot eines Hotels mit dem einer Akutklinik vorgebeugt und die Liegezeit begrenzt werden. Solche Eigenbeteiligungen sind gerechtfertigt, da ausgegliederte Privatkliniken trotz deutlich höherer Kosten keinen medizinischen Zusatznutzen erbringen.

Ambulante oder stationäre Arzttermine sind bei Notfällen sofort und im Übrigen in Abhängigkeit von der Diagnose zu vergeben; nur in dritter Linie darf der soziale Status eine Rolle spielen. Terminvergaben für Routinefragen sind als Teil des Service anzusehen; hier darf es erlaubt sein, dass sich Versicherte schnellere Routinetermine durch Zusatzbezahlung ihrer Versicherung »erkaufen« können. Sandel (2012) würde sagen: Man bekommt, was man bezahlt hat.

Dringend nötige Facharztuntersuchungen müssen unabhängig vom Versicherungsstatus innerhalb von spätestens 4 Wochen ermöglicht werden; alternativ muss eine klinische Untersuchung zu Lasten des KV-Budgets erfolgen können. Diese Termingarantie für Kassenpatienten ist auch eine Forderung im Koalitionsvertrag 2013 und mit dem Vorschlag der »dringlichen Überweisung« (BÄK-Präsident Dr. med. F.U. Montgomery) nicht gelöst.

Die Praxisgebühr von 10 € für jedes Quartal galt für GK-Versicherte bis 31.12. 2012 und hatte den Sinn, dass mit Arztbesuchen generell zurückhaltender umgegangen wird. Sie hatte sich bei der Nutzung des ärztlichen Notdienstes bewährt, dagegen war die erwartete Reduktion der jährlichen Arztbesuchsrate in der Arztpraxis von 18 in den Jahren 2008 bis 2011 ausgeblieben. Das verfehlte Ziel der Praxisgebühr dürfte durch eine moderate Eigenbeteiligung der Patienten schneller erreicht werden, ohne dass dadurch wichtige Untersuchungen unterbleiben (▶ Kap. 5). Ohne Eigenbeteiligung oder Verpflichtung zu einem Hausarztvertrag sind in Zukunft eher noch mehr Arztbesuche und Zusatzuntersuchungen der GK-Versicherten zu befürchten, da seit dem Wegfall der Praxisgebühr Facharztbesuche kostenfrei, ohne Überweisung des Hausarztes und ohne Informationsverpflichtung des Facharztes an den Hausarzt möglich sind.

3.2   Transparenz für ärztliche Leistungen

3.2.1   Istzustand bei gesetzlich und privat Versicherten

Arztpraxen und Kliniken haben Anspruch auf eine zeitgerechte Bezahlung ihrer Rechnungen. Hohe Außenstände sind gerade für kommunale Kliniken Ursache einer defizitären Entwicklung. Es ist antiquiert, dass Ärzte bei GK-Versicherten nach Erbringung der benötigen Praxisleistung von ihrer KV nur einen Punktwert unter Zugrundelegung der EBM berechnet bekommen, die Bezahlung aber nur 1-mal im Quartal durch die KV erfolgt. Hier rechnet sich der privat Versicherte für den Arzt deutlich günstiger, da er selbst bei gleicher Leistung ohne Zeitverzug nach GOÄ statt nach EBM abrechnen kann und dies dann auch noch mit einem Multiplikator.

Kassenärzte in Hamburg, Mecklenburg-Vorpommern oder Berlin erhalten von ihrer KV für die gleiche Leistung deutlich mehr Honorar als Ärzte in NRW; solche regionalen Unterschiede der Honorierung sind Folge der KV-Struktur.

Die niedergelassenen Allgemein- und Fachärzte sind besondere Verbündete der PKV, denn die 10 % Privatpatienten bringen ihnen immerhin im Durchschnitt mehr als ein Viertel ihres Umsatzes ein. Es verwundert nicht, dass im Alltag der Privatpatient als Folge unserer marktwirtschaftlichen Sozialisation deutlich zuvorkommender »bedient« wird und sogar mehr Diagnostik als nötig erhält; immerhin bezahlt er selbst bei gleicher medizinischer Leistung das 2,3–3,5-fache des GK-Versicherten. In der freien Praxis erwirtschaften manche Ärzte bis zu 30 % ihres Einkommens allein mit Privatpatienten.

Laut Frank Wild vom wissenschaftlichen Institut des PKV-Verbandes geben private Versicherungen für jeden ihrer Patienten 5-mal so viel für Laboruntersuchungen aus wie gesetzliche Krankenversicherungen. Für das Jahr 2008 waren dies 129 € pro Privatpatient gegenüber 26 € pro GK-Patient (Elger 2011); dieser Mehrbetrag kommt nicht nur durch die GOÄ-Multiplikation, sondern auch durch die Mengenausweitung in der Diagnostik zustande.

Die Leistungszahlen und Therapie-Ergebnisse der Arztpraxen sind weder den Patienten noch Ärztekammern bekannt. Dabei sollte diese Transparenz für alle Beteiligten selbstverständlich sein. Allerdings ist im Gegensatz zu Quantitätsangaben die Qualität der Diagnostik und Therapie nur schwer ambulant erfassbar, ganz abgesehen davon, dass subjektive Bewertungen und der Service für eine Arztpraxis eine größere Rolle spielen.

Die Leistungszahlen der Kliniken mit den jährlich versorgten Patienten, ihren Diagnosen und der Zahl der Operationen sind im Internet publiziert. Dies gilt noch nicht für die Veröffentlichung valider Qualitätsdaten; J. Ennker (2011) sieht dies zu Recht als »ethische Bringschuld« an. Verständlich dargestellte Behandlungsergebnisse sind für die sachgerechte Entscheidung zu einer operativen oder konservativen Therapie eine wichtige Voraussetzung. Bisher werden nur von wenigen Kliniken neben den Eingriffszahlen auch Qualitätszahlen wie beispielsweise die Sterblichkeit im Internet publiziert. Dies wird sich erst dann ändern, wenn für gut arbeitende Kliniken ein Qualitätszuschlag erhoben wird (▸ Kap. 9).

IGeL-Leistungen sind ärztliche Leistungen nur im ambulanten Bereich, die wegen ihrer fragwürdigen Indikation meist nicht der Leistungspflicht der GKV unterliegen. Die Kosten hat daher der Patient selbst zu tragen. Als private Zusatzleistungen sind sie für niedergelassene Ärzte eine willkommene zusätzliche Einnahmequelle. IGeL werden nahezu immer von den Privatkassen, nur in Ausnahmefällen aber von der GKV bezahlt, da alle gesetzlichen Kassenleistungen »ausreichend, zweckmäßig und wirtschaftlich« sein müssen. Dies ist bei der Mehrzahl der IGeL nicht belegt. Trotzdem geben die gesetzlich Versicherten jährlich über 1,5 Mrd. € für IGeL aus.

Die ungewöhnliche Zunahme der IGeL tragen auch zur Kostensteigerung der PKV bei. So wurden 2010 1,5 Mrd. € mit diesen Extra-Behandlungen im Niedergelassenenbereich verdient (Krüger-Brand 2011); bei 8 % der Arztpraxen macht der IGeL-Umsatz mehr als 20 % des Praxisumsatzes aus.

Jeder zweite Kassenpatient erhält ein IGeL-Angebot. Formvorschriften wie u. a. ein schriftlicher Vertrag, ein Kostenvoranschlag für die Behandlung oder das Vermeiden einer Angst erzeugenden Werbung sind leider nicht die Regel.

- **IGeL umfassen folgendes Leistungsspektrum:**
1. Sportmedizinische Beratung; Impf-Beratung, Tauglichkeitsuntersuchungen,
2. Medizinisch-kosmetische Leistungen, z. B. Haarentfernungen,
3. Spezielle Vorsorgeuntersuchungen, die bei Risikofällen oder bei begründetem Verdacht auch von den GKV übernommen werden: Großer Körper-Check, PSA-Test, Krebsvorsorge Plus mit Ganzkörper-CT, TSH-Test mit Schilddrüsen-Check, Ultraschall Bauchraum, Darmspiegelung, Knochendichte-Messung, Lichttherapie bei saisonalen Depressionen,
4. Untersuchungs- oder Therapiemethoden ohne nachgewiesenen Nutzen: Delphin-Therapie bei Spastik, Ozontherapie, UV-Bestrahlung des Blutes, Akupunktur bei Allergien, Ohrakupunktur, Hyaluronsäure-Injektionen bei Arthrose, Hormonersatz- und Bioresonanztherapie, Thrombose-Check, Dunkelfelddiagnostik, Glaukom-Früherkennung, Hautwiderstandsmessung, Kranio-Sakral-Therapie (Details s. ► http://www.igel-monitor. de, zugegriffen: 7. Mai 2015).

Darmkrebsvorsorge ab dem 50. Lebensjahr alle 5 Jahre ist durch Studien in der Wirksamkeit belegt und wird daher von der GKV bezahlt; Ultraschalluntersuchungen der Ovarien zur Tumorvorsorge werden dagegen nicht bezahlt, weil Studien keinerlei Effekt ergeben haben.

IGeL dürfen nur auf Nachfrage des Patienten angeboten werden; in Wahrheit werden sie in den Praxen ähnlich wie bei Verkäufern angepriesen und nach GOÄ – auch mit Steigerungssatz und Begründung – abgerechnet. Der Mediziner und Wissenschaftsjournalist Bartens (2007) interpretiert dies als ein Verkommen der Arztpraxis zum Basar. Die Werbung dafür hat in Einzelfällen ein solches Ausmaß angenommen, dass bereits über die Pflicht zur Erhebung der Gewerbesteuer diskutiert wird. Leider wird den Patienten nur selten im Einzelgespräch erläutert, dass gesetzliche Krankenkassen *jede* medizinisch notwendige Diagnostik und Behandlung bezahlen, wenn ihr Nutzen belegt ist.

Über Sinnhaftigkeit und Bezahlbarkeit jedes IGel-Angebotes entscheidet für die GKV der Gemeinsame Bundesausschuss (G-BA), das höchste Gremium des von Ärzten und Krankenkassen mitverwalteten Gesundheitswesens. Die meisten IGeL werden von Gynäkologen, Augenärzten, Hautärzten und Urologen angeboten.

An der Spitze dieser Zusatzleistungen stehen Ultraschalluntersuchungen (20 %), Glaukom-Vorsorgeuntersuchungen (16 %), Blutdiagnostik (10 %) und ergänzende Krebsfrüherkennung bei Frauen (9,9 %); es folgen u. a. die PSA-Wert-Bestimmung (6 %), Knochendichtemessung (3,8 %), Akupunktur (3,2 %) und EKG-Untersuchungen (1 %). Beim Frauenarzt werden zur Krebsvorsorge das Abtasten von Uterus und Ovarien 1-mal jährlich von der GKV bezahlt; als private Zusatzleistung bieten Gynäkologen auch die Ultraschalluntersuchung an. Diese wurde 2010 von 3,6 Mio. Versicherten in Anspruch genommen, obwohl sie nach Studienlage keine zusätzliche Aussagekraft hat.

Für das Glaukom-Screening ist der patientenrelevante Nutzen nicht belegt, randomisierte kontrollierte Studien liegen nicht vor. Die Messung des Augeninnendrucks kostet nach GOÄ 14,11 €; beim 2,3- bis 3,5-fachen Satz werden schnell 40 € erreicht.

Versicherte wählen oft IGeL-Leistungen, weil sie Sicherheit gegen Bezahlung versprechen. So profitieren Ärzte von den Ängsten ihrer Patienten. Eine aktuelle AOK-Studie bei 2.500 Mitgliedern ergab, dass IGeL-Leistungen vom Arzt umso häufiger angeboten werden, je wohlhabender der Patient ist; insgesamt hat jeder 4. Versicherte eine Zusatzleistung angeboten bekommen. Leider nehmen trotz fehlenden Nutzens der meisten IGeL die apparategestützten Früherkennungsuntersuchungen weiter zu, und dies letztlich zum Schaden der GK-Versicherten und des Budgets der PKV (Krüger-Brand 2011).

3.2.2 Sollzustand

Alle Leistungszahlen der Arztpraxen und Kliniken müssen für Patienten und Ärzte zugänglich sein und verständlich publiziert werden. Neben Zahlen müssen auch Ergebnisse über eingesetzte Therapiemaßnahmen dargestellt werden, wie beispielsweise:

»Im Jahre 2010 sind in der Klinik N.N. 156 operative endoprothetische Versorgungen am Knie im Alter von.. bis.. erfolgt. Die Sterblichkeitsrate lag bei (?) % (Ist-Wert in Deutschland: <1,5 %). 2 Jahre nach der Operation lag die allgemeine Komplikationsrate bei (?) % (Ist-Wert in Deutschland < 2 %). Revisionsoperationen waren in den ersten 5 Jahre in ? % nötig.«

2011 hat die Deutsche Gesellschaft für Orthopädie und Orthopädische Chirurgie das deutsche Endoprothesenregister (EPRT) initiiert, um eine Übersicht über die jährlich ca. 400.000 Knie- und Hüft-Endoprothesen zu erhalten. Es fehlen aber bisher noch Veröffentlichungen zu den Ergebnissen der jährlichen 35.000 Endoprothese-Austausch-Operationen und der Produktdatenbank. Mit diesen Daten ließe sich bewerten, ob hohe Revisionszahlen dem Operateur oder dem Prothesenhersteller anzulasten sind. Auch eine Überprüfung der Operationsindikationen wäre hiermit möglich: immerhin sind Deutschland und die Schweiz Weltmeister im Protheseneinbau, was im Rahmen der ärztlichen Ermessensentscheidungen kaum zu erklären ist (Albrecht 2011; Bertelsmann Stiftung 2013).

Gute Beispiele für brauchbare Qualitätsübersichten zeigen die zur IQM-Gruppe gehörenden Kliniken (▶ Kap. 9).

IGel-Leistungen können als »Kann-Leistung« angeboten werden, wenn die 10 Grundregeln der Ärztekammer beachtet werden (Hoppe 2011). IGeL, deren Zusatznutzen nicht belegt ist, sollten von den Krankenkassen nur als gesonderte Wahlleistung mit Selbstbeteiligung bezahlt werden. Die Solidargemeinschaft darf nicht mit nachweislich unnötigen Leistungen belastet werden. Unterschiede zwischen GKV und PKV sind nicht gerechtfertigt, auch wenn es sich nicht um eine Basisleistung handelt, auf die alle Versicherten gleichen Anspruch haben.

Kasuistik 5: L. I. 95 J. w., Knieprothese-Revisionsoperation

Die 95-jährige, rüstige Frau L. I. erhielt im Jahre 2000 mit 85 Jahren wegen einer schmerzhaften, unspezifischen Gonarthrose eine Knie-Endoprothese implantiert. Die Operation in Vollnarkose war komplikationsfrei trotz einer bekannten Leberzirrhose als Hepatitisfolge. Dass L.I. als Folge der Leberzirrhose schon einmal eine schwere gastrointestinale Blutung aus Ösophagus-Varizen hatte, war seinerzeit dem Anästhesisten bekannt. Nach der Knie-Endoprothesen-Operation konnte sie fast 10 Jahre lang noch ihren Haushalt allein versorgen und mit Unterstützung der Kinder schmerzfrei Einkäufe machen.

Im 95. Lebensjahr hatte sich langsam über Monate die Prothese im rechten Knie gelockert, so dass ein schmerzfreies Gehen nicht mehr möglich war; zusätzlich entwickelte sich eine zunehmende O-Bein-Stellung. Der neu hinzugezogene Orthopäde und spätere Operateur verordnete zur sofortigen Schmerzentlastung und zum Frakturschutz eine Knie-Manschette und riet gleichzeitig wegen ihrer »allgemeinen Rüstigkeit« zu einer baldigen Endoprothese-Revisionsoperation. Die Kniemanschette kostete 900 € und wurde von der PKV anstandslos bezahlt; allerdings wurde die Manschette zur Kniestabilisierung nie getragen, da es darunter zu keinem schmerzlindernden Effekt kam.

Rücksprachen mit Nachbarn und deren gute Berichte über Hüftprothese-Operationen an der gleichen Klinik veranlassten die Patientin zur Einwilligung in die vorgeschlagene Operation; eine Einsicht in die Leistungszahlen der Klinik im Internet erfolgte aber ebenso wenig wie eine Beratung durch einen Mitarbeiter der Privatkasse.

Mit Abschluss der Operation in Vollnarkose kam L. I. nicht mehr auf die Beine. Anfangs konnte sie noch im Stuhl sitzen; sie musste dann aber 14 Tage nach der Operation wegen Verdacht auf Herzmuskelschwäche und Blutdruckproblemen auf eine Innere Abteilung in eine andere Klinik derselben Stadt verlegt werden; in der operierenden Fachklinik stand keine Innere Medizin zur Verfügung! Es wurden eine Niereninsuffizienz und eine hepatische Entgleisung bei Hypalbuminämie behandelt. In der letzten Woche fanden sich Zeichen für eine chronische Einblutung in das operierte Bein mit zunehmenden Schmerzen, welche eine Hin- und Rückverlegung in die orthopädische bzw. Innere Klinik innerhalb von 24 Stunden nötig machte.

Letztlich verstarb Frau L. I. unter Gaben von Morphinen und parenteralen Albumin- und Glukose-Infusionen 5 Wochen nach der Knieoperation an den Folgen der schweren arteriellen Hypotonie nach protrahierter Einblutung ins rechte Bein; auch Bluttransfusionen veränderten nichts mehr am tragischen Ausgang im hepatischen Koma.

Frau L. I. war sicher entscheidungsfähig, als sie sich für eine Revisionsoperation an ihrem endoprothetisch versorgten Knie aussprach. Wie wäre aber ihre Entscheidung ausgefallen, wenn sie sich an den Operationskosten zu einem Beitrag von 20 % hätte beteiligen müssen ? Wenn ihr durch einen zweiten sachverständigen, unbeteiligten Arzt die Risiken einer solchen Operation im 95. Lebensjahr erläutert worden wären? Wenn sie nicht privat, sondern allgemein versichert gewesen wäre und ihre Krankenkasse die Indikation der Operation in diesem hohen Alter überprüft und erst nach Zustimmung eines Gutachters die Zusage zur Kostenübernahme gegeben hätte? In diesem Falle wären vielleicht auch Rückfragen über bisherige OP-Ergebnisse des Operateurs bei über 80-jährigen erfolgt. Auch die fehlende Möglichkeit der Weiterbehandlung in der gleichen Klinik bei eintretenden Komplikationen wäre hinterfragt worden.

Die Überprüfung von Kostenübernahmen vor größeren operativen Eingriffen sollte bei hoch Betagten allein wegen des potenziellen Risikos die Pflicht jeder Kasse sein; das hat nichts mit einer Rationierung medizinischer Leistungen im höheren Lebensalter zu tun.

Der Krankheitsverlauf der ▶ Kasuistik 5 zeigt deutlich, wie nötig eine Informationspflicht über die Erfahrungen der jeweiligen Klinik und die Risiken bei den verschiedenen operativen Eingriffen ist. Dies gilt für die Erfahrungen ganz allgemein und speziell für die ausgewählte Klinik. Diese Transparenz zum Nutzen auch des Arztes – Abwenden von Behandlungsfehlern – kann durch eine Mitberatung eines Arztes vom MDK oder der LÄK erfolgen. In Großbritannien wäre wohl aufgrund der altersbedingten Risiken eine solche Operation einer 95-jährigen nicht befürwortet worden. Zur Schmerzlinderung hätte man allenfalls die wackelige Knie-Endoprothese entfernt und eine operative Versteifung des Knies in Spinalanästhesie angeraten.

In Deutschland sollte kein Operateur hoch risikobelastete Operationen ohne zwingende Indikation und ohne einen genauestens informierten Patienten durchführen. Auch ist immer das individuelle Operationsrisiko anzusprechen (▶ Kap. 7).

3.3 Transparenz für Medikamente, Medizinprodukte und Pharmaindustrie

Jede rationale Medizin gründet sich auf die Evidenz aus randomisierten, prospektiven und Placebo-kontrollierten Doppelblindstudien. Diese medizinische Philosophie ist in industrialisierten Ländern anerkannt und hat Eingang in die Entwicklung zahlreicher Leitlinien gefunden. Pharmazeutische Firmen sind gemäß der Deklaration von Helsinki (1964) zur Beachtung ethischer Grundsätze in der ethischen Forschung verpflichtet. Sie sollten jeden Arzt vor der Verschreibung von Medikamenten mit allen – also auch negativen – Studienergebnissen informieren. Ursel Sieber (2010) zitiert 3 Forderungen von P. Sawicki an die pharmazeutische Industrie:

- Machen sie patientenorientierte Studien?
- Veröffentlichen sie die Daten ihrer Studien vollständig?
- Informieren sie die Ärzte richtig?

Leider fehlen bei uns Gesetze, die die Hersteller verpflichten, ihre gesamten Daten öffentlich zugänglich zu machen (Goldacre 2013). Selbst in den USA haben Firmen systematisch Antidepressiva-Studien mit Reboxetin mit negativem Ergebnis unterschlagen, da die Zulassungsbehörde FDA für die Medikamentenzulassung nur den Wirksamkeitsnachweis in 2 Studien fordert (Berger 2011). In Deutschland wird die Aufgabe des IQWiG durch derart selektive Publikationen in seiner Arbeit behindert (McGauran et al. 2011). Seit 2013 hat das Gesundheitsministerium eine für alle zugängliche Datenbank eingerichtet, in der die Arzneimittelprüfungen eingesehen werden können (▶ http://www.pharmnet-bund.de, zugegriffen: 9. Mai 2015). Seit Inkrafttreten des Arzneimittelmarktneuordnungsgesetzes (AMNOG) am 1.1.2011 ist eine Bewertung des Zusatznutzens neuer Arzneimittel vorgeschrieben; damit ist eine Darstellung aller – auch der unpublizierten – Studien gefordert (Mc Gauran et al. 2015). Es sei dahingestellt, ob die Information über alle Studienergebnisse – also auch negative und nicht signifikante Resultate - mit der Beachtung des Unterschiedes zwischen Wirksamkeit und Nutzen nicht nur schriftlich, sondern auch im Rahmen seriöser Fortbildungsveranstaltungen erfolgen soll. Es ist aber nicht akzeptabel, dass die ärztliche Fort- und Weiterbildung von der Industrie finanziert wird (Keil 2010). Über Studienergebnisse neuer Medikamente informiert das IQWIG unter ▶ http://www.gesundheitsinformation.de/, zugegriffen: 9. Mai 2015).

In Helios-Kliniken ist seit 2004 die Finanzierung jeder ärztlichen Fortbildung durch Pharmafirmen untersagt. Der Träger hält sich seitdem an die angekündigte Verpflichtung, die Fortbildung im gleichen Umfang wie die früher industriefinanzierten Fortbildungsveranstaltungen in eigener Trägerschaft und unter unabhängiger Regie fortzuführen.

Mittlerweile finden in Deutschland zunehmend mehr Ärztefortbildungen auch ohne Sponsoring der Industrie statt, wie es bis Ende der 70-er Jahre in der Bundesrepublik und bis zum Ende der DDR 1989 üblich war. Allerdings erfolgt im Rahmen von wissenschaftlichen Fachkongressen die offizielle Leitung der Satellitensymposien noch immer durch gesponserte Medizinprofessoren, wobei die beteiligten Firmen die Einladungen an die Ärzte und die Honorierung der Referenten auch verdeckt vornehmen. Wenn man um den Spruch weiß: »Wes

Brot ich ess', des' Lied ich sing«, ist eine Transparenz mit Offenlegung aller Geldflüsse überfällig (Lempert u. von Brevern 2015).

Jüngere Ärzte nehmen besonders häufig an Fortbildungen teil. Ärztekongresse werden trotz Beteiligung oder Zertifizierung durch Ärztekammern oft noch von Pharmafirmen gesponsert. Schamlos ist es, wenn mehrtägige Kongressbesuche für Niedergelassene und deren Angehörige in reizvollen Städten finanziert werden; ein Sachverhalt, der für den angestellten Arzt einer Universitätsklinik zu Recht den Tatbestand der Vorteilsannahme und Bestechung erfüllen würde. Wen wundert es dann, dass die Medikamentenkosten gerade in Deutschland immer mehr durch solche »Marketingmaßnahmen« in die Höhe getrieben werden. Im Gegensatz zu angestellten oder beamteten Ärzten machen sich Niedergelassene als Freiberufler in solchen Fällen juristisch nicht des Straftatbestands der Bestechlichkeit oder Korruption schuldig (Urteil des BGH vom Juni 2012). Dass sich ein solches Verhalten unabhängig vom BGH-Urteil in jedem Falle um berufsrechtliche Verstöße gemäß § 31 u. 32 der Berufsordnung sowie um sozialrechtliche Verstöße gemäß § 128 SGB handelt, hat sich im Alltag noch nicht herumgesprochen.

Das Bundesjustizministerium plant 2015 einen neuen Paragraph 299a im Strafgesetzbuch, der Bestechlichkeit und Bestechung im Gesundheitswesen eindeutig regeln soll (Rieser 2015).

Der Patient muss über die Interessenkonflikte seines Arztes Kenntnis haben. So besuchen in Deutschland ca. 16.000 Pharmareferenten die Ärzte regelmäßig in Praxen und Kliniken. Dabei wird versucht, auch sehr teure Medikamente zu propagieren und ungerechtfertigte Erwartungen zu wecken. Leider sind Pharmavertreter nicht verpflichtet, für jedes ihrer Medikamente *alle* Studienergebnisse sowie den belegten Zusatznutzen mitzuteilen.

Kasuistik 6: N. I. 72 J. m., Hemiparkinson
Der 72-jährige N. I. mit einer linksseitigen Hemiparkinson-Krankheit berichtete im März 2011, dass sein Neurologe ihm neben Levodopa 100/25 und Comtess ein teureres, neues Medikament »Clarium« verordnet habe. Warum er gerade dieses dritte Medikament und nicht einen anderen Dopamin-Agonisten verordnet bekommen habe, wisse er nicht; er habe aber auch nicht gefragt. Jedenfalls habe er früher keine Erfahrungen mit länger auf dem Markt befindlichen anderen Dopamin-Agonisten gemacht. Über Aktivitäten von Parkinson-Selbsthilfegruppen wisse er nichts, auch nicht über dort stattfindende Informationsveranstaltungen oder Gruppengymnastik.

Der Patient beklagte den hohen Preis des noch neuen Medikamentes Piribedil (»Clarium«), hatte aber keinerlei Informationen über die Begründung für diese Verordnung erhalten. Als Mitglied der Parkinson-Selbsthilfegruppe dPV hätte er bei anderen Patienten Informationen einholen können (▶ Abschn. 7.1). Gute Gründe für die Verordnung von Piribedil wären gewesen, wenn andere, kostengünstigere Dopamin-Agonisten bereits eingesetzt worden und diese ineffektiv gewesen wären oder zu Nebenwirkungen wie Übelkeit, Impulskontrollstörungen (u. a. gesteigerte Sexualität, Kaufzwang) oder Tagesmüdigkeit geführt hätten; dies war aber hier offensichtlich nicht der Fall.

Ob der Facharzt durch den Besuch einer Abendveranstaltung mit opulentem Abendessen auf die besondere Verträglichkeit hingewiesen wurde und daher den hohen Preis in Kauf nahm, kann nur spekuliert werden. In jedem Falle gibt es keine Vergleichsstudien, bei denen für diesen Non-Ergot-Dopamin-Agonisten ein Zusatznutzen nachgewiesen worden wäre, der speziell für diesen Patienten von Relevanz gewesen wäre. Für den Facharzt entsteht bei privat Versicherten kein Nachteil, wenn er ohne Grund teurere Medikamente auswählt.

In manchen Kliniken wird überlegt, zum Schutz vor Interessenkonflikten der Ärzte allen Pharmareferenten nur noch den Besuch des Apothekers, aber nicht mehr den Besuch bei Klinikärzten zu erlauben. Diese Tendenzen halte ich für unwürdig sowohl gegenüber einem selbstverantwortlichen, mündigen Arzt als auch gegenüber einem sachkundigen, engagierten Pharmareferenten; ganz abgesehen davon, dass niedergelassene Ärzte davon nicht betroffen wären.

Pharmareferenten besuchen auch Selbsthilfegruppen und halten Fachreferate. Diese Art der Werbung vor nicht sachkundigen Patienten ist abzulehnen (Walter u. Kobylinski 2010; Albrecht 2011). Zu fordern sind stattdessen transparente, sponsorfreie Vorträge über einzelne Krankheitsbilder auch außerhalb von Selbsthilfegruppen, um so aktuelle Fragen wie Rationierung oder Priorisierung im Gesundheitswesen, Medikamentenpreise oder die Höhe der Krankenkassenbeiträge sachgerecht hinterfragen zu können.

Die seit 2010 lauter werdende Forderung nach Transparenz für alle Geldflüsse zwischen Pharmaindustrie, Ärzten und Selbsthilfegruppen ist berechtigt. Ein allgemeines Verbot von Geldflüssen der Pharmaindustrie zu Selbsthilfegruppen lässt sich aber nur durchsetzen, wenn stattdessen Krankenkassen und öffentliche Träger wie Gesundheitsämter nicht nur Gruppengymnastik, sondern auch Fortbildungsvorträge vor Selbsthilfegruppen unterstützen (► Abschn. 7.1).

Literatur

Albrecht H (2011) Falsche Solidarität ? ZEIT 4: 15
Bartens W (2007) Das Ärztehasserbuch. Ein Insider packt aus. Knaur, München
Berger M (2011) Editorial zur Therapie depressiver Störungen. Neurologie & Psychiatrie 13:7
Bertelsmann Stiftung (2013) Faktencheck Gesundheit. Im Internet. Aktueller Zugriff zum Portal: ► https://fak-tencheck-gesundheit.de/ (8. Mai 2015)
Elger K (2011) Gefühlter Mangel. Spiegel 17: 64–5
Ennker J (2011) Ethische Bringschuld. Kommentar im Dtsch. Ärztebl. 8: C 309
Goldacre B (2013) Die Pharma-Lüge. Kiepenheuer & Witsch, Köln
Heier M (2011) Gefährliche Überdosis. ZEIT 22: 31
Hoppe J-D (2011) IGeL: Patienten sind keine Kunden. Rhein. Ärztebl. 2.3.: 15
Jähne J (2014) Eröffnungsrede auf dem Deutschen Chirurgenkongress in Berlin, zit. aus: Dtsch. Ärztebl. 111 (16): C 577
Keil T (2010) Stellungnahme. Med. Klinik 105: 675
Krüger-Brand HE (2011) Handlungsbedarf bei IGeL. Dtsch. Ärztebl.108: C 562–3
Lauterbach K (2008) Der Zweiklassenstaat. Wie die Privilegierten Deutschland ruinieren. Reinbek bei Hamburg, Rowohlt
Lempert Th, von Brevern (2015) Regulierung von Interessenkonflikten. Dtsch. Ärztebl. 112 (3): C 72–4
Lieb K (2012) Für mehr Patientenbeteiligung in der Psychiatrie. (Editorial) IN/FO Neurologie & Psychiatrie 14: 3
Miegel M (2010) EXIT. Wohlstand ohne Wachstum, 4. Aufl. Propyläen, Berlin
Montgomery FU (2013) Interview mit Prof. Dr. med. Frank Ulrich Montgomery, Präsident der Bundesärztekammer und des Deutschen Ärztetags:»Die Ökonomie muss ethische Grenzen respektieren« Dtsch. Ärztebl. 110 (21) C 883–5
Mc Gauran N, Fleer D, Ernst A-S (2011) Selektive Publikation in der klinischen Forschung. Dtsch. Ärztebl. 108: C 513–6
Rieser S (2015) Gesetz gegen Korruption. Dtsch. Ärztebl. 112 (7): C 220–1
Sandel MJ (2012) Was man für Geld nicht kaufen kann, 6. Aufl. Ullstein, Berlin
Schumacher H (2011) Medizin nur nach Kassenlage? Rhein. Ärztebl. 4: 17
Sieber U (2010) Gesunder Zweifel: Einsichten eines Pharmakritikers – Peter Sawicki und sein Kampf für eine unabhängige Medizin. Berlin Verlag, Berlin
Walter C, Kobylinski A (2010) Patient im Visier. Die neue Strategie der Pharmakonzerne. Hoffmann und Campe, Hamburg

Ungleichbehandlung durch Ungleichbezahlung

Johannes Jörg

J. Jörg, *Berufsethos kontra Ökonomie*,
DOI 10.1007/978-3-662-47066-4_4, © Springer-Verlag Berlin Heidelberg 2015

Kern jeder kurativen Medizin ist die Begegnung zwischen einem befähigten Arzt und einem hilfesuchenden Patienten. Kunden erwarten von Anbietern von Dienstleistungen oder Waren ausreichende Informationen, Wahlmöglichkeiten, Sicherheit und Transparenz; bei Mängeln fordern sie Wiedergutmachung. Bei Patienten kommt noch der Anspruch auf hohe Sachkunde, Ehrlichkeit, Betreuung, Fairness, Einfühlsamkeit und Beteiligung an allen Entscheidungen hinzu (Hildebrand 2010). Jede Krankenbehandlung muss moralisch korrekt sein und ethischen Prinzipien folgen; das Prinzip eines auf Gewinn zielenden Wettbewerbs und finanzieller Anreize darf nicht *primäres* Ziel der ärztlichen Behandlung sein (Williamson 2010).

Die von Patienten erwartete ärztliche Empathie kann im Verlauf der Behandlung durch die Ökonomisierung der Medizin derart erschwert werden, dass unser heutiges Gesundheitssystem mit seinem Abrechnungssystem (► Kap. 8) unseres Erachtens in Teilen infrage zu stellen ist. Für Gesundheit sorgen und dabei mittelbare persönliche Gewinnbeteiligung erfahren verträgt sich nur schwer im Arzt-Patienten-Verhältnis. Selbst die in der Marktwirtschaft begründete Forderung »Gleiches Geld für gleiche Leistung«, also hier: »Gleiches Geld für gleiche Medizin«, wird im Patientenalltag nicht umgesetzt; dafür sorgen schon die deutlich höheren Honorare der privaten Versicherungen trotz identischer medizinischer Leistung.

Nun lässt sich über »mehr Service für mehr Geld« verhandeln, aber auch dann muss gelten:

Notfall geht vor Serviceleistung

In einem ZEIT-Interview mit dem FDP-Vorsitzenden Christian Lindner (2011) berichten die Interviewer Ulrich und Wefing von einem 55-jährigen Maurer mit einem Nettogehalt von 2.200 €. Wegen kaputter, schmerzender Knie sitzt er beim Orthopäden und wartet schon eine Stunde in der Praxis. In dem Moment kommt ein privat Versicherter herein und wird an dem Maurer vorbei direkt zum Arzt hereingerufen. Auf die Frage: »Wundert es Sie manchmal, dass es in Deutschland keine sozialen Unruhen gibt?« lacht Lindner und sagt (nach einer Pointe über Oskar Lafontaine): »Zweiklassenmedizin darf es in Deutschland nicht geben«.

Lindner hat Recht, die Realität sieht aber anders aus. Allerdings hat Lindner in diesem Fall die eigentliche Medizin und den damit verbundenen Service, letzteren in Form einer schnelleren Terminvergabe, verwechselt. Ein unterschiedlich ausgeprägter Service und Komfort darf – außer bei Notfällen – in einer sozialen Marktwirtschaft gegen entsprechende Zuzahlung durchaus erlaubt sein, und zum Service kann auch die übliche Routine-Terminvergabe zählen, niemals aber eine Zweiklassenmedizin (► Kap. 6). Hat ein Patient beispielsweise akute starke Knieschmerzen mit zunehmender Tendenz, darf kein Privatpatient an ihm vorbei durch einen schnelleren Termin bevorzugt werden.

Eine Zweiklassenmedizin ist in Deutschland trotz gegenteiliger Aussagen vieler Politiker Realität; wäre es anders, wären nicht auch Politiker, ebenso wie Krankenkassenvorstände, privat versichert. So erhält der Privatversicherte sowohl ambulant als auch in der Klinik meist eine schnellere und eine vom Chefarzt persönlich geleitete, umfassendere Behandlung. Obwohl es mittlerweile knapp 125.000 niedergelassene Ärzte gibt, liegt die durchschnittliche Zeit für einen Kassenpatienten immer noch bei nur 8 Minuten (Heinrich 2013, Zylka-Menhorn 2013). Auch dass »Einkommensschwache im Durchschnitt 10 Jahre früher sterben als Besserverdienende«, beklagt der Chefredakteur des Deutschen Ärzteblattes, Heinz Stüwe (2013), zu Recht.

4.1   Ambulante Behandlung

Kasuistik 7: V. H. 35 J. m., Lumboischialgie rechts

Der 35-jährige Angestellte V. H., verheiratet, leidet seit 3–4 Tagen an akuten Rückenschmerzen mit steifem Kreuz. Die Schmerzen hatten beim Einsteigen ins Auto begonnen. Der Schmerz nimmt bei jeder Bewegung noch zu und geht im Liegen deutlich zurück, besonders wenn Knie und Hüfte angebeugt sind. Unter der Annahme eines »Hexenschusses« nimmt Herr H. Rheuma- und Schmerztabletten ein. Ab dem zweiten Tag strahlt der Schmerz erstmals auch ins rechte Gesäß bis hin zur Wade aus; das Gehen fällt zunehmend schwerer.

Nach telefonischer Anmeldung und Beschreibung der seit 2 Tagen bestehenden, jetzt erstmals ins rechte Bein ausstrahlenden starken Schmerzen erhält Herr H. bei seinem Hausarzt um die Ecke einen Termin am nächsten Tag. Nach 15-minütiger Wartezeit berichtet der Patient seinem Hausarzt seine Beschwerden. Der Arzt findet bei der Untersuchung des Rückens und der Beine eine schmerzhafte Fehlhaltung der LWS mit seitengleichen Beinreflexen.

Der Arzt erklärt, dass als Ursache der zu vermutenden Diagnose »akute Lumboischialgie« am ehesten in seinem Alter eine geringe Bandscheibenverlagerung mit Kompression des Sakralnerven S 1 in Frage komme. Der Schmerz in das Bein hinein entstehe wegen einer leichten Kompression der verlagerten Bandscheibe auf einen für diese Beinregion zuständigen Nerven. Wenn durch konservative Maßnahmen die Kompression auf den Nerven reduziert werden könne, ließen die Schmerzen schon schnell wieder nach.

Die Tatsache der Schmerzlinderung in Ruhe, bei Wärme oder Bettruhe spreche gegen eine Entzündung, wie man sie nach Zeckenbiss oder beginnendem Zoster kenne. Auch ein Knochenbruch auf der Grundlage einer Osteoporose sei in seinem Alter nicht anzunehmen; es sei ja auch beim Einsteigen ins Auto losgegangen, wohl mit einer unglücklichen Haltung der Wirbelsäule, die bei körperlich Untrainierten wie ihm typisch sei. Eine Diagnostik wie Röntgen oder CT sei in diesem Stadium nicht nötig; meist gehe das akute Schmerzsyndrom unter Analgetika in Kombination mit muskelentspannenden Maßnahmen sowie lokaler Wärme und Bettruhe gut zurück. Eine Bettruhe ggf. im Stufenbett zu Hause sei für 2–3 Tage anzuraten, danach könnten gymnastische Übungen einsetzen.Nach seiner Gesundung solle er etwas gegen seinen untrainierten muskulären Zustand tun.

Der Hausarzt gab ein Rezept für Schmerzmittel und Muskelrelaxanzien mit, schrieb ihn für eine Woche krank und riet zu einer Wiedervorstellung, wenn er in 8 Tagen nicht nahezu schmerzfrei geworden sei. Der Verlauf entsprach der Voraussage des Arztes, auf eine erneute Vorstellung beim Arzt verzichtete der Patient.

Der Hausarzt – 50 Jahre alt und immer noch gut fortgebildet – hat zu Recht keine Röntgendiagnostik veranlasst. Die Terminvergabe war trotz der Notsituation des Patienten ausreichend schnell, da bedrohliche Symptome wie Lähmungen oder Blasenstörungen am Telefon nicht berichtet wurden. Auf eine erneute Untersuchung durfte er nach Eintritt der Beschwerdefreiheit durchaus verzichten, da er bei der Erläuterung der Ursachen auf den untrainierten körperlichen Zustand hingewiesen hatte mit der Zusatzbemerkung, dem solle er künftig abhelfen. Die Abrechnung über die kassenärztlichen Leistungen erfolgt quartalsweise mit der KV. Das Honorar ergibt sich aus den ausgewählten EBM-Nummern und variiert wegen der unterschiedlichen Budgethöhe für jeden »Facharzt-Topf« vom Wohnort des Arztes und seiner zuständigen KV.

Wie wäre der Arzt-Patienten-Kontakt bei einem mehr ökonomisch orientierten Arzt verlaufen, wäre der 35-jährige Patient privat versichert gewesen? In einem solchen Falle kann trotz gleichem Beschwerdebild und gleicher ärztlicher Leistung der Arzt allein wegen der Art der Versicherung eine höhere Honorierung erwarten. Diese höhere Honorierung trotz einer gleichen Leistung, wie sie die PKV ausdrücklich wünscht, entspricht nicht dem Grundsatz »Gleiches Geld für gleiche Leistung«, sondern wird von Privatkassen nach Aussage ihrer Vorstände nur deshalb bezahlt, weil sie die Honorierung durch die GKV für zu niedrig ansehen.

Dass die Kenntnis einer höheren Honorierung selbst bei nicht ökonomisch denkenden Ärzten »unbewusst« zu einer kostenmäßigen Ausweitung ihrer Medizin mit schnellerem Termin, höherer Zuwendung und mehr Diagnostik führt, zeigt die auf »privat« konstruierte ▶ Kasuistik 7:

Kasuistik 7 »privatisiert«

Beim Patiententelefonat wird wegen der plötzlich aufgetretenen Beschwerden für denselben Abend die Erstuntersuchung vereinbart. Bei der Untersuchung um 18:30 Uhr – ein abrechnungsrelevanter Abendtermin, für den Patienten ein Zeichen des besonderen ärztlichen Engagements – erfolgen umfassende Anamnese und Untersuchung in gleicher Weise wie beim Kassenpatienten, allerdings mit mehr zeitlicher Zuwendung im Aufklärungsgespräch. Ein 2. Termin 2 Tage später wird mit einer Blutuntersuchung verbunden und – meist auf Wunsch des Patienten – auch mit einem CT oder MRT der LWS, obwohl die Beschwerden bereits rückläufig sind.

Ein dritter Untersuchungstermin erfolgt 8 Tage später, um die erhobenen Befunde aus dem Blut und der Röntgendiagnostik zu besprechen und Fragen der Vorsorge zu erläutern. Hat der Patient trotz Beschwerdefreiheit aufgrund erhöhter Sorge vor einem Rezidiv weiteren Zuwendungsbedarf, schließt sich eine Rückenschule bei einem Physiotherapeuten an.

Hat das CT oder MRT der LWS altersbedingte Wirbelsäulenveränderungen erbracht, wie Bandscheiben-Protrusionen in der typischen Höhe LWK 4 / 5 und LWK5 / Os sacrum, muss der Patient gesondert detailliert aufgeklärt werden. Diese Aufklärung ist auch zum Schutz vor einer hypochondrischen Fehlverarbeitung nötig. Trotz dieses Wissens um die Harmlosigkeit dieser Bandscheibenvorfälle sind spätere, erneute Rückenschmerzen nicht selten Grund für psychogen sich verstärkende Rückenschmerzen und weitere Kontroll-CT's.

Ist die Hausarztpraxis in einem Ärztezentrum oder einem MVZ untergebracht, wird der Arzt im Rahmen seiner Vorsorge auch gerne den im selben Zentrum praktizierenden Neurologen konsultieren. Dieser wird es bei Mitgliedern der GKV bei der neurologischen Untersuchung bewenden lassen; bei privat Versicherten werden zur »Ausschlussdiagnostik« oft eine Elektrodiagnostik der Beinnerven, eine Elektromyographie (EMG) der Beinmuskeln zur Frage latenter Nervenwurzelkompressionen und Evozierte Potenziale von N. peronaeus und N. tibialis eingesetzt. Dabei sind evozierte Potenziale bei akuten, wenige Tage bestehenden Wurzelreizsyndromen ohne Aussagekraft (Jörg u. Hielscher 1997).

Diese frisierte Kasuistik ist typisch und zeigt, dass der privat versicherte Patient aufgrund der deutlich höheren Honorierung für die gleiche medizinische Leistung nicht nur einen schnelleren Termin sowie mehr Zuwendung im Gespräch, sondern auch noch eine unnötige Ausweitung der Diagnostik bekommt. Der Patient interpretiert dies für sich positiv im Sinne der größeren Gründlichkeit. Der behandelnde Arzt begründet die ausgeweitete Diagnostik auch mit der Notwendigkeit einer Mitfinanzierung seiner unterbezahlten Kassenpatienten. Ein perverses System.

Eine gleiche medizinische Leistung sollte man für »gleiches Geld« erwarten können. Erfolgt von einzelnen Patienten (persönlich oder durch deren Kassen) eine unterschiedlich hohe Bezahlung trotz vereinbarter gleicher medizinischer Leistung, ist zu fordern, dass unterschiedliche Bezahlung nicht – wie im letzten Beispiel aufgezeigt – in einer differenten medizinischen Grundleistung, sondern nur durch einen bevorzugten Service begründet ist. Als gute Beispiele gelten die Zugfahrt mit der Bundesbahn oder der Flug mit der Lufthansa, wo gestaffelte Preise bei gleicher Wegstrecke nur im Service begründet sind und dies auch von allen Nutzern so akzeptiert wird. Leider sieht dies im ärztlichen Alltag ambulant wie stationär anders aus.

Jede ungleiche Bezahlung trotz gleicher Leistung veranlasst die Ärzte und ihr Team aufgrund ihrer marktwirtschaftlichen Sozialisation unbewusst zu einer Ungleichbehandlung, zumindest zu einem ungleichen Verhalten. Diese Zunahme der Ungleichbehandlung als Folge der Ungleichbezahlung lässt sich nur dadurch verhindern, dass die bisherige Bezahlung für die eigentliche medizinische Leistung nach EBM (durch die GKV) und nach GOÄ (durch die PKV) vereinheitlicht wird.

Eine Ungleichbezahlung lässt sich nur durch einen höheren Service, ein längeres Aufklärungsgespräch oder ausdrücklich gewünschte Zusatzdiagnostik vertreten. Für solche Zusatzleistungen würde der Patient dann aber auch eine höhere Versicherungssumme bezahlen.

Eine diagnostische und therapeutische »Überversorgung« der privat Versicherten mit gleichzeitig höherer Einnahme des Arztes ist auf Dauer nicht akzeptabel, ganz abgesehen davon, dass sie den Patienten auch schaden kann. Jede unnötige Überversorgung muss durch Zusatzversicherungen individuell abgedeckt werden. Die Begründung vieler Ärzte, diese Einnahmen seien zur Deckung des Minus der GKV-Patienten nötig, rechtfertigt die Überdiagnostik bei privat Versicherten keineswegs (Timm 2015).

4.2 Stationäre Behandlung

Jede Anmeldung im Krankenhaus wird mit der Frage eingeleitet: »Wie sind Sie versichert ?« Kaum ein Patient lässt die Frage unbeantwortet. Für das Krankenhaus sollte an sich aber nur wichtig sein, dass der Patient persönlich für die Rechnung aufkommt, und nicht, ob und welcher Versicherung er die Rechnungen vorlegt. Beim Kauf eines Autos wird man auch nicht gefragt, ob und mit welchem Bankkredit man die Rechnung bezahlen will.

Im Krankenhaus erfolgt, im Gegensatz zur Arztpraxis, für ambulante und stationäre Patienten sofort eine räumliche und personelle Differenzierung je nach Versicherungsstatus. Die ambulante Praxis erlaubt dagegen als 1-Arzt-Praxis oder im MVZ keine spezielle Arztwahl; selten finden sich unterschiedliche Warteräume, die Untersuchungsräume sind immer identisch. Auch das Personal »bedient« alle Patienten in der Hausarztpraxis meist gleichermaßen.

Wird ein Patient in der Klinik zur Abklärung beispielsweise eines akuten »Hörsturzes« aufgenommen, so erfolgen Diagnostik und Therapie auf der Fachstation, also in der HNO-Klinik. Die Betten- und Zimmerzuweisung erfolgt gemäß dem Wunsch des Patienten im Mehrbett- oder Einzelzimmer, die tägliche Behandlung – ebenfalls auf Wunsch des Patienten – durch den Chefarzt persönlich oder durch Stationsärzte unter OA-Anleitung. Beides ist theoretisch getrennt zu bekommen, man kann also im 1-Bett-Zimmer liegen, ohne die Privatbehandlung des CA in Anspruch nehmen zu müssen, und umgekehrt. Über diesen Sachverhalt sind die meisten Patienten nicht informiert. Im Alltag entscheidet sich der Patient in Abhängigkeit von seinem Geldbeutel bzw. Versicherungsstatus für die Aufnahme auf Privatstation bzw. einer gesondert geführten Privatklinik samt CA-Behandlung oder alternativ für die Allgemeinstation mit OA- und Assistenzarzt-Behandlung.

Es gibt heute im Angebot der Kliniken meist eine 3-Klassen-Unterteilung:

1. Privatklinik als 1.-Klasse-Angebot: es ist wie ein 5-Sterne-Hotel ausgestattet mit 1-Bett-Zimmer, eigenem Kühlschrank, freier Getränke- und Gebäckwahl, eigener Tages- und Wochenzeitung, Obstschale, Bademantel samt Hausschuhen. Auf Wunsch werden Patienten persönlich von zu Hause abgeholt. Eine solche Station wird gesondert als Privatklinik geführt, steht Patienten aller Fachdisziplinen zur Verfügung und wird von ausgewähltem Pflegepersonal geleitet. Die ärztliche Behandlung erfolgt täglich durch liquidationsberechtigte Chefärzte. Solche Privatkliniken sind nicht im Krankenhausbedarfsplan der Bundesländer aufgenommen und erhalten auch keine Fördermittel.

Die im Vergleich zur normalen Privatstation sehr hohen Kosten werden mehrheitlich von den Privatversicherungen getragen, nicht aber von allen Behilfestellen und nicht von den privat Zusatzversicherten.

Eine Klage der PKV wegen der hohen Behandlungshonorare in einer Helios-Privatklinik hat das Landgericht Erfurt im Februar 2011 mit der Begründung abgewiesen, die Honorare seien wohl sehr viel höher, die Grenze zur Sittenwidrigkeit aber noch nicht überschritten. Die Vertreter der PKV haben dagegen eine Grundsatzklärung beim BGH beantragt. Am 12.6.2014 haben sich die Helios-Privatkliniken und der PKV-Vorstand auf eine neue, niedrigere Abrechnungspraxis geeinigt.

Privatkliniken finden sich besonders in privaten Klinikketten. Die luxuriöse Ausstattung entspricht auch den Wünschen der großen Mehrzahl der privat Versicherten und trägt als Nebeneffekt zur schnellen Bilanzverbesserung der Klinik bei.

2. Privatstation als 2.-Klasse-Angebot ist die traditionelle Privatstation mit 1-Bett- und 2-Bett-Zimmern sowie täglicher CA-Behandlung. Essen und Räume unterscheiden sich deutlich von der Privatklinik und gering von der Allgemeinstation. Diese Stationen werden sowohl von privat Versicherten als auch von privat Zusatzversicherten genutzt.

3. Allgemeinstationen: Sie werden von den allgemein Versicherten, das sind ca. 80 % aller Klinikpatienten, genutzt. Die tägliche Behandlung erfolgt durch Assistenzärzte unter Leitung von Oberärzten. Die Assistenzärzte sind in einer mehrjährigen Facharztausbildung und benötigen je nach Fachrichtung sehr hohe Diagnostik- und Operationszahlen. Wöchentlich soll vertragsgemäß bei jedem Patienten eine OA- und CA-Visite stattfinden, die Realität sieht anders aus.

Jeder Chefarzt ist als Leiter seiner Klinik meist auch der Erfahrenste in seinem Ärzteteam. In Großkliniken mit Maximalversorgung besitzt er neben einer fachlichen auch eine wissenschaftliche Kompetenz; dies zeigt sich im Facharzttitel, den Zertifikaten von Fachgesellschaften, in einer Habilitation und ggf. einem Professorentitel. Als CA ist er vertraglich verpflichtet, sich persönlich nicht nur um alle privat Versicherten, sondern auch um die Schwerstkranken seines Fachgebietes sowie die diagnostisch unklaren Krankheitsbilder zu kümmern. Dies bedeutet konkret eine tägliche CA-Visite auf der Intensivstation (ITS) und je eine wöchentliche CA-Visite auf allen Allgemeinstationen. Dieser Anspruch ist vertraglich genau festgelegt, an der Umsetzung kann es hapern, die wenigsten GK-Versicherten wissen davon.

Die wöchentliche Chefvisite dient der Supervision aller ärztlichen und pflegerischen Arbeiten, weshalb die Bezeichnung »Klinikdirektor« richtiger ist. Darüber hinaus ist der CA vertraglich verpflichtet, täglich persönlich die privat Versicherten zu besuchen, um Untersuchungen zu veranlassen oder selbst durchzuführen. Hat der Privatpatient fachfremde Erkrankungen, die nicht in das Spezialgebiet des liquidationsberechtigten CA fallen, verwundert es, wie lange manchmal eine Verlegung in die zuständige Fachdisziplin dauern kann, ganz im Gegensatz zum GK-Versicherten. Dies ist eine häufige Benachteiligung des Privatversicherten, und dies allein aus monetären Gründen!

Im Alltag wird das Spezialwissen des CA durch seine Verpflichtung für jeden Privatpatienten konterkariert, da er rein zahlenmäßig als Experte viel häufiger auf der Allgemeinstation benötigt wird, selbst der gewissenhafteste Chefarzt aber »nur zwei Hände« hat. Da Leistungen bei Privatpatienten nur dann liquidiert, also nach GOÄ abgerechnet werden dürfen, wenn sie der CA auch »persönlich« vornimmt, erfolgt ein ungeheurer Verbrauch an Routineleistungen; dies wird der eigentlichen Aufgabe eines ärztlichen Spezialisten nicht gerecht. Trotzdem »kümmern« sich die CÄ oft mehr als nötig um ihre Privatversicherten in Form von häufigeren Gesprächen, ausgedehnteren diagnostischen Maßnahmen und häufigen Konsiliaruntersuchungen.

Kasuistik 8: W.G. 88 J. m., Akute Dysarthrie

Bei dem 88-jährigen W. G. besteht ein zu enger lumbaler Spinalkanal, weshalb er im letzten Jahr Physiotherapie mit täglichem Rückenschwimmen erhielt; darunter sind die steh- und gehabhängigen Rückenschmerzen ganz verschwunden. Jetzt bemerkte er plötzlich samstags nach dem Frühstück eine undeutliche Sprechweise; er suchte sofort die Notfallaufnahme seines Heimatkrankenhauses auf. Der diensthabende Assistenzarzt vermutete nach seiner Untersuchung eine Durchblutungsstörung im Hirnstamm und veranlasste neben einem EKG und Blutuntersuchungen ein CT des Gehirns mit und ohne Kontrastmittel.

Eine Vorstellung bei seinem Chefarzt – Herr W. G. ist privat versichert – erfolgte wegen des Wochenendes erst 2 Tage später; auch auf eine fachärztliche Kontrolluntersuchung wurde sowohl am Samstag als auch am Sonntag verzichtet. Die stationäre Überwachung erfolgte auf einer Schlaganfallspezialstation (Stroke Unit).

Die Sprechstörung als Folge der vermuteten Durchblutungsstörung verschwand nach 24 Stunden; am Dienstag wurde noch durch den CA ein Ultraschall und Duplex der Hirngefäße durchgeführt, obwohl das Angio-CT schon normale Verhältnisse nachgewiesen hatte. Man kann mit Ultraschall wohl strömungsdynamisch noch zusätzliche Hinweise für eine Arteriosklerose finden, dies wäre bei dem 88-jährigen Patienten aber ohne jede Konsequenz geblieben.

Am Dienstag ergab die vertiefte Anamnese bei der Chefarztvisite, dass die Diagnose »Dysarthrie durch TIA im Hirnstammbereich« falsch war; die versehentliche Einnahme einer Schlaftablette vor dem Frühstück am Samstag hatte zu der akuten Sprechstörung geführt. Der Patient hatte sie wegen der fehlenden Brille mit seiner Blutdrucktablette in seinem Waschbeutel verwechselt. Zufrieden konnte der Patient am Mittwoch die Klinik verlassen.

Privatpatienten erbringen sowohl dem liquidationsberechtigten CA als auch dem Klinikträger selbst bei gleicher medizinischer Leistung deutlich mehr Einnahmen. Ist die Diagnostik und Therapie auch noch umfangreicher als nötig – wie in ▶ Kasuistik 8 beispielsweise mit der Ultraschalldiagnostik trotz normalem Angio-CT und fehlender Konsequenz –, so steigen die Einnahmen weiter an. Trotzdem sind die Liegezeiten bei Privatpatienten dank schnellerer Terminvergaben in der Klinik kürzer. Auch wenn Untersuchungen gerade bei Privatversicherten ohne erkennbare Konsequenz erfolgen, werden sie von den Patienten bereitwilligst angenommen.

Trotz der Zunahme der diagnostischen Verfahren bei privat Versicherten konnte nach Blech (2011b) die Rate der Fehldiagnosen nicht gesenkt und die Lebenserwartung nicht verlängert werden; im Gegenteil haben mögliche Fehlinterpretationen bei den neuesten Verfahren sogar direkt zu diagnostischen Fehlern beigetragen. Dass privat Versicherte aber insgesamt deutlich länger leben, ist mit der Bevorzugung von Gesunden bei Eintritt in die PKV und mit ihrer meist gesundheitsbewussteren Lebensweise zu erklären.

Auf Allgemeinstationen werden oft ungeklärte Fälle aus dem Spezialgebiet des CA eingewiesen, wenn er von der KV nicht die Zulassung zur ambulanten kassenärztlichen Behandlung erhalten hat. Dieser Zustand widerspricht einer freien Arztwahl und bürdet den gesetzlichen Krankenkassen zusätzliche Kosten auf (▶ Abschn. 3.2). Gründe für nicht genehmigte Zulassungen zur ambulanten kassenärztlichen Behandlung sind Einsprüche niedergelassener Ärzte und ihrer Standesvertreter. Dabei wäre allein aus Gründen der Gerechtigkeit eine generelle Zulassung zur Behandlung von GK-Versicherten zu fordern.

Es erstaunt, dass die Patienten diesen Unrechtszustand akzeptieren und sogar glauben, dass die stationäre Einweisung ein besonders gründliches Bemühen ihres Hausarztes um ihre Krankheit bedeutet. Letztlich führt dieser Missstand dazu, dass mancher GK-Versicherte statistisch seine Kasse teurer kommt als der einzelne PK-Versicherte.

Die scharfe Trennung zwischen ambulanter und stationärer Krankenversorgung nur für Kassenpatienten beklagt der Präsident des 117. deutschen Internisten-Kongresses: er sieht die »inhaltliche Qualität der medizinischen Arbeit« bedroht und meint, dass diese scharfe Trennung »wesentlich zur beruflichen Unzufriedenheit« beiträgt; diese Trennung beruhe auf der sektoralen Budgetierung und sei immer weniger medizinisch begründet (Lehnert 2011). Auf den gleichen Missstand hat der Chirurg und Präsident des Verbandes der leitenden Krankenhausärzte Prof. Dr. H.-F. Weiser schon auf der Medika in Düsseldorf 2010 hingewiesen: die doppelte Facharztschiene sei antiquiert, nur 6.000 der 68.000 niedergelassenen Fachärzte seien als Belegärzte mit den Kliniken verbunden, und mehr Verzahnung gelinge nur dadurch, dass die Krankenhäuser auch ambulante Leistungen erbringen können.

Stationär sind die Unterschiede im Grundkonzept der Therapie der häufigsten Krankheiten im Gegensatz zur Diagnostik eher gering. Am ehesten noch kommt bei GK-Versicherten das Gespräch zu kurz; Labor- und Apparate-Untersuchungen sind dagegen eingeübt, wohl weil sie auch für die spätere Facharztanerkennung des jungen Assistenzarztes benötigt werden. Insgesamt sind die Entscheidungen zu nicht eindeutig indizierten diagnostischen und therapeutischen Maßnahmen in der Klinik zu häufig: bei privat Versicherten aus ökonomischen Gründen, bei GK-Versicherten aus Gründen der benötigten Ausbildungszahlen zum Facharzt.

In der Notfalldiagnostik wird man leider »aus juristischen Gründen« nicht selten zuerst durch die Mühle der Diagnostik gedreht (Blutabnahme, EKG, Röntgenthorax), bevor man den Arzt überhaupt zu Gesicht bekommt (Blech 2011). Bei gemeinsam geführten Notfallzentren kann man sich als Neurologe kaum noch gegen die apparative Primärdiagnostik anstelle eines zuerst zu führenden Gespräches durchsetzen. Argument des meist internistisch oder anästhesiologisch ausgebildeten Notfallchefarztes ist es dann, in keinem Falle etwas übersehen zu dürfen. Aber warum soll jemand mit einer klassischen Migräne-Attacke, einem erneuten epileptischen Anfall oder einer Gehirnerschütterung immer eine große Blut- und EKG-Untersuchung bekommen?

Ebenso wie diagnostische Abläufe setzen in der Klinik auch Therapiemaßnahmen wie z. B. die Krankengymnastik beim Privatpatienten früher ein, nicht nur weil sich der CA persönlich darum kümmert. Die Erfahrung hat gezeigt, dass eine Ausweitung diagnostischer und therapeutischer Maßnahmen weniger ein Resultat der Gründlichkeit und des Sich-Kümmerns als vielmehr der persönlichen Absicherung und Abrechenbarkeit ist.

Kasuistik 9: K. E. 77 J. m., Akutes Koma nach Reanimation bei einem schwer Parkinson-Kranken

Der 77-jährige K. E. ist seit 15 Jahren an Parkinson erkrankt. Er wird am 27. 2.2011 beim Schwimmen, im Ringreifen hängend, plötzlich bewusstlos vorgefunden. Eine Pflegerin zieht ihn an den Beckenrand und ruft den Notarzt. Nach ca. 10 Min. leitet der Notarzt nach Feststellung von Kammerflimmern die Reanimation ein, die auch innerhalb von einer Minute gelingt.

Der privat versicherte Patient wird auf die ITS eines 500-Betten-Krankenhauses gebracht und muss über 8 Tage beatmet werden. Zwei cCT's des Gehirns zeigen altersgemäße Hirnatrophien, neurologische Konsiluntersuchungen erbringen auch nach Absetzen von Fentanyl und Dormikum nach 11 Tagen noch ein Koma bei wieder eingetretener Spontanatmung und Areflexie mit Tonuslosigkeit. Die Pupillen reagieren nicht auf Licht und bleiben eng, auch nach Absetzen des Morphinderivats Fentanyl. Das Puppenkopfphänomen ist bei leichtem Strabismus divergens nicht nachweisbar, auf Schmerzreize erfolgt keinerlei Reaktion.

Der Neurologe empfiehlt zur besseren prognostischen Einschätzung die Verlegung in eine neurologische Klinik, alternativ ein MRT des Gehirns, ein EEG und Medianus-SEP. Über die Frage des Umgangs bei einer erneuten Komplikation wie insbesondere Kammerflimmern spricht er mit den amtlich bestellten Betreuern. Eine Verlegung auf eine neurologische Intensivstation oder eine neurologische Rehaklinik erfolgt ebensowenig wie eine Verlegung auf eine kardiologische Klinik. Der jetzt für den Patienten zuständige CA auf der ITS ist FA für Gastroenterologie. Die im Trachealsekret nachgewiesenen Staphylokokken (MRSA) werden mit Breitbandantibiotika unter Spontanatmung über insgesamt 10 Tage behandelt.

Am Ende der 6-wöchigen intensivmedizinischen Behandlung erfolgt zur besseren Langzeitbetreuung das Legen einer PEG und eine Tracheotomie. Die bereits wieder eingetretene Spontanatmung gelingt nach Anlegen des Tracheostoma nicht mehr, eine assistierte Beatmung wird eingeleitet.

Beim Besuch des Schwiegersohnes stellt dieser fest, dass Herr K. E. ohne vorangegangene Rücksprache mit dem Betreuer in ein nahe gelegenes Krankenhaus im gleichen Ort verlegt worden war. Bei Beschwerde wird als Grund der überstürzten Verlegung ein plötzlich zugewiesener Notfallpatient angeführt. Im neuen Krankenhaus wird nach 1-wöchiger Beatmung wegen des persistierenden Komas die Verlegung in ein Pflegeheim mit Beatmungsmöglichkeit organisiert, nachdem Angehörige und Betreuer zugestimmt haben.

Im Pflegeheim wird bei dem über das Tracheostoma beatmeten Patienten eine akute Pneumonie vom Hausarzt mit Ampicillin behandelt. Bei einem erneuten neurologischen Konsil zeigt sich weiterhin ein persistierendes Koma nach Reanimation und fortbestehenden lichtstarren Pupillen bei Anisokorie als Zeichen einer schweren hypoxischen Hirnschädigung. Es erfolgt ein Gespräch mit der Ehefrau und dem Pflegepersonal über die infauste Prognose. Alle stimmen dem Vorschlag zu, dass der Patient die Chance erhalten muss, ohne erneute Antibiotika-Intervention sterben zu können. Der Patient verstirbt innerhalb von 24 Stunden.

Es ist offensichtlich, warum nicht eine Verlegung auf eine neurologische ITS und eine Verlegung in ein Pflegeheim erst nach 6-wöchiger Intensivbehandlung erfolgt ist. Immerhin ist der Patient privat versichert. Unabhängig vom Versicherungsstatus ist die Beatmung auf einer Intensivstation über mehr als 24 Stunden ein für die Klinik einträgliches finanzielles Geschäft. Was die frühe Feststellung der Prognose und die daraus sich ergebene Therapiereduktion aus Kostensicht bedeuten kann, wird in ▶ Abschn. 7.5 diskutiert.

Privatversicherte bringen dem Niedergelassenen sowie dem Chefarzt und dem Klinikträger wegen der Unterschiede der Abrechnung aufgrund des Liquidationsrechtes deutlich mehr Einnahmen. Selbst Schwerstkranke wie ▶ Kasuistik 9 erlauben der Klinik wegen der komplizierten Komorbiditäten (Nebendiagnosen) und Behandlungsprozeduren einen höheren DRG-Erlös und sind deswegen für ein Krankenhaus auch bei allgemein Versicherten sehr attraktiv. Voraussetzung ist aber, dass für die Erstellung der Rechnung ein sachkundiges, spezialisiertes Controlling verantwortlich ist.

Will man den Missstand der Ungleichbehandlung von GK- und PK-Versicherten in der Klinik beheben, ist erste Voraussetzung, dass Ärzte nicht mehr direkt an den Einnahmen durch die Privatpatienten beteiligt werden (▶ Kap. 8). Spätestens dann hört das »Hinterherlaufen« der Chefärzte hinter Privatpatienten auf. Jeder Privatassistent kann bestätigen, dass gerade in den letzten Jahren die Entscheidung über Diagnose- oder Therapieverfahren auch auf Grundlage von Vergütungszahlen getroffen wird.

Unterschiedliche Rechnungshöhen sollten in Kliniken bei gleicher Diagnostik und Therapie nur durch Unterschiede in Service und Ausstattung begründet sein, es sei denn, der Patient wünscht eine Ausweitung seiner basismedizinischen Versorgung und bezahlt dafür persönlich einen Zusatzbeitrag. Vertretbar ist es aber, wenn der Klinikträger aufgrund der besonderen Fortbildungs- und Gehaltskosten des Chefarztes und weiterer Spezialisten ein Zusatzhonorar im Sinne einer CA-Zulage einfordert, wenn der Patient vertraglich die persönliche CA-Behandlung einfordert. Dies hat nichts mit dem Liquidationsrecht zu tun.

Der geforderte Facharztstandard ist von jeder Akutklinik rund um die Uhr und 7 Tage pro Woche kontinuierlich vorzuhalten und bezieht sich auf den gesamten Behandlungsprozess (Köbberling 2013). Ärzte in Ausbildung (AiP) und die Assistenzärzte einer Klinik benötigen eine Überwachung durch Fachärzte. Erfolgt außerhalb der Dienstzeit der Fachärzte eine stationäre Aufnahme, muss auch bei Kassenpatienten innerhalb von spätestens 24 Stunden eine fachärztliche, persönliche Kontrolluntersuchung erfolgen. Die telefonische Absicherung nach dem Motto »Die Fachkompetenz darf auch vom Bett aus ausgeübt werden« mag für dermatologische Fragen erlaubt sein, nicht aber für akute Herzkreislauf-, Bauch- oder Hirnerkrankungen. Die Realität ist nicht selten gerade an Wochenenden eine andere.

Prüft man die Qualität der Behandlung in Abhängigkeit vom Zeitpunkt der stationären Aufnahme – z. B. am Samstag 23:00 Uhr – und der Versicherungsart, fällt für die Akutsituation meist keine Ungleichbehandlung auf. Dabei ist unabhängig vom Versicherungsstatus schon heute an Wochenenden eine erhöhte Gefährdungslage des Patienten gegeben (▶ Kasuistik 8). Dies wird in ▶ Kap. 9 im ▶ Kap. 10 »Kosten- und Qualitätsbewusstsein« weiter diskutiert.

Literatur

Blech J (2011b) Vorsicht, Medizin. Spiegel 33: 116–126

Heinrich Ch (2013) Wartezimmer Deutschland. ZEIT 40: 44

Hildebrand R (2010–2015) Newsletter. E-Mail: hildebrand@hmanage.de. ▶ http://hmanage.net/index.php?id=newsletter&no_cache=1. Zugegriffen: 27. April 2015

Jörg J, Hielscher H (Hrsg) 1997 Evozierte Potentiale in Klinik und Praxis, 4. Aufl. Springer Heidelberg

Köbberling J (2013) Diagnoseirrtum, Diagnosefehler, Befunderhebungsfehler. Bewertungen und Vermeidungsstrategien. Verlag Versicherungswirtschaft GmbH, Karlsruhe

Lehnert H (2011) Ambulante und stationäre Grenzen öffnen! (Interview) ÄrzteZeitung, 24. Februar 2011: 10

Lindner Ch (2011) ZEIT-Interview 8 / 2011: 10–11

Stüwe H (2013) Editorial über die längere Lebenszeit Besserverdienender. Dtsch. Ärztebl. 110 (27–28): C 1161

Timm C (2015) Leserbrief. Dtsch. Ärztebl. 112 (3): C 79

Williamson Ch (2010) Towards the Emancipation of Patients: Patient's Experiences and the Patient Movement. Policy Press, University of Bristol UK

Zylka-Menhorn V (2013) Arzt-Patienten-Kommunikation. Dtsch. Ärztebl. 110 (16): C 651

Kostenbeteiligung durch Patient und Arzt

Johannes Jörg

J. Jörg, *Berufsethos kontra Ökonomie*,
DOI 10.1007/978-3-662-47066-4_5, © Springer-Verlag Berlin Heidelberg 2015

Eigenverantwortung von Patienten fördert man durch Transparenz für alle erbrachten medizinischen Leistungen, Information über deren Ergebnisse und die Aushändigung der Rechnungen. Dieses Patientenrecht nehmen viele privat versicherte Patienten in Anspruch; Kassenpatienten haben dagegen meist nur juristisch ein Recht auf Akteneinsicht und genaue Informationen. Bei der Überlassung von Laborergebnissen oder Arztbriefen ist der Bittstellerstatus immer noch das Normale.

Mündige Patienten prüfen alle bei ihnen in Rechnung gestellten Leistungen. Der allgemein Versicherte erhält leider erst auf ausdrücklichen Wunsch eine Quittung als Leistungsübersicht,und auch diese nur quartalsweise, weil sein Arzt zuvor mit seiner KV über ein kompliziertes Punktesystem nach EBM abrechnen muss (▶ Kap. 8.2). Die meisten Kassenpatienten wünschen keine Leistungsübersicht, auch weil sie fürchten, ihr Arzt könnte ein Misstrauen vermuten und dann bei zukünftigen Untersuchungen negativ eingestellt sein.

Bei Krankenhausrechnungen wird von Prüfern der GKV in bis zu 20 % der Fälle der MDK zur Begutachtung eingebunden; er findet dann in fast 30 % zu hohe Berechnungen.

Privatversicherte erhalten unabhängig von der Klinikverwaltung auch von dem CA eine Rechnung, die gemäß dem Liquidationsrecht unter Zugrundelegung der GOÄ aufgestellt ist. Die Prüfungen und Beanstandungen durch Patienten haben in den letzten Jahren zugenommen. Meist erfolgt aber eine zügige Bezahlung und Weiterreichung an die jeweilige PKV sowie Beihilfestelle zur Begleichung.

Rechnungsprüfungen durch Privatversicherungen erfolgen meist mit großer Zurückhaltung. Sie erstatten ihren Versicherten regelmäßig die Kosten, wenn Liegezeiten und Untersuchungen einigermaßen schlüssig sind. In den letzten Jahren haben die Beanstandungen zugenommen, wenn ein besonders hoher Komfort in Privatkliniken in Anspruch genommen wurde.

Die formal eigenständigen Privatkliniken unter dem Dach von Akutkliniken bringen ihre Träger schnell in die Gewinnzone, selbst wenn vorher unter öffentlicher Trägerschaft die drohende Insolvenz der Grund der Privatisierung war. Diese Angebotserweiterung ist von der Mehrzahl der Patienten gewünscht und steht nicht zur Diskussion, so lange diese Art »Leistungserweiterung« zwischen Patient und seiner PKV vereinbart worden ist und die Kosten nicht von den übrigen PKV-Mitgliedern mitgetragen werden müssen.

Die jährlich steigenden Gesundheitskosten haben unabhängig vom Versichertenstatus gezeigt, dass die Überlassung der Rechnung alleine noch keine Gewähr für eine sachgerechte Prüfung durch den Patienten und seine Versicherung ist. Selbst die primäre Bezahlung durch den Patienten vor der Erstattung hilft wenig weiter, wenn nahezu sicher ist, dass alle Leistungen von der Versicherung bezahlt werden. Wenn man sieht, wie sorgfältig Kinder mit ihrem Taschengeld umgehen, wenn es um den Kauf von Süßigkeiten vom eigenen Geld geht, ja, wenn wir alle nur unsere Sozialisation berücksichtigen, wird klar, dass erst dann eine Begrenzung der Gesundheitskosten gelingen kann, wenn eine persönliche Selbstbeteiligung, zumindest bei Wahlleistungen, für alle Patienten zur Regel wird. Forderungen zur Selbstbeteiligung kann man auch auf einzelne Ärzte übertragen, wenn diese sich zu großzügig im dualen Gesundheitssystem bedienen, ohne sich der hohen Kosten bewusst zu sein.

Die bis Ende 2012 bestehende Praxisgebühr als eine Art Selbstbeteiligung der GKV-Patienten hat nicht zu einer Reduktion der jährlichen Arztbesuche geführt. Im Arztreport 2011 der Barmer GEK (Schwartz 2011) – er wurde bzgl. 8,2 Mio. Versicherter erstellt und dann auf Deutschland hochgerechnet – zeigte sich, dass trotz Praxisgebühr 93 % der Menschen 2009 mindestens einmal zum niedergelassenen Arzt gingen (Männer 90 %, Frauen 96 %); 16 % suchten nur eine Arztpraxis auf, ca. 41 % aber 4 und mehr. Im Durchschnitt wurden 3,4 unterschiedlich behandelnde Ärzte bzw. Arztpraxen aufgesucht. Dies überrascht nicht, wenn man die Facharztdichte in Deutschland berücksichtigt und um die Zuweisungspraxis weiß.

Bei den beiden häufigsten Krankheiten in Deutschland besteht für die »Arterielle Hypertonie« (ca. 25,7 %) und den »Diabetes mellitus Typ2« ein Ost-West-Gefälle: hoher Blutdruck ist in den neuen Ländern 20 % häufiger, der Typ-2-Diabetes 30 % häufiger. Damit verbunden sind häufigere Begleiterkrankungen, so dass weitere Fachärzte – Kardiologen, Radiologen, Laborärzte, Orthopäden – benötigt werden. Berücksichtigt man weiterer Diagnosegruppen wie »Rückenschmerzen« 24 %, Entzündungen der Atemwege 18,5 % und Fettleibigkeit 7,8 %, so verwundert nicht, dass viele Arztpraxen für regelmäßigen Besuch sorgen.

Kasuistik 10: O. S. 66 J. w., Koxarthrose, Diabetes, Adipositas
Die jetzt 66-jährige O.S. ist verheiratet und hat 3 Kinder. Sie hat ihr Leben lang für Sport nur wenig übrig gehabt, dafür aber als gute Mutter gerne gekocht. In den letzten 20 Jahren hat sich ein langsam zunehmendes Übergewicht entwickelt, welches nach Eintritt der Menopause in eine Adipositas permagna mit einem BMI > 30 überging.
Mit 60 Jahren entwickelten sich zunehmende Bewegungsschmerzen in der rechten Hüfte, die Anlass für zahlreiche orthopädische, diätetische und physiotherapeutische Maßnahmen waren. Schlussendlich wurde eine schmerzhafte »Koxarthrose bei Adipositas« diagnostiziert. Eine neue Hüfte in Form einer Endoprothese führte sofort zur Schmerzfreiheit. Die bisherigen Versuche der Gewichtsreduktion bekommen mit Gewinn der Schmerzfreiheit aber einen schweren Rückschlag. 4 Jahre später stellt der Hausarzt einen Alterszucker fest, an der Gewichtssituation hat sich nichts geändert, Hüftschmerzen sind jetzt auch links aufgetreten.

Dieser Krankheitsverlauf erlaubt ebenso wie viele Krankheitsverläufe bei den bis 60 % übergewichtigen Senioren folgende Bilanz:
1. Es ist nicht verwunderlich, dass sich über Jahre die Beingelenke – hier das Hüftgelenk – weigern, die Überlast des Körperumfangs durch undiszipliniertes Essen zu tragen. Statt sofortiger Endoprothesen wären strikte Gewichtsabnahme und Fahrradfahren richtiger gewesen.
2. Es ist eine Frage der Zeit, ab wann die Insulinreserven im Pankreas durch das Übergewicht und die fehlende Mobilität zu einem Altersdiabetes führen. Als nächstes ist ein hoher Blutdruck zu erwarten.
3. Der Hausarzt verfolgt im Sinne der Vorsorgemedizin den Krankheitsverlauf sehr genau und er wird den arteriellen Hypertonus sicher nicht verpassen. Die Aufnahme in das Diabetiker-Chroniker-Programm ist bereits erfolgt.

Die Prothesen produzierende Industrie macht ebenso wie die Diabetesindustrie zunehmend mehr Umsätze, »gesünder« werden die Patienten leider damit aber noch nicht. Wäre von der Patientin O.S. wegen des deutlichen Übergewichts von ihrer Krankenkasse eine Risikobeteiligung im Sinne eines Belohnungsprogrammes abverlangt worden, wäre es vielleicht zu einer Verhaltensänderung in der Ernährung gekommen. Die Folgekrankheiten Beingelenkleiden und Diabetes mellitus wären ebenso wie viele Arztbesuche dann wahrscheinlich ausgeblieben.

Thomas Grobe (2011) vom Institut für Sozialmedizin und Gesundheitssystemforschung beschreibt, wie in Deutschland seit dem Weltrekordjahr 2008 mit 18 Arztbesuchen pro Kopf in den Jahren 2010 zu 2011 ein weiterer Anstieg eingetreten ist. In Norwegen erklären sich die nur 5,4 Arztkontakte pro Jahr u. a. mit der höheren Kompetenz der Hausärzte, selteneren Wiedervorstellungsterminen und der weniger restriktiven Krankschreibungspraxis (Herrmann 2015). Die hohe Zahl an Arztbesuchen erlaubt bei uns 3 Hypothesen:

1. Jede Person, die oft zum Arzt geht, muss sich zwangsläufig krank fühlen. Dies allein schon führt automatisch zu weiteren Arztbesuchen.
2. Wenn Arzt und Patient mehr Vorteile als Nachteile haben, kann die Zahl der Arztbesuche nicht abnehmen.
3. Die Kostenbeteiligung nur in Form einer Praxisgebühr ist unzureichend.

Wenn Deutsche nicht kränker als andere Europäer sind und sie trotzdem seit Jahren unangefochten den Weltmeistertitel für die Häufigkeit von Arztbesuchen halten, schreit dies sowohl nach einer Selbstbeteiligung als auch einer ärztlichen Lotsenrolle, die nur ein Hausarzt sachgerecht übernehmen kann.

Mit einem Hausarztvertrag lassen sich Besuche beim Facharzt und Klinikeinweisungen steuern und Doppeluntersuchungen mindern. Dieses Hausarztmodell funktioniert aber nur, wenn Hausärzte selbst keine speziellen diagnostischen Verfahren veranlassen. Auch muss die Hausarztanbindung Grundlage jeder Basisversorgung sein, die kostenmäßig für alle Mitglieder gleich hoch ist (▶ Kap. 6). Mit der Realisierung des Zieles »Gleiches Geld für gleiche Leistung« ließe sich so bei einer Qualitätsverbesserung noch Geld einsparen.

Die Akzeptanz des Hausarztmodells lässt sich durch eine Erniedrigung des Kassenmitgliedsbeitrags steigern. Wenn alle Krankenkassen das Hausarztmodell im Angebot haben, wäre zu erwarten, dass die Anzahl der jährlichen Arztbesuche zurückgeht und sich die Zeit für den einzelnen Arztbesuch wieder verlängert.

Die Krankenkasse Barmer-GEK hat bei ihren 8,2 Mio. Mitgliedern den Umfang der CT- und MRT-Diagnostik in einer Studie untersuchen lassen. Danach haben 2009 hochgerechnet ca. 6 % (4,88 Mio.) mindestens ein CT und ca. 7,2 % (5,89 Mio.) mindestens ein MRT erhalten. Damit liegt Deutschland mit den CT's international im Mittelfeld, mit der MRT-Zahl an der Weltspitze. Bei 97 MRT-Untersuchungen auf 1.000 Einwohner liegt Deutschland weit vor den USA, Belgien und Frankreich (Schwartz 2011). Der Neurologe Heier (2011) meint, dass weniger als die Hälfte der MRT-Bilder sinnvolle therapeutische Konsequenzen erbrachte.

Berücksichtigt man die vermehrte Diagnostik bei privat Versicherten und bei der gesamten Stadtbevölkerung – letzteres aufgrund der höheren Facharztdichte-, dürften die von der Barmer-GEK errechneten jährlichen Zahlen für CT- und MRT-Untersuchungen noch höher liegen.

1,76 Mrd. € entfielen pro Jahr auf CT- und MRT-Untersuchungen, davon allein 1,25 Mrd. € auf den ambulanten Bereich. Dies waren im ambulanten Bereich 3,2 % der ärztlichen Behandlungskosten. Beim Vergleich der Zahlen ab 2004 fällt auf, dass sich von 2004 bis 2009 die Zahl der Personen mit mindestens einem CT um 26 %, die Zahl der Personen mit mindestens einem MRT um 41 % erhöhte.

Die jährlichen Zahlen für CT- und MRT-Untersuchungen zeigen nach Schwartz (2011), dass der Haupt-Kostentreiber im Gesundheitswesen nicht die Alterung der Bevölkerung, sondern der immer breitere Einsatz der Hochtechnologie ist. Schwartz vermutet, dass »in weniger als 50 % dieser Bilderflut sinnvolle Konsequenzen für die Therapie gezogen werden«. Dieser Boom ist auch Folge der weiten Verbreitung der rund 4.500 CT- und MRT-Geräte; bei Kosten einer Maschine ab 750.000 € und Einnahme von 700 € pro Untersuchung benötigt der Radiologe mehr als 1.000 Einsätze pro Jahr, damit sich die Maschine rechnet. Die Vermehrung der Großgeräte ist Ende der 90-er Jahre nach Aufhebung der Großgeräteverordnung eingetreten.

Bei der Kostenanalyse der bildgebenden Diagnostik mit CT und MRT wäre es angebracht, einmal umzurechnen, wie stark die MRT-Untersuchungszahlen ansteigen würden, wenn die Kontraindikationen für Herzschrittmacherträger nicht mehr gegeben wären. Schrittmacher (SM) und implantierbare Defibrillatoren (ICD) sind wegen potenziell eintretender Funktionsstörungen mit einem normalen MRT-Gerät nicht kompatibel, so dass diese Patienten deshalb »nur« ein CT statt des gewünschten MRT erhalten (Bovenschulte et al. 2012). Bisher ist nicht belegt, ob durch diese diagnostische Benachteiligung ein qualitativer Nachteil in der medizinischen Versorgung entstanden ist. In jedem Falle hat diese »Benachteiligung« zu einer Ersparnis in Millionenhöhe geführt.

CT- und MRT-Untersuchungen werden auch von Ärzten veranlasst, die fachlich sowohl in der Fragestellung als auch in der Bewertung der Ergebnisse nicht ausreichend qualifiziert sind: so verordnet der Kardiologe in der Klinik ein MRT des Kopfes wegen chronischer Kopfschmerzen, statt »seinen« Patienten primär einer neurologischen Untersuchung zuzuführen. Umgekehrt veranlasst der Neurologe ein Herzecho ohne vorangehende Untersuchung beim Herzspezialisten. Der Hausarzt verordnet ein MRT der LWS bei akuter Lumboischialgie, ohne sich der fehlenden Konsequenzen bewusst zu sein.

Will man die Flut der apparativen Diagnostik begrenzen, bieten sich ohne die Gefahr einer Qualitätseinbuße 3 Lösungsansätze an:

1. Jeder Patient erhält seine Rechnung, prüft und bezahlt sie vor der Einreichung bei seiner Krankenkasse.
2. Jede Kasse übernimmt komplett die Basismedizin; bei der »Kann-Medizin« besteht immer eine Selbstbeteiligung.
3. Selbstbeteiligung gilt grundsätzlich für den Patienten und ggf. auch für den Arzt bei Veranlassung teurer, nicht eindeutig indizierter medizinischer Leistungen.

Zu 1. Jeder Patient erhält seine Rechnung, prüft und bezahlt sie: er schickt diese dann seiner Krankenkasse; diese prüft, bezahlt und rückerstattet auf das Konto des Patienten. Eine Zwischenschaltung der KV ist ebenso überflüssig wie die Prüfung durch die Beihilfestelle, wenn die gleiche Prüfung durch den Kassenvertreter gewährleistet ist. Jede Rechnung wird mit Hilfe einer GOÄ-bezogenen Berechnung in Euro, nicht in EBM mit sog. Punktezahlen erstellt.

Zu 2. Komplette Begleichung der Kosten für die Basismedizin, unterschiedliche Selbstbeteiligung bei der »Kann-Medizin«: Jede Kassen muss die Rechnungsanteile für die Basismedizin komplett bezahlen, da hierfür jeder Bürger pflichtversichert ist. Keine Pflichtversicherung besteht für Kann-Leistungen. Die Pflichtversicherung für alle Basisleistungen kann aus sozialen Gründen oder bei geringerer Risikobeteiligung (z. B. Vorsorgeverhalten) gestaffelt sein.

Ein Belohnungs- oder Wohlverhaltensbonus ist für den Pflichtversicherungsanteil besser als eine Risikobeteiligung. So kann der Monatsbeitrag reduziert werden, wenn ein gesundheitsförderliches Verhalten belegt ist, z. B. ein BMI < 25, kein chronischer Nikotin- oder Drogenabusus, regelmäßiger Sport (▶ Abschn. 7.4).

In Deutschland liegt bei 66 % der Männer und 50,6 % der Frauen Übergewicht vor (BMI ≥ 25); 20 % aller Deutschen sind adipös (BMI ≥ 30). 3–5 % der jährlichen Kosten im deutschen Gesundheitssystem werden für Adipositas und deren Folgekrankheiten aufgebracht; nach Sigmund-Schultze (2011) sind dies mehr als 5 Mrd. € pro Jahr.

Wohlverhaltensboni sind weit verbreitet, so erhalten Helios-Mitarbeiter einen zusätzlichen Urlaubstag, wenn sie Nichtraucher sind.

Bei diagnostischen oder therapeutischen Leistungen, die weder evidenzbasiert sind noch in Leitlinien der Fachgesellschaften empfohlen werden, ist der von der Kasse zu übernehmende Betrag im Wahltarif festzulegen. Gleichgültig, ob nun ein Selbstbehalt-Tarif oder ein Kostenerstattungstarif gewählt wird, Bedingung muss sein, dass ein bestimmter Prozentsatz an Eigenbeteiligung vereinbart wird.

Der Eigenanteil kann bei bis 100 % liegen, z. B. wenn eine Luxusversorgung in der Klinik oder eine dritte, nicht indizierte MRT-Kontrolle der LWS gewünscht wird. Liegt eine Klinik oder ein Arzt mehr als 20 % oberhalb der statistischen Mittelwerte seiner Vergleichsgruppe – z. B. bei der Zahl der Kaiserschnitte, der Bandscheibenoperationen oder der MRT's der Wirbelsäule wegen Rückenschmerzen – so kann eine Honorarabsenkung zu Lasten der Klinik oder des Arztes vereinbart werden.

Bei Außenseitermethoden wie der Einnahme von Naturheilmitteln (Bachblüten in Notfalltropfen, Vitamin-Komplex), Homöopathika (Globuli mit extrem verdünnten natürlichen Zusatzstoffen oder Ampullen wie Traumeel© zur Injektion) oder Akupunktur kann der Eigenanteil auch niedriger vereinbart werden, wenn in Studien belegt wurde, dass Patienten im Vergleich zum Verum-Präparat mehr Vor- als Nachteile haben und diese Therapie im Vergleich zur »Hochschulmedizin« auch noch kostengünstiger ist. Vor- und Nachteile dieser Therapieformen sollten sachkundige Ärzte entscheiden, die sich mit Suggestibilität und psychiatrischen Erkrankungen wie larvierten, somatoformen Depressionen oder psychogenen Körperstörungen auskennen.

Voraussetzung einer Kostenübernahme durch Krankenkassen müssen fachlich anerkannte Therapeuten sein, nicht aber schlecht ausgebildete Heilpraktiker oder Heiler anderer Art wie Knochenflicker, Gesundbeter oder Handauflieger. Jeder Therapeut muss sich verpflichten, Schaden vom Patienten abzuwenden. Kosten für eine nicht evidenzbasierte Medizin haben die Patienten in der Regel allein zu tragen. Außenseitermethoden sollten nicht verboten werden, nur darf der Pluralismus in der Medizin nicht dazu führen, dass »der Aberglaube die moderne Medizin frisst« (Meyer 2011). Dabei ist es das gute Recht jedes Einzelnen, seinem Aberglauben ohne Belastung der Solidargemeinschaft nachzugehen.

Bei der Gestaltung der Krankenversicherung wird der Eigenanteil vertraglich vereinbart. Für die Basismedizin kann sich niemand aus der Versicherungspflicht herauskaufen. Die finanzielle Höhe für die Basismedizin ist sozial zu staffeln und bei allen Kassen gleich; sie wird vom Gedanken der Solidargemeinschaft geprägt. Für den übrigen Anteile gibt es freie Kassenwahl und freie Vertragsmöglichkeiten (▶ Kap. 6).

In Deutschland besteht Versicherungspflicht für alle Bürger. Der Zugang zu unserem dualen Versicherungssystem mit GKV und PKV ist nach Gehaltshöhe oder Beamtenstatus geregelt, was für den Einzelnen desavouierend ist und eine Zweiklassenmedizin mitbegründet.

Nur wer als Arbeitnehmer 2015 die Krankenversicherungspflicht-Grenze von 54.900.- € pro Jahr übersteigt, darf nach einem Jahr Wartezeit von der GKV in die PKV wechseln. Bei der PKV kann der Einzelne eigene Schwerpunkte setzen und so den Beitrag minimieren; umgekehrt kann die PKV aber auch Risikozuschläge verlangen. Diese Risikoselektion betreibt die PKV in vielen ihrer Tarife, und das ist nicht nur von Vorteil für die Versicherten.

Bei der GKV sind, im Gegensatz zur PKV, eine Rehabilitation und Haushaltshilfen abgedeckt, und die Versicherung des Ehepartners sowie der Kinder ist bis zum 25.Lebensjahr beitragsfrei. Rückerstattungen bei Leistungsfreiheit gewähren die PKV, nicht aber regelhaft die GKV. Nur bei Privatversicherten wird keine Zuzahlung bei Arzneimitteln oder Massagen und keine Zuzahlung von 10 € pro Tag im Krankenhaus erhoben.

Der Wechsel von der GKV zur PKV und umgekehrt ist nicht so einfach möglich, oft gilt der Satz: »Einmal privat, immer privat«. Zum Jahresende 2010 waren in Deutschland 8,9 Mio. Menschen in der PKV vollversichert; 21.000 davon nur im Basistarif der PKV. 21,9 Mio. Menschen in der GKV hatten eine Zusatzversicherung.

Zugangseinschränkungen können zu erheblichen Ungerechtigkeiten führen, die so weit gehen können, dass Pflichtversicherte in der GKV einen höheren Monatsbeitrag bezahlen als vergleichbare Personen mit deutlich höherem Gehalt bei einer Privatversicherung. Auch korreliert der unterschiedlich hohe Monatsbeitrag nicht mit den in Anspruch zu nehmenden Leistungen. Im Alter steigen die Prämien der PKV im Gegensatz zur GKV unverhältnismäßig an.

Wegen der Risikoselektion bei privaten Kassen und des unzureichenden Risiko-Strukturausgleichs zwischen GKV und PKV ist eine Zusammenlegung aller Krankenkassen zu fordern. Diese »Privaten Versicherungen für Alle«, wie sie K. D. Henke in einem FAZ-Artikel 2009 gefordert hat, sollten einen »sozialen Wettbewerb um eine qualitätsgesicherte Grundversorgung für Alle führen, verbunden mit der Möglichkeit, höhere Gesundheitsleistungen individuell und zusätzlich nachzufragen«. Steigende Krankenkassenbeiträge entstehen nicht nur durch unbegrenztes Anspruchsdenken von Patienten, sondern auch durch großzügiges Verordnen teurer medizinischer Leistungen.

Kasuistik 11: L. L. 61 J. w., Akute Lumboischialgie, L5-Reizsyndrom u. Bandscheibenvorfall LWK 4–5

Der Orthopäde diagnostiziert bei der 61-jährigen Beamtin L.L. eine akute, jetzt 4 Tage bestehende Lumboischialgie rechts. Er vermutet als Ursache eine mechanische Genese, also eine Kompression des lumbalen Spinalnerven L5 durch eine Bandscheiben-Protrusion, und rät zu lokaler Wärme mit Immobilisierung und Analgetika-Einnahme.

Die Patientin erwartet »mehr«, geht 2 Tage später zu ihrem internistisch ausgebildeten Hausarzt, und dieser verordnet ohne Rücksprache mit dem Orthopäden ein MRT der LWS. Hier zeigt sich ein rechtsseitiger, lateraler Bandscheibenvorfall bei LWK 4–5, der nach aller Wahrscheinlichkeit die Spinalwurzel L5 komprimiert und zu einem Wurzelreizsyndrom mit Ausstrahlung bis zum Großzeh, aber ohne Lähmungen geführt hat.

Die Patientin ist erfreut, die Ursache zu sehen, und geht triumphierend zu ihrem Orthopäden. Dieser ist verärgert, äußert sich aber nicht weiter und verordnet – wohl unter psychologischem Druck stehend – jetzt zusätzlich noch Krankengymnastik, obwohl sich die Symptomatik schon wieder spontan gebessert hatte.

Krankengymnastik wurde bei der beamteten Patientin erwartungsgemäß von ihrer PKV ebenso übernommen wie das MRT der LWS, obwohl die Indikation für ein MRT nicht bestand. Nicht der zuständige Experte, sondern der Hausarzt hatte das MRT veranlasst nach dem Motto: »Darf's noch etwas mehr sein…?«.

In Deutschland hat die Rehabilitationsmedizin eine hohe Qualität. Im internationalen Vergleich haben wir die meisten Rehabilitationskliniken bezogen auf die Bevölkerungszahl. Alle 2 bis 4 Jahre wiederkehrende stationäre Rehabilitationen bei chronischen Erkrankungen wie chronische Rückenschmerzen bei Adipositas, MS, Parkinson, Herzkreislauf-Krankheiten oder Rheuma werden nicht immer streng auf ihre Indikation hinterfragt. Oft werden Spezialkliniken z. B. in der Neurologie, über Hunderte von Kilometern entfernt, für zwingend nötig angesehen, obwohl dies fachlich nicht vertretbar ist. Der Trick, Rehabilitationskliniken als Akutklinik einzusetzen, da dann der Arzt nur eine Einweisung schreiben muss, ist kein Ausnahmetatbestand. Würde man in solchen Fällen immer eine Eigenbeteiligung der Patienten fordern und die sog. Akutbetten mit der Möglichkeit der Akutdiagnostik und Akut-Therapie auch in der Nacht und am Wochenende fachlich hinterfragen, wäre es leicht möglich, den Reha-Tourismus in Deutschland auf das wirklich Notwendige zu reduzieren.

Auch das Einweisungsverhalten der Ärzte muss hinterfragt werden, um keine monetären Netzverbindungen zu übersehen, wie sie 2010 in Berlin zwischen niedergelassenen Urologen und urologischen Kliniken aufgedeckt wurden.

Zu 3. Selbstbeteiligung des Arztes und des Patienten bei Verordnung teurer, nicht indizierter Leistungen: Der Hausarzt sollte – wenn, wie bei der ► Kasuistik 11, keine dringende Indikation für das MRT der LWS gegeben ist – solche teuren Verordnungen nur zu Lasten seines eigenen Budgets veranlassen können. Ein potenzieller Regress gegenüber dem verordnenden Arzt soll erreichen, dass Untersuchungen wie beispielsweise ein MRT des Kopfes bzw. der LWS oder Angio-CT's des Herzens nur von den jeweiligen Organspezialisten veranlasst werden. Es kann nicht sein, dass der Arzt jede Verordnung auch in Fachgebieten veranlassen kann, von denen er keine ausreichende Fachkunde hat, er also nicht einmal das Ergebnis fachgerecht mit seinem Patienten besprechen kann.

Beispiele hierzu gibt es täglich ambulant wie stationär. So werden in Akutkliniken von Frauenärzten Indikationen für Kaiserschnitte, je nach Druck der Patienten, bei bis zu jeder 2. Schwangeren ausgesprochen; hinter vorgehaltener Hand mit dem Argument: »Wenn ich Nein sage, geht die Patientin zur Nachbarklinik«.

Bei adipösen Patienten mit leichtem obstruktivem Schlaf-Apnoe-Syndrom werden viel zu häufig CPAP- oder BIPAP-Beatmungsgeräte zu Kosten von 5.000–10.000.- € verordnet, obwohl dem Arzt sehr gut bekannt ist, dass die Gewichtsabnahme unter CPAP-Therapie viel seltener gelingt als vor deren Einsatz. Unabhängig davon erfolgt in 30–40 % kein regelmäßiger Einsatz dieser teuren Beatmungsgeräte über 3–6 Monate hinaus; dies hat aber weder für den Patienten noch den verordnenden Arzt finanzielle Folgen. Manche Schlafmediziner verordnen solche Geräte schon bei Laborabweichungen, ohne dass der Patient relevante Symptome aufweist. Eine schlechte Compliance ist bei solchen Patienten vorprogrammiert.

Indikationen zum Kaiserschnitt schwanken regional zwischen 20–45 %; regional massiv überhöhte Operationsraten finden sich bei Mandelentfernungen, Blinddarmoperationen, Prostata-, Gebärmutter- oder Gallenblasen-Entfernungen. Diese sind Folge ökonomischer Anreize und nicht nur Folge medizinischer Ermessensentscheidungen (Bertelsmann Studie 2013). Diese Beispiele zeigen, dass auch eine ärztliche Kostenbeteiligung bei nicht indizierten Maßnahmen nötig ist, will man Gefälligkeitsmedizin unterbinden.

Neben dem Arzt ist aber auch der Patient bei nicht indizierten, teuren Maßnahmen an den Kosten zu beteiligen. Nur durch eine Kostenbeteiligung beginnt der Patient die Notwendigkeit einer Verordnung seines Arztes zu hinterfragen und den Arzt auch auf die große Zahl bisheriger Untersuchungen aufmerksam zu machen. Nur bei Betroffensein des eigenen Geldbeutels sind manche Ärzte und Patienten zur Vernunft zu bringen.

Literatur

Bertelsmann Stiftung (2013) Faktencheck Gesundheit. Im Internet. Aktueller Zugriff zum Portal: ► https://faktencheck-gesundheit.de/ (8. Mai 2015)

Bovenschulte H, Schlüter-Brust K, Liebig Th, Erdmann E, Eysel P, Zobel C (2012) Kernspintomographie bei Schrittmacherpatienten. Dtsch. Ärztebl. 109 (15): 270–5

Grobe Th (2011) zitiert nach Dtsch. Ärztebl. 107 (7): 86

Heier M (2011) Gefährliche Überdosis. ZEIT 22: 31

Henke KD (2009) Private Versicherung für alle. FAZ vom 6. Mai 2009

Herrmann W (2015) zit. aus S. Rieser (2015) Lehrreicher Blick nach Norwegen. Dtsch. Ärztebl. 112 (12): C 421

Meyer FP (2011) Leserbrief. Dtsch. Ärztebl. 108: C266–7

Schwartz FW (2011) Arztreport 2011 der Krankenkasse Barmer-GEK

Sigmund-Schultze N (2011) Internisten: Grenzgänger mit Kernkompetenz. Dtsch. Ärztebl. 108(19): C 877

Zweiklassenmedizin oder Zweiklassenservice

Johannes Jörg

J. Jörg, *Berufsethos kontra Ökonomie,*
DOI 10.1007/978-3-662-47066-4_6, © Springer-Verlag Berlin Heidelberg 2015

Gemäß der Genfer Deklaration des Weltärztebundes gelobt jeder Arzt den Eid des Hippokrates mit folgender Aussage: «Die Erhaltung und Wiederherstellung der Gesundheit meines Patienten soll oberstes Gebot meines Handelns sein. Ich werde bei der Ausübung meiner ärztlichen Pflichten keinen Unterschied machen weder nach Geschlecht, Religion, Nationalität, Rasse noch nach Parteizugehörigkeit oder sozialer Stellung».

Mit diesem Gelöbnis wird das Arzt-Patienten-Verhältnis auf eine persönliche Vertrauensbasis gestellt; es fußt auf der Erwartung des Patienten, dass sein Arzt ihn optimal berät und behandelt, unabhängig von finanziellen Überlegungen oder administrativen Weisungen (Pföhler u. Korff 2011).

Unser Wirtschaftssystem funktioniert nach sozialen und marktwirtschaftlichen Regeln. Es wundert nicht, dass niedergelassene Ärzte und Klinikbetreiber bei unterschiedlich hoher Honorierung auch unterschiedliche Leistungen – unabhängig vom Service – anbieten. Umso mehr erstaunt es, dass trotz dieser Tatsache die Gesundheitspolitiker in der Öffentlichkeit ein Zweiklassenmedizin negieren.

Bürger, die eine Zweiklassenmedizin ablehnen, müssen sich für eine freie Wahl für alle Ärzte und alle Krankenkassen einsetzen und fordern, dass bei allen Patienten für jede indizierte und vereinbarte ärztliche Maßnahme der Umfang und die Qualität der medizinischen Leistung gleich ist. Nach § 70 SGB V hat jeder Versicherte Anspruch auf alle Leistungen zur Wiederherstellung seiner Gesundheit, soweit diese für »ausreichend und zweckmäßig« erachtet werden. Eine ungleiche Behandlung ist weder politisch noch von den Krankenkassen gewollt. Kommt es trotzdem zu einer Ungleichbehandlung, so ist dies entweder Folge einer mangelnden Kontrolle durch die Patienten oder Folge einer ungleichen Bezahlung, versteckt hinter den zwei »Währungen« EBM und GOÄ (▶ Kap. 8), trotz gleicher medizinischer Leistungen). Diese unterschiedliche Honorierung führt zu einer Zweiklassenmedizin.

6.1   Medizinische Leistungen

6.1.1   Istzustand

Die Realität zeigt in Deutschland eine Zweiklassenmedizin. Diese hat sich für die primär medizinischen Belange ebenso wie für den Servicebereich entwickelt und ist Folge des dualen Versicherungssystems (Etgeton 2011). Am geringsten zeigt sich die Zweiklassenmedizin bei der Notfallbehandlung, am stärksten in der Diagnostik und bei elektiven Eingriffen.

Die Aufzählung der Leistungen ist unvollständig, da Antworten zum Krankengeld, bei Aufenthalten im Ausland oder Mutterschaftsgeld zu komplex wären. Insgesamt zeigt die Zusammenstellung der medizinischen Leistungen deutliche Unterschiede zwischen GKV- und PKV-Versicherten, wobei der PK-Versicherte keinesfalls in allen Fällen besser versichert ist. Eine Zweiklassenmedizin ist nicht nur im Servicebereich, sondern auch bei den medizinisch-ärztlichen Leistungen erkennbar. Zur Änderung dieses Zustandes sind die in ▶ Abschn. 6.1.2 beschriebenen Vorgaben nötig.

6.1.2   Sollzustand

▪   Zugang zu allen Kassen

Alle Versicherten müssen Zugang zu allen Kassen haben, ein Zugangsrecht zu speziellen Krankenkassen nur aus Gehalts-, Vermögens- oder Berufsgründen (Unternehmer, Beamte, Gehalts-

○ Tab. 7.1 Leistungsvergleich GKV und PKV

Leistungen	GKV	PKV
Arzttermin	Hausarzt: 1–2 Wochen; Facharzt: 1–4 Monate; Klinik: von Disziplin abhängig	Hausarzt: <1 Woche; Facharzt: 1–2 Wochen; Klinik: immer schneller
Arzthonorar	Abrechnung nach EBM, Höhe festgelegt durch KV (regionale Unterschiede!)	Abrechnung nach GOÄ, je nach Schwierigkeit mit Faktor bis 3,5 multiplizierbar
Transparenz der Leistung	schlecht	Pat. erhält Arztbrief, CDs mit Röntgenbildern, Laborwerte
Rechnung	nein, bei Anforderung Quittung basierend auf EBM	Pat. ist Selbstzahler, erhält immer Rechnung nach GOÄ
Diagnostik	ausreichend, Laborkosten 2008: 28 € je Pat.	mehr als bei GKV; Labor: 129 € je Pat. (Heier 2011)
Arztgespräch	zu kurz (im Mittel 9,1 Min.)	meist ausreichend und detailliert
Freie Arztwahl	nur Ärzte mit KV-Zulassung; Fachärzte bei Hausarztvertrag	Zugang zu allen Ärzten (auch Niedergelassene ohne KV-Zulassung und Chefärzte)
Kassenwahl	freie Wahl innerhalb der GKV für Nichtselbständige bis 54.900 € brutto	Zugang zu PKV ab 54.900 € brutto für Nichtselbständige, Unternehmer und Beihilfeberechtigte; Rückkehr in GKV schwierig, ab 55 J. unmöglich
Krankenhaus	Allgemeinstation mit Mehrbettzimmer, im Notfall Flurbelegung, Ass.-ärzte u. Studenten in Ausbildung	Privatstation, tgl. CA, schnellere Termine, keine Flurbelegung, keine Studenten
Leistungsprüfung	durch KV und GKV	durch Patient, PKV u. Beihilfe
IGeL	überwiegend nein	ja
Placebotherapie	meist nein	ja, nach Prüfung
Risikobeteiligung	nein	ja, auf Wunsch des Patienten
Familienversicherung	ja, kostenlos	nein

◘ **Tab. 7.1** Fortsetzung

Leistungen	GKV	PKV
Risikoprüfung	nein (bei Vertragsbeginn)	ja (bei Vertragsbeginn)
Reha-Behandlung	ja, bei med. Indikation	nein (je nach Vertrag)
Leistungskatalog	dynamisch (außer Brille)	statisch, wurde z. B. 1990 nichts zu neuartigen Hilfsmitteln vereinbart, werden diese auch heute (2015) nicht bezahlt
Häusliche Krankenpflege	ja, bei med. Indikation	meist nicht gemäß Vertrag
Psychotherapie	ja, bei med. Indikation	meist nein (gemäß Tarif)
Mutter-Kind-Kur	ja	nein
Arzneimittel, Labortests	oft Generika, Zuzahlung 10% (mind. 5 €, max. 10 €)	keine Einschränkung, Praenatest auf Trisomie 21
Mitversicherung	beitragsfrei für Kinder bis 25 J. u. Ehepartner ohne Einkommen	Beitrag für alle Angehörigen
Zuzahlungen	ja (mind. 5 €, max. 10 €) bei Reha; Bei Akutklinik mit Anschluss-Reha erste 28 Tage tgl. 10 €	Nein bei Leistungen gemäß gültigem Vertrag

höhe) ist nicht mehr zeitgemäß. Die Finanzierung erfolgt für alle Kassen nach dem gleichen Modell, das heißt unter anderem mit dem Gesundheitsfonds, soweit es die Basisversorgung betrifft (▶ Abschn. 6.2).

- **Gleiche Basisversorgung**

Alle Versicherten haben zu jeder Zeit Anspruch auf die gleiche Basisversorgung – möglichst evidenzbasiert – bei unterschiedlichen Servicewünschen, das heißt:

- Gleiches Terminmanagement: abhängig von medizinischer und sozialer Indikation, unabhängig von der Krankenkassenzugehörigkeit. (Sieht man die Routinetermine als Serviceleistung an, könnte man auf das sonst geforderte gleiche Terminmanagement verzichten.)
- Gleiche Diagnostik für die gleiche Verdachtsdiagnose.
- Gleiche Vergütung für die gleiche medizinische Basisleistung.
- Gesprächsangebote erfolgen nach medizinischer und sozialer Indikation.
- Der erfahrenste Arzt in der Klinik ist persönlich verantwortlich und aktiv beteiligt bei jedem Problemfall, unabhängig vom Kassenstatus.
- Für Routinefälle ist eine vertragliche Bindung des CA an speziell Wahlversicherte möglich. Die persönliche CA-Behandlung wäre dann als Kassenzusatzleistung für alle Versicherten wählbar. (Die Honorarforderung des Trägers darf beim Einsatz des CA je nach dessen Qualifikation unterschiedlich hoch sein.)
- Jeder erhält eine EbM-basierte, leitliniengerechte, konservative oder operative Basistherapie.
- Abschaffung des Liquidationsrechtes für CA und Klinikträger (▶ Abschn. 8.1).
- Zugangsmöglichkeit der Patienten zu allen Fachärzten, unabhängig von der Klinik- oder Praxiszugehörigkeit.
- Gleiche Transparenz für alle bzgl. medizinischer Ergebnisse, Rechnungen etc.
- Fortführung der Behandlungsprogramme für chronisch Kranke (Disease-Management-Programme, DMP) insbesondere für Hypertonie und Diabetes mellitus Typ 2 mit Adipositas, Rückenschmerzen.
- Nur im Notfall Flurbelegungen erlaubt, unabhängig vom Wahlstatus.

- **Drei-Klassen-Serviceangebot**

Für jedes Kassenmitglied sind folgende Leistungen je nach ausgehandeltem Krankenversicherungsvertrag auswählbar: In der Grundleistung ist ambulant wie stationär gegenüber dem jetzigen Angebot keine Änderung nötig. Für Notfälle sind alle Arzttermine gleich schnell, unabhängig von der Zusatzversicherung. Nur bei Arztterminen für Routinefälle ist eine ungleiche Termingestaltung je nach Versicherungsart diskutabel; beispielsweise gibt es als Basisversorgung immer einen Routinetermin innerhalb von 3 Wochen, für Zusatzversicherte erfolgt der Routinetermin innerhalb von einer Woche. Als weitere »besondere« Wahlleistungen für alle Versicherten gelten 1- oder 2-Bett-Zimmer mit und ohne Chefarztbehandlung sowie Unterbringung in eigenständigen Privatkliniken mit »5-Sterne-Hotel«-Komfort.

- **Wahlmöglichkeit für nicht indizierte Zusatzleistungen**

Folgende, durch die Basisversicherung nicht abgedeckte Leistungen können von allen durch eine Zusatzversicherung erworben werden:

- Zusatzdiagnostik ohne Indikation (u. a. MRT oder PET beim Gesunden, drittes CT oder MRT pro Jahr); Großgerätediagnostik (> 200.- €) bei Gesunden oder veranlasst durch Arzt ohne Spezialkenntnisse

— Zusatztherapie (u. a. Wunschkaiserschnitt, Nasenplastiken, Fettabsaugen, Fettschürzen-operation, Schönheitsmedizin)
— Folgen von Extremsportarten: Ski, Hockey, Boxen, Rennsport
— Vorsorgemedizin (Prävention) genau definiert für Gesunde. Fritz Beske (2011) sieht die Primärprävention als öffentliche Aufgabe an, da sie zur Erhaltung der Arbeitsfähigkeit gesellschaftspolitisch wichtig sei, jedoch – von Einzelbereichen abgesehen – zu keiner Ersparnis im Gesundheitssystem führe. Es handelt sich hierbei zu Recht um eine Minderheitsmeinung.
— IGeL-Leistungen
— Persönliche Chefarztbehandlung als individuell vereinbarte Gesundheitsleistung
— Außenseitermedizin: Heilpraktikerbehandlung, Massagen, Seniorengymnastik, Wohlfühl-Massagen, Suggestivtherapien (Infusionskuren…), …

Basisversorgung für alle Versicherten bedeutet neben einer qualitätsgesicherten Grundversorgung immer die ergänzende Möglichkeit, weitere medizinische Zusatzleistungen individuell nachzufragen. Nicht bei der Basismedizin, wohl aber bei allen Wahlleistungen ist eine Selbstbeteiligung der Mitglieder sinnvoll.

Bei Basisleistungen ist ein Belohnungsprogramm bei nachweislich risikoarmer Lebensführung (Nikotinkarenz, Sport, keine Drogen, Normalgewicht) von den Kassen anzubieten.

Die Entscheidung, was zur Basisleistung gehört und ohne Abschläge oder Eigenbeteiligung von den Kassen bezahlt werden muss, ist in einem Kontrollgremium zu treffen. Als solches wären der Gemeinsame Bundesausschuss (G-BA) und IQWiG am geeignetsten, welche bisher den therapeutischen Zusatznutzen neuer Medikamente bewerten.

Mit der Versicherungsart »Basismedizin + individuelle Zusatzleistungen + individuelles Service-Angebot« lässt sich eine unterschiedliche Honorierung sowie Mitgliedsprämie je nach Wahltarif gut begründen. Bei diesem Modell bleibt die Pluralität der Kassen erhalten, um so eine Garantie für identisch honorierte Basisleistungen, individuelle Zusatzleistungen sowie differente Service-Angebote zu haben. Jeder Kasse muss es erlaubt werden, außerhalb der Grundversorgung auch Belohnungsprogramme oder Sonderangebote anzubieten.

6.2   Versicherung und Bezahlung

6.2.1   Istzustand

In Deutschland besteht für alle Bürger eine Pflicht zur Gesundheitsversorgung. Dabei ist unsere Zweiklassenmedizin im Vergleich zu den USA oder Südafrika deutlich geringer ausgeprägt. Beim internationalen Vergleich schneidet Deutschland mit seinem dualen Versicherungssystem hinsichtlich der Versorgungsqualität sehr viel besser ab, da sich der Unterschied privat oder gesetzlich krankenversichert nach Meinung von Weimann (2013) »kaum« auf die Qualität der Versorgung oder Lebenserwartung auswirkt.

Seit der Einführung der weltweit ersten gesetzlichen Krankenversicherung durch Bismarck 1883 hat sich bei uns ein Gesundheitssystem mit universellem Versicherungsschutz entwickelt. Doch der gewünschte Solidarpakt mit Bündelung aller Risiken hat sich nur für GK-Versicherte etabliert, da hier über den Gesundheitsfonds eine Umverteilung der Gelder von Reichen an Arme sowie von Gesunden an Kranke erfolgt.

Privatversicherte Besserverdienende mit meist niedrigerem Krankheitsrisiko nehmen an diesem Solidarpakt nicht teil. Eine Wahlfreiheit für eine der beiden Versicherungsarten existiert nur sehr begrenzt, eine Pflicht zur Krankenversicherung für alle Bürger besteht erst seit 2009.

Die 32 privaten Krankenversicherungen (PKV) stehen nur Bürgern offen, die Beamte bzw. Unternehmer sind oder die als Angestellte mit einem jährlichen Jahresarbeitsentgelt von mehr als 54.900 € die seit 2015 geltende Krankenversicherungspflicht-Grenze übersteigen. Knapp die Hälfte der 8,89 Mio. PKV-Mitglieder sind Beamte und ihre Angehörigen. Als Mitglieder können sie alle Ärzte mit Liquidationsrecht aufsuchen, also im Gegensatz zu GK-Versicherten alle Klinikdirektoren und Chefärzte.

Die Einnahmen erfolgen nur durch die Mitglieder. Die PKV-Prämie wird unabhängig von der Einkommenssituation und abhängig von Eintrittsalter, Geschlecht und Morbiditätsrisiko (Vorerkrankungen) ermittelt. So kann sich die PKV unter den Bestverdienenden die absolut Gesunden selektionieren. Seit 2009 besteht aber Versicherungspflicht, so dass die PKV aus Alters- oder Krankheitsgründen niemanden mehr abweisen darf; jede PKV muss einen Basistarif zu knapp 600 € monatlich anbieten (Niejahr 2012).

Während des Erwerbslebens werden Altersrückstellungen gebildet, da privat Versicherte einen lebenslangen Rechtsanspruch auf den im Tarif aufgeführten Leistungskatalog haben. Bei einem Wechsel zu einer anderen Kasse verfallen diese Altersansprüche. Die Beiträge – auch Prämien genannt – hängen vom Krankheitsrisiko und Alter ab; sie sind für Jüngere meist sehr attraktiv, steigen für Ältere aber erheblich an. Ein Wechsel zurück in die GKV ist ab dem 55. Lebensjahr nahezu unmöglich.

Die Abrechnung erfolgt nach der GOÄ unter Nutzung eines Multiplikationsfaktors. In Kliniken rechnet der Chefarzt oder der Träger ebenfalls nach GOÄ ab; zusätzlich kommen je nach Komfortwahl und Diagnose-Art Zusatzkosten unabhängig vom DRG-Abrechnungssystem hinzu.

Privat Versicherte können je nach PKV-Tarif auf ein größeres medizinisches Angebot zurückgreifen. Die 32 PKV-Unternehmen bieten 208 Tarifsysteme mit über 1.500 Vertragskombinationen an. Überschüsse erhalten die Aktionäre.

Die 124 gesetzlichen Krankenversicherungen (GKV) (Stand 1/2015) stehen allen Bürgern offen, deren Einkommen die Versicherungspflichtgrenze von 54.900.- € (monatlich 4575.- €; Stand 2015) nicht übersteigt. Gesetzlich Versicherte können ambulant alle Ärzte mit allgemeiner Kassenzulassung (KV-Ärzte) und in Kliniken die Allgemeinstationen in Anspruch nehmen. Eine freie Arztwahl besteht nur unter den zugelassenen Ärzten der KV; Chefärzte oder Professoren haben meist keine Kassenzulassung.

Die Einnahmen der GKV bestehen aus 4 Anteilen:
- Beiträge der Versicherten (2013: 8,2 % des Bruttolohns bzw. der Rente bis zur Beitragsbemessungsgrenze); sie gelten seit 2009 einheitlich für alle gesetzlichen Kassen.
- Arbeitgeberanteil (2013: 7,3 % des Bruttolohns bzw. der Rente bis zum Beitragsbemessungssatz)
- Steuerzuschüsse vom Bund in Gesundheitsfonds: zur Zeit 2 Mrd. € pro Jahr
- Eigenbeteiligung (u. a. bei Medikamenten)

Ab 1.1.2015 können die Kassen die Höhe ihres Beitragssatzes wieder selbst bestimmen, so dass sie neben dem gesetzlich festgelegten Arbeitgeber- und Arbeitnehmeranteil von jeweils 7,3 % die weiteren 0,9 % als Zusatzbeitrag selbst variieren können. Bei diesem einkommensabhängigen Kassenbeitrag sind Kinder und Ehepartner ohne Einkommen kostenfrei mitversichert. Gemäß der Beitragsbemessungsgrenze von 4.575 € pro Monat im Jahre 2015 ergibt sich ein GKV-Höchstbeitrag von maximal 592,88 € monatlich. Es handelt sich bei der GKV um ein Umlagesystem, so dass sich Altersrückstellungen erübrigen. Seit Einführung des Gesundheitsfonds 2009 besteht keine Beitragsautonomie mehr; ab 1.1.2015 ist sie für den Zusatzbeitrag wieder ohne Begrenzung nach oben möglich.

Die Verteilung der gesamten Einnahmen (2011: 185 Mrd. €) erfolgt über den Gesundheitsfonds; dabei wird einheitlich je Versicherten eine Pauschale gezahlt plus besonderer Zuweisungen in Abhängigkeit vom Alter, Diagnosen und dem Gesundheitszustand. Erwirtschaften die Krankenkassen damit Überschüsse, müssen Prämien an die Versicherten gezahlt werden; im umgekehrten Fall können Zusatzbeiträge nötig werden. Die Gesundheitskosten pro Person und Jahr betrugen im Jahr 2000 2.590.-€ und im Jahr 2009 3.910.-€ (Rosenthal 2015).

Die Abrechnung mit Praxen erfolgt quartalsweise über die KV unter Nutzung des Einheitlichen Bewertungsmaßstabes (EBM). Die Rechnungshöhe bestimmt sich aus dem Punktewert des EBM, dem Budgetvolumen des speziellen Facharzttopfes und der regionalen Zugehörigkeit der KV. Für Kliniken erfolgt die Abrechnung seit 2003 nach dem DRG-System.

In der GKV gibt es einen einheitlichen Leistungskatalog, der im Sozialgesetzbuch (SGB 5) spezifiziert ist. Danach erhalten gesetzlich Versicherte das medizinisch Notwendige, während Privatversicherte oft das medizinisch Mögliche erhalten.

Zweiklassenmedizin entsteht durch die Aufteilung in GKV und PKV mit ihren unterschiedlichen Zugangsmöglichkeiten sowie unterschiedlichen Honoraren selbst für gleiche medizinische Leistungen. Die Intransparenz dieses ungleichen Systems wird auch durch die KV gefördert, da sie als Folge der Kollektiv-Verträge mit der GKV die Abrechnung mit den Kassenärzten ohne Weitergabe der Rechnungsdetails an die Patienten vornimmt. Privatversicherungen sind nicht am Risikostrukturausgleich über den Gesundheitsfonds beteiligt, was dem Solidaritätsprinzip widerspricht.

Die Honorierung ärztlicher Leistungen ist abhängig von der Art der Leistung, der Art der Versicherung und der Region, in der die Leistung erbracht wird.

6.2.2   Sollzustand

In einem modernen Gesundheitssystem müssen alle Bürger sich ihre Krankenkasse selbst aussuchen dürfen. Mit einem Zugangsrecht zu jeder Krankenkasse entfällt eine – oft unethische – Selektionierung nach Morbidität, Gehaltshöhe oder Alter. Zur Erhaltung von Konkurrenz ist jede Art Einheitsversicherung unerwünscht. Stattdessen sollten sich die jetzigen, gesetzlichen und privaten Krankenversicherungen so umwandeln, dass sie sich nur in der Basisprämie und in der Honorierung von Basisleistungen nicht mehr unterscheiden. Solange es einen Gesundheitsfonds gibt, muss dieser für alle Kassen – nicht nur für die GKV – zuständig sein, und dieser darf nur Gelder für Basisleistungen bereitstellen.

Für jeden Bürger besteht eine Pflicht zur Versicherung aller Grund- oder Basisleistungen. Die Beitragshöhe für alle Basisleistungen sollte aus Solidaritätsgründen je nach Einkommen gestaffelt sein.

Die Krankenkassenhonorare sind für die basismedizinische Versorgung alle gleich hoch. Für notwendige und sinnvolle medizinische Leistungen bedarf es keiner Prioritätenliste. Der Unterschied im Angebot der Kassen zeigt sich im Servicebereich, aber auch bei den Wahlleistungen, also der Vorsorge- oder Außenseitermedizin und der Chefarztbehandlung im Routinefall. Mit dieser Regelung ist sowohl ein sozialverträglicher Anspruch als auch eine Konkurrenz zwischen den Kassen gewährleistet.

Die Höhe des ärztlichen Honorars ist nur von der Art der Leistung und dem Service-Umfang abhängig, nicht aber von der Region oder der Versicherungsart.

Die basismedizinische Versorgung ist gesichert durch die Pflicht zur Krankenversicherung für alle. Die Honorierung erfolgt nach dem Prinzip »Gleiches Geld für gleiche Leistung«, stationär wie ambulant, nach einem einheitlichen Satz entsprechend dem DRG-System oder einer Konvergenz aus dem GOÄ- und EBM-System. Da ein unterschiedlicher Abrechnungsmodus in Abhängigkeit von der Versicherung GKV oder PKV eine Privilegierung statt Gleichbehandlung verursacht, ist das jetzige »Zwei-Währungs-System« abzuschaffen. Die medizinische Basisversorgung muss in allen Praxen und auf allen Stationen – allgemein, privat etc. – nach Umfang und Qualität gleich gut sein.

Alle Maßnahmen der Grundversorgung müssen medizinisch indiziert und wirtschaftlich sein gemäß §§ 12 I,70 I SGB V. Persönliche Liquidationen durch den Chefarzt oder niedergelassenen Arzt sind ebenso wie Liquidationen durch den Klinikbetreiber weder für ärztliche Basis- noch für Wahlleistungen möglich.

Die Basisversorgung wird mit einem einheitlichen Versicherungssatz jedes Mitgliedes abgesichert. Zusatz-Krankenkassenabgaben von Arbeitgebern oder anderen Einrichtungen (Knappschaft, Berufsgenossenschaft etc.) sind abzuschaffen, da die Arbeitgeberanteile an der Krankenversicherung des Gehaltsempfängers letztlich ja auch vom Arbeitnehmer verdient worden sind. Der monatliche Versicherungsbetrag für eine Basisversorgung beträgt z. B. ca. 10 % der Brutto-Einnahme. Für sozial Schwache sind Sonderregelungen nötig, Kinder unter 25 Jahren sind bei den Eltern kostenfrei mitversichert.

Der Monatsbeitrag zur Basisversicherung kann bei gesunder Lebensführung (BMI < 30, kein Nikotin- oder Drogenabusus, sportliche Betätigung, Teilnahme an Vorsorgemaßnahmen wie RR-Kontrollen, Abstinenz von Risiko-Sportarten) und Bestätigung durch den Hausarzt um einen definierten Prozentsatz und für einen bestimmten Zeitraum reduziert werden.

Wahlleistungen im medizinischen Bereich sind spezifiziert für IGeL-Leistungen, bestimmte Teile der Vorsorgemedizin, Chefarztbehandlung, Doppeluntersuchungen, neue, aber nicht innovative Arzneimittel, Medikamente ohne Evidenznachweis, Ausgaben für Heilpraktiker oder jede Art von Außenseitermethoden ohne Belege für eine medizinische Indikation oder eine Leitlinienempfehlung. Für diese Wahlleistungen ist eine Zusatzversicherung mit Selbstbeteiligung nötig, da sie nicht zur Basisversorgung der Krankenkasse gezählt werden dürfen. Solche Eigenbeteiligungen fördern die Eigenverantwortung.

Grundsätzlich sind medizinische Wahlleistungen nicht versicherungspflichtig, da dazu keine medizinische Indikation besteht. Sie können aber gesondert auf Wunsch versichert werden. Eine Ausdehnung der Wahlleistungen ist zu vermeiden, um nicht über die Hintertür eine Zweiklassenmedizin zu fördern.

Bei Inanspruchnahme eines CA entsteht kein persönliches Vertragsverhältnis zum Chefarzt, sondern die Entgeltleistung wird gegenüber dem Träger nur wegen höherer Kosten des CA angepasst. Da das Fortbestehen des Liquidationsrechtes nicht mehr begründbar ist, ist auch eine Übertragung des Liquidationsrechtes vom CA auf den Träger obsolet (► Kap. 8). Für alle Patienten darf nur ein Abrechnungsmodus mit einem einheitlichen Leistungsverzeichnis, angelehnt an den GOÄ-Entwurf der BÄK, genutzt werden.

Wahlleistungen im Servicebereich können ambulant wie stationär in Abhängigkeit vom Komfort-Anspruch des Patienten frei gestaltet werden. Hinsichtlich der Terminvergabe ist primär die Schwere und Akuität der Krankheit dafür ausschlaggebend, wie und wann jemand behandelt wird. Auch wenn die Terminvergabe beim Arzt besonders konfliktträchtig ist, darf nur für Routinetermine eine schnellere Erledigung als besondere Serviceleistung ermöglicht und entsprechend zusatzversichert werden. Dies sollte dann auch zu einer höheren Bezahlung des Serviceleisters führen.

Die Prüfung aller Rechnungen erfolgt verpflichtend durch den Patienten und danach durch seine Krankenkasse. Zusätzliche Prüfungen durch Beihilfestellen sollten nur in Stichproben erfolgen; dies erspart den Kommunen Geld.

Mit dem Recht auf freie Krankenkassenwahl muss ein Recht auf freie Arztwahl verbunden sein. Dabei kann die CA- oder Spezialistenbehandlung je nach dessen Qualifikation eine höhere Vergütung und damit eine höhere Versicherungsleistung bedeuten. Chefärzte und Professoren mit speziellen Kenntnissen, die als frühere Ausbilder der niedergelassenen Fachärzte besondere Erfahrung haben, müssen für jeden Krankenversicherten zugänglich sein, auch ohne stationäre Einweisung.

6.3   Alternative Gesundheitsmodelle in Deutschland

Der deutsche Krankenversicherungsmarkt ist zweigeteilt mit 8,9 Mio. privat Versicherten, 21,2 Zusatzversicherten und 69,8 Mio. allgemein Versicherten. Kontrovers diskutiert werden die Gesundheitsmodelle in ▸ Abschn. 6.3.1 bis ▸ Abschn. 6.3.6.

6.3.1   Bürgerversicherung

Sie ist das Modell der SPD (Meißner 2011; Lauterbach 2012) und findet sich in abgewandelter Form in Frankreich:

- Einheitliche gesetzliche Krankenversicherung für alle Bürger mit und ohne eigenes Einkommen. Privat versichert werden können nur noch Zusatzleistungen. Bisher privat Versicherte können in die Bürgerversicherung wechseln.
- Arbeitgeber und Arbeitnehmer leisten den gleichen Kassenbeitrag, die Beitragsbemessungsgrenze wird für Arbeitgeber abgeschafft. Für Arbeitnehmer bleibt die Beitragsbemessungsgrenze mit 7,3 % vom Bruttolohn bestehen.
- Die Grundversorgung darf nicht vom Versicherungsstatus abhängig sein.
- Einheitliche Vergütung für die ambulante Versorgung von allen Versicherten mit Angleichung von EBM und GOÄ, Vergütung in € statt Punktwerten.
- Befürwortung von Kollektiv- und Einzelverträgen für niedergelassene Ärzte zur besseren,flächendeckenden Versorgung.
- Risikoausgleich zwischen gesetzlicher und privater Pflegeversicherung – keine Unterschiede bei Wartezeiten in der Praxis, keine Privilegien bei Zugang zu Spezialisten.
- Rückkehr zu einer hausarztzentrierten Versorgung (HzV).
- Andere Einkünfte (Mieteinnahmen, Kapitaleinkünfte) werden ggf. neben dem Erwerbseinkommen zur Beitragsbemessung herangezogen.
- Steuerzuschüsse sind eingeplant.
- Krankenkassen erhalten die Beitragsautonomie zurück.

Bei der Bürgerversicherung werden einheitliche Leistungen für alle angeboten, wobei sich alle Bürger zu gleichen Bedingungen an der Finanzierung des Gesundheitssystems beteiligen.

Unterschiede in der Behandlung sollen dadurch verschwinden, dass die Höhe der Arzthonorare stärker an der erbrachten Leistung statt an der Art der Versicherung ausgerichtet wird (Niejahr 2010). Zusatzbeiträge sollen abgeschafft werden, die Steuerzuschüsse sollen steigen. Zum bisherigen Liquidationsrecht der Ärzte wird keine Aussage gemacht.

Versicherungsmodelle ähnlich der Bürgerversicherung bestehen in Kanada und Österreich mit teils niedrigeren Beiträgen als in Deutschland (Weimann 2013).

6.3.2 Gesundheitsprämie

Die Gesundheitsprämie (früher »Kopfpauschale«) wird von Teilen der CDU/CSU favorisiert. Alle Versicherten zahlen eine einheitliche Prämie, staatliche Zuschüsse erfolgen je nach Haushaltseinkommen. Der bisherige einkommensabhängige Beitrag wird durch einen einkommensunabhängigen Beitrag (»Prämie«) ersetzt, der für alle Versicherten gleich ist. Private und gesetzliche Krankenkassen sollen zusammenwachsen, das Beihilfesystem für Beamte soll integriert werden (Spahn 2012).

Dieses System besteht in der Schweiz und hat dort zu Kostensteigerungen geführt. Das Prämienmodell soll zu mehr Beitragsautonomie und einkommensunabhängigen Beiträgen der Arbeitnehmer mit sozialem Ausgleich führen. Die Höhe des Arbeitgeberanteils soll stabil bleiben, um langfristig eine Entkoppelung der Gesundheitskosten von den Lohnzusatzkosten zu erreichen.

Bei dem Konzept einer sozialen Gesundheitsprämie erfolgt eine Kombination aus einkommensabhängigen Beiträgen gemäß der Bürgerversicherung und der Kopfpauschale; jeder Bürger über 18 Jahre bezahlt dabei eine Basisprämie.

6.3.3 Konzept des Hartmannbundes

Das Sachleistungsprinzip der GKV soll durch eine Kostenerstattung mit sozialverträglicher Selbstbeteiligung abgelöst werden. Der Patient erhält dabei von seinem Arzt eine Rechnung nach einheitlicher Gebührenordnung, die Bewertung soll höher ausfallen als nach EBM. Durch gesetzliche Regelungen soll eine Vorleistung durch den Patienten vor der Bezahlung durch seine Kasse ausgeschlossen sein, eine sozial verträgliche Eigenbeteiligung ist aber erwünscht. Entsprechend sieht das Konzept einen Selbstbehalt über alle Leistungsbereiche in Höhe von maximal 10 % vor, wobei aber die Selbstbeteiligung 2 % des Jahresbruttoeinkommens – bei chronisch Kranken 1 % – nicht übersteigen darf.

6.3.4 Kassenärztliche Bundesvereinigung und Bundes-ÄK

Die KV-Vorsitzenden Köhler und Müller (2011) verlangen »eine Kostenerstattung, die Transparenz ermöglicht und auf die Eigenverantwortung der Versicherten setzt«. Als Alternative sehen sie die Möglichkeit der prozentualen Kostenbeteiligung des Versicherten oder eine »Differenzierung des GKV-Katalogs in Grund- und Wahlleistungen«.

Die Bundesärzteversammlung hat 2013 in Hannover mit großer Mehrheit eine Entschließung verabschiedet, dass nur das duale Versicherungssystem den Wettbewerb um Qualität zwischen privater und gesetzlicher Krankenversicherung garantiert und die große Leistungsfähigkeit des Gesundheitssystems in Deutschland sichert. Bestrebungen nach einer Konvergenz im Sinne einer Einheitsversicherung werden abgelehnt, da diese Vereinheitlichung zu einer Nivellierung auf niedrigem Niveau führt; so wäre ohne die PKV der Leistungskatalog der GKV viel schlanker. Privatversicherte ermöglichen mit ihrem »weit überproportionalen Finanzierungsbeitrag eine hochwertige medizinische Ausstattung von Kliniken und Praxen«.

Es wird eine Finanzautonomie der gesetzlichen Krankenkassen gefordert, wobei der Versichertenanteil zu einem festen, einkommensunabhängigen und von den Kassen autonom festzulegenden »Gesundheitsbeitrag« weiterentwickelt werden soll. Dieser Beitrag sollte zwischen 135 und 170 € monatlich liegen und innerhalb einer Kasse für alle Versicherten gleich sein sowie unabhängig von Alter, Geschlecht und Vorerkrankungen. Zusätzliche Kernelemente sollen ein Sozialausgleich aus Steuermitteln für Einkommensschwache und ein grundlohnabhängiger Arbeitgeberanteil sein (Montgomery 2013).

6.3.5 PKV-Konzept

Der Arzt wird nicht mehr für spezielle Verrichtungen, sondern überwiegend zeitorientiert in 5-Minuten-Vergütungsblöcken bezahlt. Z. B. wird nicht die Untersuchung der Reflexe, sondern der Zeitaufwand dafür bezahlt. Für Kliniken werden Selektivverträge für planbare stationäre Leistungen gefordert. Insgesamt wird das duale Versicherungssystem hinsichtlich der Vergütung und des Liquidationsrechtes nicht infrage gestellt.

6.3.6 Prämiengestützte private Volksversicherung

Die allgemeine Versicherungspflicht ist mit einem verbindlichen Grundleistungskatalog kombiniert, wobei die Versicherungen privatwirtschaftlich organisiert sind. Ein Solidarausgleich soll gemäß dem Schweizer Modell aus Steuern erfolgen. Nutzergebühren oder Selbstbeteiligungen sollen zu mehr Eigenverantwortung führen (Weimann 2013).

Literatur

Beske F (2011) zitiert aus Dtsch. Ärztebl. 108: C511–2
Etgeton St (2011) ZEIT-Interview »Ein System ohne Zukunft«. ZEIT 2: 18
Heier M (2011) Gefährliche Überdosis. ZEIT 22:31
Herrmann W (2015) zit. aus S. Rieser (2015) Lehrreicher Blick nach Norwegen. Dtsch. Ärztebl. 112 (12): C 421
Köhler A, Müller C-H (2011) Interview.Dtsch. Ärztebl. 108 (10): C 405–6
Lauterbach K (2008) Der Zweiklassenstaat. Wie die Privilegierten Deutschland ruinieren.Rowohlt: Reinbek bei Hamburg
Lauterbach K (2012) Dtsch. Ärztebl. 109 (22–23): C 956
Meißner M (2011) Arbeitgeber sollen mehr zahlen. Dtsch. Ärztebl.108 (17): C 763
Montgomery FU (2013) Interview mit Prof. Dr. med. Frank Ulrich Montgomery, Präsident der Bundesärztekammer und des Deutschen Ärztetags: »Die Ökonomie muss ethische Grenzen respektieren« Dtsch. Ärztebl. 110 (21) C 883–5

Niejahr E (2010) Bürgerversicherung. ZEIT 51: 23
Niejahr E (2012) Nie mehr zweite Klasse. ZEIT 6: 19–20
Pföhler M, Korff M (2011) Klinische Behandlungspfade. Management & Krankenhaus 1: 2
Rosenthal R-P (2015) Das Gesundheitswesen in Deutschland. Herausforderungen & Chancen (Vortrag am
     28.4.2015 im Rotary-Club Wuppertal-Haspel)
Spahn J (2012) Rheinische Post 16.3.2012: A 2
Weimann E (2013) Universeller Krankenversicherungsschutz. Dtsch. Ärztebl. 110: C 64–5

Patientenrechte und Patientenpflichten

Johannes Jörg

J. Jörg, *Berufsethos kontra Ökonomie*,
DOI 10.1007/978-3-662-47066-4_7, © Springer-Verlag Berlin Heidelberg 2015

Patientenmündigkeit zeigt sich in mehr Eigenverantwortung; sie ist mit der Abschaffung des dualen Versicherungssystems und der Einführung einer Eigenbeteiligung allein nicht zu erreichen. Mündige Patienten sind verpflichtet, sich über Vorsorgemaßnahmen sowie ihre Krankheit detailliert zu informieren und ihr Mitspracherecht durch Einsichtnahme in ärztliche Unterlagen sowie die Qualitätsberichte der Kliniken wahrzunehmen. Die aktive Teilnahme in Selbsthilfegruppen, Patientenbeiräten in Krankenhäusern und an Ethikkomitees muss gesellschaftspolitisch als normal angesehen werden.

Seit Jahren gibt es die »Deklaration von Lissabon« des Weltärztebundes über die Rechte der Patienten; hierzu zählt auch das Patientenrecht des Vertrauens in die ärztliche Schweigepflicht. Leider ist die Kenntnis über die bestehenden Patientenrechte, zuletzt im Patientenrechtegesetz vom 26.2. 2013 zusammengefasst, noch sehr dürftig. Das Bürgerliche Gesetzbuch (BGB) wird mit dem neuen Gesetz um den § 630 a-h erweitert. Damit wird u. a. das »Recht der Patienten auf verständliche und vollständige Informationen über Diagnosen und Behandlung«, »ein Recht auf eine qualitativ gute, dem medizinisch-wissenschaftlichen Standard entsprechende und sichere Behandlung (sog. Facharztstandard § 630 a BGB-E) und auch Pflege« festgelegt. Der Behandlungsvertrag wurde aufgenommen, um den Patienten Gewähr zu geben, dass eine »verständliche und umfassende Aufklärung« erfolgt, der Patient auch auf die Heilkosten hingewiesen wird, die nicht von den Kassen übernommen werden, und er ein Recht auf Einsicht in seine Patientenakte gemäß § 630 g BGB-E besitzt (Schulenburg 2012).

Es ist zu hoffen, dass sich mit dem Patientenrechtegesetz die Patientensicherheit und die Behandlungsqualität verbessern und der Patient sich zunehmend weniger wie ein Bittsteller bei seinem Arzt fühlt (Zöller 2011). So wie bisher ist auch in Zukunft mit dem Arzthaftungsrecht das Recht jedes Patienten auf eine gute medizinische Versorgung vor dem Sozialgericht einklagbar.

7.1   Selbsthilfegruppen

In Deutschland gibt es Selbsthilfegruppen für chronische Erkrankungen wie Rheuma, amyotrophe Lateralsklerose (ALS), Fettsucht, Prostataleiden, Diabetes mellitus, multiple Sklerose, Parkinson, Herzinfarkt, Schlaganfall, Sprech- und Sprachstörungen oder Krebsleiden. Die Mitgliederzahl hat 100.000 überschritten. Selbsthilfegruppen sind spätestens dann gefragt, wenn Patienten sich verunsichert fragen, ob die bisherige Diagnostik und Therapie für sie auch die richtige und modernste ist.

Mit der Mitgliedschaft bei einer Selbsthilfegruppe erwirbt man die Möglichkeit auf Teilnahme an krankenkassenfinanzierten Gymnastikgruppen, Vorträgen von Ärzten, Pharmareferenten, Apothekern oder Physiotherapeuten, besonders aber einen stetigen Erfahrungsaustausch mit anderen Patienten und Angehörigen. Dieser Erfahrungsaustausch umfasst die Bewertung der gemachten Ärzte-Erfahrungen ebenso wie die Qualitäten der Physiotherapie oder die Bewertung des MDK bei Fragen der Pflegestufeneinordnung.

Besonderer Beratungsbedarf besteht für die gesetzliche Pflegeversicherung. Sie existiert seit 1.4.1994, ist eine Pflichtversicherung, und der Beitragssatz beträgt seit 1.1.2015 2,35 % (für Kinderlose 2,6 %).

Im Jahre 2013 erhielten 2,48 Mio. Menschen Leistungen der Pflegeversicherung. Die monatlichen Leistungen sind je nach Unterkunft zu Hause oder im Heim und je nach Pflegebedürftigkeit der Betroffenen in 3 Stufen – bei Demenz auch eine Stufe 0 – eingeteilt.

Für die häusliche Pflege liegen die Geldleistungen ab 1.1.2015 bei 244 € in Stufe I, 458 € in Stufe II und 728 € in Stufe III; Sachleistungen werden zu Hause entsprechend mit 468, 1.144 und 1.612 € je Pflegestufe honoriert.

Stationär betragen die Sachleistungen 1.064 € in Stufe I, 1.330 € in Stufe II und 1.612 € in Stufe III. Bei Härtefällen werden bis 1.995 € gewährt. Bei Dementen gibt es bei ambulanter Versorgung höhere Leistungen in allen 3 Stufen sowie auch eine Pflegestufe 0 mit 120 € als Pflegegeld und 225 € als Sachleistung (Details: »Pflegereform tritt in Kraft«, ▶ http://www.aerzteblatt. de/52854, zugegriffen: 9. Mai 2015).

Ab 2017 soll der Beitragssatz um weitere 0,2 Prozentpunkte steigen. Alle Bürger haben einen Rechtsanspruch auf kostenlose Pflegeberatung bei ihrer Pflegekasse.

Bei juristischen Streitfällen vermitteln die Leiter von Selbsthilfegruppen auch Rechtsanwälte, die mit den einzelnen, chronischen Krankheiten vertraut sind.

Kasuistik 12: G. L. 67 J. w., Hyperkinesen unter L-Dopa-Therapie
Die 67-jährige G. L. leidet seit 12 Jahren an einer Parkinsonkrankheit und hat seit 3 Jahren zunehmende Gehstörungen und Überbewegungen. Die Überbewegungen besonders am Kopf und den Armen treten verstärkt nach der L-Dopa-Einnahme für 30 bis 60 Min. auf. Trotz dieser Hyperkinesen ist Frau L. weder im Handeln noch im Denken beeinträchtigt. Sie versorgt selbständig ihren Haushalt und kann auch ihren PKW problemlos steuern. An der Arbeit der örtlichen Parkinson-Selbsthilfegruppe beteiligt sie sich seit vielen Jahren sehr engagiert.
Während einer Fahrt auf der Autobahn bemerkte ein ihr unbekannter PKW-Fahrer beim Überholen die Überbewegungen des Kopfes und vermutete, dass »die Fahrerin fahruntüchtig sei«. Er rief über Handy eine Polizeistelle an, und schon 5 Min. später wurde Frau L. auf der Autobahn von einer Polizeistreife angehalten.
Die 2 Polizeibeamten prüften die Gesamtsituation, konnten keinen Alkoholkonsum feststellen und veranlassten eine gesundheitsamtliche Überprüfung der Fahrtauglichkeit wegen der Überbewegungen, die in der Aufregung noch deutlich zugenommen hatten. Hierzu fertigten sie eine »Anzeige wegen unklarer Sach- und Rechtslage« an, die für die Patientin gebührenpflichtig war.
4 Wochen später erfolgte eine testpsychologische Untersuchung, welche die Fahrtüchtigkeit bestätigte. Die Untersuchung kostete 150 €, die Kasse kam dafür nicht auf.
Die Patientin hat sich im Rahmen des Verfahrens sowohl bei dem Rechtsanwalt der dPV als auch bei ihrem Neurologen der örtlichen Selbsthilfegruppe Rat und Beistand eingeholt. Die Kosten für die Anzeige und die Fahrtüchtigkeitsprüfung musste sie trotzdem übernehmen.
Vonseiten der dPV-Geschäftsstelle wurde ein Informationsschreiben über medikamentöse Überbewegungen an örtliche Verkehrspolizisten geschickt.

Therapiemaßnahmen wie Krankengymnastik in kleinen Gruppen werden auf Antrag direkt von gesetzlichen Krankenkassen mitfinanziert. Hierdurch gelangen Patienten auch dann zu einer medizinisch wichtigen Therapiemaßnahme, wenn ihr Arzt trotz fortgeschrittenem Parkinson die regelmäßige Krankengymnastik »auf neurophysiologischer Grundlage« für nicht indiziert ansieht. Dies ist leider nicht selten anzutreffen, obwohl allein zur Erhaltung des Istzustandes eine 1–2-mal wöchentlich durchzuführende Krankengymnastik in fortgeschrittenen Fällen unstrittig ist.

Die finanzielle Förderung der Selbsthilfe durch die GKV beträgt pauschal 10 Cent / Jahr pro Versicherten; sie steht für die Pauschal- und Projektförderung auf Bundes-, Landes- und kommunaler Ebene zur Verfügung (Kaminski 2010). Im Jahr 2013 haben die gesetzlichen Krankenkassen die Selbsthilfe mit 42,7 Mio. Euro unterstützt.

Eine Finanzierung der Selbsthilfegruppenarbeit durch Pharmafirmen ist abzulehnen, da dies einen kritischen Umgang der Patienten mit Medikamenten untergräbt. Die Direktwerbung gilt bei Pharmafirmen als wirtschaftlich lohnend, da nach Walter und Kobylinski (2010) bis zu 70 % der ärztlichen Verordnungen durch den Patientenwunsch bestimmt werden. Pharmafirmen spenden meist an solche Patientengruppen, die teure Medikamente benötigen, also Parkinson-, MS-, oder Schlaganfallgruppen, nicht aber an die Gruppen von ALS oder Muskelkranken, die für die Industrie wenig attraktiv sind.

Entscheiden sich Patientenorganisationen für eine Pharmaunterstützung, ist zu fordern, dass alle Geldflüsse zwischen Pharmaindustrie und Selbsthilfegruppen transparent sind. Dies gilt für Werbeanzeigen oder Artikel in Zeitschriften der Selbsthilfegruppen ebenso wie für Vorträge vor Mitgliedern. Sowohl für Ärzte als auch für Pharmareferenten gilt der Satz: »Wes' Brot ich ess, des' Lied ich sing«.

Seit dem 1.10.2008 sind Pharmahersteller verpflichtet, ihre Unterstützung mit Geld- und Sachmitteln offenzulegen. 2010 hat erstmals das Institut für Qualität und Transparenz von Gesundheitsinformationen (IQTG) eine Übersicht der Gelder publiziert (▶ http://www.iqtg. de/cms/zuwendungzeig.asp?inst=iqtg, zugegriffen: 9. Mai 2015). Spiegel ONLINE hat alle 1.364 Einzelspenden der Industrie an Selbsthilfeorganisationen im Jahre 2013 – insgesamt 5,5 Mio. Euro – in eine öffentlich zugängliche Datenbank übertragen (▶ http://www.spiegel.de/patientendatenbank, zugegriffen: 9. Mai 2015, vgl. Grill 2008).

Vorstände von Selbsthilfegruppen sollten zum Erhalt ihrer Unabhängigkeit bestrebt sein, für jedes ihrer Projekte mehrere Finanzierungsquellen zu haben. Auch sollten sie immer in ihrer Homepage alle Geldquellen offenlegen.

7.2   Gutachterkommission für ärztliche Behandlungsfehler bei der ÄK

Bei Verdacht auf einen Behandlungsfehler soll der Patient seinen Arzt persönlich – ggf. im Beisein eines Angehörigen oder Beraters – auf seinen Verdacht ruhig und in aller Sachlichkeit ansprechen. Jeder Arzt weiß wie jeder andere in seinem Beruf: wer viel arbeitet, dem kann auch einmal ein Fehler unterlaufen. Wenn der Arzt seinen Fehler erkennt und zugesteht, wird er sich nicht nur entschuldigen, sondern auch spontan seine Haftpflichtversicherung über den Vorgang informieren. Allerdings darf der betroffene Arzt nach Auffassung des Geschäftsführers Johann Neu von der Schlichtungsstelle für Arzthaftungsfragen Hannover wohl über den Behandlungsfehler sprechen, aber nicht den Haftpflichtanspruch vorab anerkennen (Krüger-Brand 2013).

Nach § 630c Abs. 3 BGB hat ein Behandelnder bei Annahme eines Behandlungsfehlers »den Patienten über diese auf Nachfrage oder zur Abwendung gesundheitlicher Gefahren zu informieren«. Dieser Forderung steht nach Ansicht des BÄK-Präsidenten Dr. F. U. Montgomery der Rechtsgrundsatz entgegen, dass »kein Bürger sich selbst bezichtigen muss, wenn er dadurch juristische Folgen zu gewärtigen hat« (zit. n.Erdogan-Griese 2013, S. 13). Ein schriftliches oder auch mündlich allzu umfassendes, ehrliches Eingeständnis ist dem Arzt auch wegen der Vorgaben seiner Haftpflichtversicherung nicht erlaubt. Patienten müssen wissen, dass im Rahmen von Diagnostik oder Therapie unerwünschte Ereignisse auftreten können, die nicht Folge eines fehlerhaften Verhaltens sind. Ja, selbst wenn Fehler nachweislich aufgetreten sind, ist damit nicht automatisch von einem schuldhaften Verhalten auszugehen. So sind Diagnoseirrtümer, die eindeutig auf eine Fehlinterpretation von Befunden zurückzuführen sind, nicht zweifelsfrei als Diagnose- oder Behandlungsfehler einzuschätzen (Köbberling 2013). Wenn fehlerhafte Diagnosen durch Regelverletzungen entstanden sind, sind sie aber als Diagnosefehler zu werten.

Besteht in dem Gespräch mit dem Arzt keine Übereinstimmung in der Bewertung des vermuteten unerwünschten Ereignisses oder Behandlungsfehlers, kann der Patient zur Erreichung seiner Rechte eine Zivilklage einreichen. Dies ist nur mit Unterstützung eines Rechtsanwaltes (RA) möglich. Vor Gericht muss dann der Arzt belegen, dass er seiner Aufklärungspflicht ausreichend nachgekommen ist; der Patient dagegen muss beweisen, dass der Arzt einen »einfachen« Behandlungsfehler begangen hat (§ 630h BGB). Dies ist nicht immer leicht zu bewerkstelligen. Nur bei Verdacht auf einen groben Behandlungsfehler des Arztes gemäß BGB § 823 und ZPO § 286 besteht eine Beweislastumkehr, so dass der Arzt selbst belegen muss, dass er keinen Fehler begangen hat. Alternativ zum Zivilprozess kann der Patient auch ohne RA direkt bei der zuständigen Ärztekammer (ÄK) die Gutachterkommission für ärztliche Behandlungsfehler anschreiben und den Sachverhalt mit seinen eigenen Worten darlegen. Solche Kommissionen werden ehrenamtlich von ehemaligen Richtern der Landessozialgerichte geleitet und arbeiten unter Beteiligung zahlreicher ärztlicher Experten, insbesondere erfahrenen Chefärzten und Universitätsprofessoren. Es fehlt in diesem Beratungs- und Entscheidungsgremium aber ein Patientenvertreter. Die Gutachterkommissionen der LÄK bearbeiten alle Beschwerden gegenüber Ärzten oder Kliniken jeweils nur für ihre Region. Ihr wichtigstes Ziel ist »die Vermeidung von zivilrechtlichen Verfahren zur Durchsetzung von Haftungsansprüchen durch außergerichtliche Streit-Schlichtung« (Köbberling 2013, S. 35).

Die Gutachterkommission für ärztliche Behandlungsfehler an der ÄK Nordrhein besteht seit 1975, und sie hat bisher über 40.000 Begutachtungsanträge bearbeitet; bei knapp einem Drittel wurden die Vorwürfe eines ärztlichen Behandlungsfehlers bestätigt. In der Statistik für Oktober 2013 bis September 2014 erledigten die Gutachter 2.259 Verfahren und stellten bei 28,82 % einen Behandlungsfehler fest.

Gutachterkommissionen der Ärztekammern können als Schlichtungsstellen bei Verdacht auf einen ärztlichen Behandlungsfehler von jedem Patienten oder dessen Betreuer angeschrieben werden. Es erfolgt auf Antrag immer eine kostenfreie Prüfung. Dazu benötigt der Patient im Gegensatz zu einer Zivilklage weder Geld noch einen RA. Eine Verjährung tritt meist 5 Jahre nach dem vermuteten Behandlungsfehler ein.

Die Prüfung und Begutachtung erfolgt anerkanntermaßen mit hoher Qualität und keineswegs nach dem Motto »Eine Krähe hackt der anderen kein Auge aus«. Wenn bei ca. 30 % der Beschwerden ein für den Patienten positiver Bescheid erfolgt, zeigt dies, dass die Furcht vor »Mauscheleien« zugunsten der Mediziner meist keine Berechtigung hat.

Die Mehrzahl der Vorwürfe eines Behandlungsfehlers richtet sich gegen Allgemein- und Unfallchirurgen sowie Orthopäden, wobei es meist um Frakturbehandlungen, Endoprothese-Komplikationen, Medikamentengaben oder die Erstdiagnose einer Tumorerkrankung geht. Unter den Gelenkoperationen sind Streitfälle wegen der Folgen von Kniegelenkoperationen häufiger als Klagen wegen der Folgen nach Hüftgelenkoperationen.

Die Schlichtungsverfahren werden von den Ärztekammern finanziert. Allerdings erhält die ÄK Nordrhein für jeden mitgeteilten Fall von den Haftpflichtversicherungen 690 € (Hohmann 2012). Die Haftpflichtversicherungen übernehmen in der Mehrzahl die Bewertungen, da sie ebenso wie Patienten den Vorteil haben, sich nicht in einen Jahre dauernden Rechtsstreit im Rahmen eines Zivilverfahrens begeben zu müssen.

Bei Feststellung eines Arztfehlers wird oft der Beschluss der Kommission Grundlage für die Entschädigungszahlung. Um dabei von Vertretern der Haftpflichtversicherungen nicht über den Tisch gezogen zu werden, ist jetzt die Hilfe eines RA ratsam.

Kasuistik 13: A. R. 80 J. m., Staphylokokkensepsis durch Behandlungsfehler

Auszug aus Arztbriefen der zwei zuletzt behandelnden Kliniken:
Der 80-jährige A. R. war wegen einer sensiblen Polyneuropathie als Folge eines Diabetes mellitus und einer arteriellen Hypertonie seit Jahren in ambulanter Behandlung. In den letzten Jahren hatte sich ein organisches Psychosyndrom (OPS) bei therapiebedürftiger Hyperthyreose hinzu-entwickelt. Da die Ehefrau wegen eines akuten Vestibularisausfalls die stationäre Behandlung in einer HNO-Klinik benötigte, wurde Herr R. aus Versorgungsgründen »zur Abklärung eines un-klaren Schwindels« am 24.2.2010 in der gleichen Klinik stationär mit aufgenommen. Bei der Erst-untersuchung fanden sich ein beidseitiger Hochtonteilabfall und eine seitengleiche Erregbarkeit des Vestibularis, im Kopf-MRT geringe mikroangiopathische Veränderungen.
Es erfolgten NaCl-Infusionen mit Trental (Pentoxyphyllin) sowie Lagerungsübungen. Im Verlauf des stationären Aufenthaltes traten rechtsseitige Beinschmerzen auf, weshalb ein Unfallchir-urg am 28.2. mituntersuchte. Dann kam es zu einer zunehmenden Verschlechterung des AZ mit Sprach- und Schluckstörungen, der zuletzt hinzugezogene Neurologe fand keine Hirninfarktzei-chen und vermutete einen Infekt bei CRP von 24 mg/dl und einem unklaren Fokus. Er empfahl zur weiteren Abklärung der Infektursache eine Röntgenaufnahme des Thorax.
Am 3.3.2010 wurde ein Röntgen des Thorax durchgeführt und im Blut ein CRP von 24 mg/dl bei 4300 Leukozyten, einer Glukose von 207 und Kreatinin von 2,1 gefunden, weshalb am selben Tag die Verlegung in eine auswärtige Innere Abteilung veranlasst wurde.
Die Internisten stellten eine zunehmende Verwirrtheit mit Schläfrigkeit und verwaschener Spra-che als Folge der im Labor nachgewiesenen Sepsis fest. Trotz Therapie mit Piperacillin und Tazo-bactam sowie einer Volumensubstitution kam es zum Lungen- und Nierenversagen, so dass eine Intubation und eine Nierenersatztherapie (CVVH) nötig wurden. Unter einer Sepsistherapie mit Hydrocortison und hohen Dosen Katecholaminen verstarb Herr R. im Beisein der Angehörigen schon am Folgetag, dem 4.3.2010.

Vorwurf der Angehörigen:
Die Angehörigen beantragten bei der ÄK eine Überprüfung der HNO-ärztlichen Behandlung. Sie fühlten sich von den Ärzten in den letzten 3 Tagen trotz Einschaltens des Hausarztes und meh-rerer Gespräche nicht ernst genommen und vermuteten, dass die Schwere der Erkrankung nicht erkannt und die mehrmals gewünschte Verlegung in die Innere Klinik verzögert wurde.

Internistisches Gutachten nach Aufforderung der LÄK:
Es lag eine Sepsis durch eine postmortal nachgewiesene Staphylokokkus-aureus-Infektion vor; diese wurde zu spät erkannt und behandelt, weil trotz Schmerzen ab dem 28.2. erst am 3.3. eine zweite Blutuntersuchung erfolgt war und trotz atypischer Beschwerden die Verlegung erst am 3.3. erfolgte.
Im Übrigen habe für eine Dauer-Infusionsbehandlung mit NaCl und Trental 2x tgl. 500 ml vom 25.2. bis zum 3.3. keine Indikation bestanden. Der Hautkeim dürfte am ehesten über die liegende Dauerkanüle erfolgt sein, für eine Infektion durch MRSA bestand kein Anhalt. Insgesamt seien die nicht indizierte Infusionsbehandlung und die verzögerte Diagnostik sowie Verlegung als grobe Behandlungsfehler einzuschätzen.

Entscheidung der Gutachterkommission der ÄK:
Sowohl die Infusionsbehandlung mit dem nicht indizierten Pentoxifyllin als auch die hierdurch wahrscheinlich verursachte Sepsis durch das Bakterium Staphylokokkus aureus sind den be-handelnden Ärzten als Behandlungsfehler anzulasten. Auch ist die versäumte zeitgerechte Ab-klärung der schweren Infektion eine Vernachlässigung der Sorgfaltspflicht und ebenfalls als Be-handlungsfehler anzusehen.

7.3   Patientenverfügung und Vorsorgevollmacht

Etwa 25 % der Bundesbürger über 18 Jahren haben eine Patientenverfügung (PV) verfasst und sich damit beschäftigt, was passieren soll, wenn sie einer medizinischen Behandlung nicht mehr wirksam zustimmen oder widersprechen können. Besteht in Situationen der akuten Entscheidungsunfähigkeit eine medizinische Indikation zu einer ärztlichen Handlung, wird aber gerade diese Behandlungssituation in der PV von dem Patient abgelehnt, so muss sich der Arzt an den Inhalt der Verfügung und nicht an seine medizinische Indikation halten.

Die Ausstellung einer Patientenverfügung (PV, entsprechend dem Patientenverfügungsgesetz vom 1.9.2009 und im Sinne des § 1901a Abs. 1 BGB) sowie einer Vorsorgevollmacht zeichnet den autonomen, mündigen Bürger aus. Der Inhalt der PV muss von allen – Arzt und Bevollmächtigtem – eingehalten werden, auch wenn sie nicht der medizinischen Indikation entspricht. Der Erwerb dieses Selbstbestimmungsrechtes der Patienten ist eine große Errungenschaft des 21. Jahrhunderts.

Zur Historie: Bis Ende der 80-er Jahre war es in Deutschland üblich, dass Ärzte bei ihren entscheidungsunfähigen, meist bewusstseinsgestörten Patienten im vermuteten Interesse ihres Patienten, nach Rücksprache mit den Angehörigen, handelten. Diese »Therapiefreiheit« galt für Wochen und wurde erst mit dem am 12.9.1990 eingerichteten Betreuungsgesetz auf maximal 24 Stunden begrenzt. Spätestens dann musste eine Betreuung beantragt werden, wenn keine Bevollmächtigung durch den Patienten vorlag. Die weitere Gesetzesänderung wurde 2009 nötig, weil Ärzte nicht nur im Patienteninteresse, sondern nach Hildebrand (2011) »immer mehr innerhalb eines auseinander strebenden Interessengefüges handelten«. Gerade Ärzten fiel es schwer, ihre medizinische Indikation nur als Empfehlung anzusehen und dem Selbstbestimmungsrecht des Patienten unterzuordnen.

Zur Definition: Gemäß dem Patientenverfügungsgesetz vom 1.9.2009 werden unter Patientenverfügungen schriftliche Festlegungen von Volljährigen für den Fall ihrer künftigen Nichteinwilligungsfähigkeit verstanden zu der Frage, ob sie »in bestimmte, zum Zeitpunkt der Festlegung noch nicht unmittelbar bevorstehende Untersuchungen (…), Heilbehandlungen oder ärztliche Eingriffe« (§ 1901 a Abs. 1 BGB) einwilligen oder nicht.

Für jeden Bürger sollte es selbstverständlich sein, zur Durchsetzung seines Willens in lebensbedrohlichen Situationen eine Patientenverfügung auszustellen. Zur Umsetzung des Patientenwillens ist ergänzend zur Verfügung auch eine Vorsorgevollmacht nötig, da der Adressat einer PV sowohl der behandelnde Arzt als auch der Bevollmächtigte ist.

Aus der Patientenverfügung erfährt der Arzt, was der Patient in der akuten Behandlungssituation wünscht und wie sein Wertebild ist (Radbruch 2015). Gleichzeitig muss in der PV deutlich werden, dass der Patient zum Zeitpunkt der Unterschrift entscheidungsfähig war, also z. B. nicht an einer schweren Demenz, schweren Depression oder einer paranoid-halluzinatorischen Psychose litt. Dies kann am einfachsten durch Mitunterzeichnung des Bevollmächtigten oder des Hausarztes belegt werden.

Wenn Patient und Arzt einander vertrauen, kann in der PV als Bevollmächtigter für Gesundheitsfragen auch der Hausarzt aufgeführt sein. Dieser kennt die medizinischen Wünsche, im Gegensatz zu einem Laien, oft am besten und kann sie entsprechend in einer Notsituation gegenüber den weiterbehandelnden Ärzten im Krankenhaus vertreten. Mit jeder Bevollmächtigung ist aber die Zustimmung des zu Bevollmächtigenden schriftlich einzuholen.

Bei Bewohnern in Seniorenheimen sollte der Inhalt der PV der Pflegeleitung im Sinne einer »Pflegeabsprache« mitgeteilt werden, damit beispielsweise bei Wunsch auf Reanimationsverzicht im Falle eines Herzstillstandes dies auch gemäß dem schriftlich vorausverfügten Willen umgesetzt wird. Eine Arbeitsgruppe um Sommer 2012 hat nur in 3 % eine Dokumentation über eine ärztliche Beratung vorgefunden, obwohl eine ärztliche, detaillierte Aufklärung mit der »Dokumentation eines Prozesses des Erklärens und Verstehens grundsätzlich als Bedingung für wirksame Einwilligungen in medizinische Behandlungen gefordert wird ('informed consent')« (Sommer 2012, S. 581).

Entspricht die in der Patientenverfügung beschriebene Krankheitssituation der aktuellen Situation, ist die Verfügung bindend für jeden Arzt, Pflegenden und Bevollmächtigten. Ein Recht des Arztes auf Entscheidung für den sinnvollsten Weg gibt es nicht. Der Patient kann aber umgekehrt nicht in seiner Verfügung Dinge fordern, die medizinisch nicht indiziert sind, wie beispielsweise die Forderung einer Langzeitbeatmung bei einer schweren Demenz.

Immer ist der Arzt angehalten, Anhaltspunkte für eine Meinungsänderung nach dem Datum der Unterschrift in der PV auszuschließen; auch hat er zu prüfen, ob die schriftlich niedergelegte Situationsbeschreibung der aktuellen Situation entspricht und ob der Patient zum Zeitpunkt der PV-Unterschrift entscheidungsfähig war. Bei Meinungsdifferenzen zwischen Arzt und Bevollmächtigtem über den in der PV niedergelegten Willen ist ein Ethikkomitee oder der Betreuungsrichter anzurufen. Jedes ausdrückliche Handeln einer Person gegen den Inhalt der PV ist strafbar.

Der »natürliche Wille« – z. B. der dauernde Essenswunsch des schwer Dementen als indirektes Zeichen eines Lebenswillens – darf bei Therapieentscheidungen nicht auf eine Stufe mit dem autonomen Willen von Patienten gestellt werden (Jox et al. 2014).

Patientenverfügungen sollten zeitnah abgefasst sein und die konkrete Behandlungssituation möglichst genau beschreiben; eine schriftliche Abfassung ist wünschenswert, es ist aber keine besondere Form oder eine notarielle Beglaubigung nötig. Liegen diese Bedingungen vor, ist für den Arzt die geplante Behandlung im Einvernehmen mit dem aktuellen Willen des Patienten erstes Gebot, da das Recht des Patienten auf Autonomie entgegen der Meinung von Birbaumer (2015) nicht berührt werden darf.

Wird in der Verfügung eine aktive Sterbehilfe, also eine Tötung auf Verlangen gewünscht, muss der Arzt dies verweigern. Tötung auf Verlangen ist nach § 216 StGB in Deutschland ein Straftatbestand (Scheible 2011). Eine passive Sterbehilfe ist dagegen ebenso wie der ärztlich assistierte Suizid nicht strafbar (▶ Abschn. 7.5). Grundsätzlich können weder der Patient noch der Betreuer Behandlungen verlangen, die nicht indiziert sind. Erlaubt ist es aber, ggf. die Eindeutigkeit der gestellten medizinischen Indikation zu hinterfragen.

Finden sich in den Patientenunterlagen keine Hinweise auf eine PV mit Vorsorgevollmacht oder eine Betreuungsverfügung, so ist der Arzt verpflichtet, bei akut entscheidungsunfähigen Patienten zunächst im vermuteten Interesse des Patienten zu handeln und zur Eruierung des Patientenwillens sofort mit den nächsten Angehörigen zu sprechen. In dieser Phase hat der Lebensschutz Vorrang nach dem Motto »in dubio pro vita«.

Ist eine länger fortbestehende Entscheidungsunfähigkeit anzunehmen, muss der Arzt gemäß dem Betreuungsgesetz nach 24 Stunden ein Betreuungsverfahren bei Gericht zur Bestellung eines rechtlichen Vertreters (§ 1896 BGB) beantragen. Es ist die Regel, dass der Richter beim Betreuungsgericht (»Vormundschaftsgericht«) einen Betreuer auf Vorschlag des behandelnden Arztes und nach Rücksprache und Zustimmung mit den Angehörigen bestimmt. Im Gegensatz zur Bevollmächtigung durch eine Patientenverfügung samt Vorsorgevollmacht endet die gerichtlich bestellte Betreuung immer mit dem Tod des Patienten.

Das Patientenverfügungsgesetz vom 1.9.2009 steht im Internet unter ▶ http://www.aerzteblatt.de/archiv/66178 (zugegriffen: 8. Mai 2015). Inhalt, Form und Formularvordrucke für PV bieten viele Institutionen an: u. a.(Zugriff zu diesen Webseiten 8. Mai 2015)

- ► http://www.bmj.de/patientenverfuegung
- ► http://www.justiz.bayern.de
- ► http://www.katholische-kirche.de
- ► http://www.aerztekammer-hamburg.de/patienten/patientenverfuegung.pdf
- ► http://www.verwaltung.bayern.de/egov-portlets/xview/Anlage/1928142/VorsorgefuerUnfall,KrankheitundAlter.pdf

Vorsorgevollmachten verleihen Vertrauenspersonen die Vertretungsmacht im Bereich der Gesundheitsfürsorge und müssen immer dann schriftlich niedergelegt werden, wenn sie sich auf einen möglichen Therapie-Abbruch oder Unterbringungsmaßnahmen nach § 1906 BGB erstrecken. Bei Bestehen einer Vorsorgevollmacht darf das Betreuungsgericht für diese übertragenen Aufgaben keinen Betreuer bestellen.

Vorsorgevollmachten ersetzen immer ein Betreuungsverfahren, wenn sie in Verbindung mit einer Patientenverfügung ausgestellt werden und der für Gesundheitsfragen Bevollmächtigte das Amt auch übernimmt.

Die Vorsorgevollmacht für Gesundheits- **und** Vermögensangelegenheiten muss schriftlich mit eigener Unterschrift erfolgen; eine notarielle Beglaubigung ist nur bei monetären oder Grundstücksangelegenheiten erforderlich.

Kasuistik 14: B.W. 70 J. m., Akutes Koma ohne Patientenverfügung

Der 70-jährige B. W. wird vom Notarzt gegen 9:00 Uhr in die neurologische Klinik gebracht. Er war von seinem Sohn, der im gleichen Haus wohnt, morgens bewusstlos im Bett vorgefunden worden; am Abend zuvor sei er noch normal ins Bett gegangen.

Während der Aufnahmeuntersuchung treten bei dem tief komatösen Patienten zunehmende Atemstörungen auf, und der Oberarzt bespricht mit dem Sohn die Notwendigkeit einer maschinellen Beatmung. Dieser versagt seine Zustimmung, da sein Vater jede Art Intensivtherapie abgelehnt habe. Er verbürge sich als Polizeibeamter, dass dies der Wille seines Vaters gewesen sei. Bei Nichtbeachtung des Patientenwillens behalte er sich eine Klage wegen Körperverletzung vor. Nach kurzer Diskussion zwischen mir (J. Jörg) und meinem Vertreter entscheiden wir uns wegen der fehlenden schriftlichen Patientenverfügung und einer ungeklärten Ursache der akuten Bewusstseinsstörung für eine maschinelle Beatmung mit dem Ziel der unmittelbaren Lebenserhaltung und Durchführung einer Diagnostik. Nach wenigen Tagen Intensivtherapie klart der Patient auf, und es stellt sich als Ursache eine Barbiturat-Intoxikation heraus.

Der Patient berichtete später, dass er sich unter der – fälschlichen – Annahme eines unheilbaren Lungentumors unbemerkt für die Umgebung so verzweifelt gefühlt habe, dass er sein Leben beenden wollte. Er wollte seinen Angehörigen nicht als Pflegefall zur Last fallen.

Die Folgen des Suizidversuchs im Rahmen eines akuten depressiven Versagenszustandes bildeten sich schnell zurück, und der Patient verließ nach 10 Tagen beschwerdefrei die Klinik. Es erfolgte anschließend weder eine Klage wegen Körperverletzung noch wegen unterlassener Hilfeleistung. Immerhin hatte die angespannte Diskussion mit dem Sohn einige Minuten bis zum Einsetzen der Maximaltherapie gekostet.

Der Umgang mit Patientenverfügungen, Vorsorgevollmachten sowie Fragen der Therapieminimierung oder des Therapie-Abbruches sind für manche Patienten und deren Angehörige nur schwer zu bewältigen. Hier können klinische Ethikkomitees (KEK) helfen. Kommt es zu einem ethischen Problem unter Ärzten, Pflegepersonal oder Patienten, so erfolgen auf Antrag Ethikkonsile mit dem Ziel, zu einer ethisch fundierten Empfehlung zu kommen.

Ethikberatungen können sowohl zu der Empfehlung führen, den Patienten nur palliativ zu versorgen, als auch zur umgekehrten Empfehlung, die Therapie auszuweiten. Ziel ist es immer, eine Lösung zu finden, die dem Selbstbestimmungsrecht des Patienten gerecht wird und mit dem alle Beteiligten leben können. Im Ethikkonsil werden Empfehlungen ausgesprochen; die Entscheidung und damit die Verantwortung über das weitere Vorgehen verbleibt beim behandelnden Arzt.

7.4   Versichertenrechte und Patientenpflichten

Privat versicherte Patienten haben ein Einsichts- und Prüfungsrecht in ihre Arzt- oder Klinikrechnung. Mitglieder der GKV erhalten von ihrem Arzt keine Rechnung. Stattdessen schickt der niedergelassene Arzt seine Rechnung – aufgelistet nach dem Punktesystem – direkt an die KV, welche nach einer Prüfung am Ende jedes Quartals den Betrag – ggf. nach Korrektur – dem Arzt überweist. Bei solchen Kollektivverträgen der Kassenärzte sind die Mitarbeiter der KV Prüfer und Zahler der Arztrechnung; das ausgelegte Geld holt sich die KV bei den gesetzlichen Krankenkassen zurück. Kenntnis von der einzelnen Rechnung haben die Krankenkassen nicht. Nur bei Selektivverträgen, die einzelne Kassen mit speziellen Arztgruppen abschließen, beispielsweise im Hausarztmodell, erfolgt die Prüfung und Bezahlung direkt durch die GKV.

Die meisten allgemein Versicherten verlangen von ihrem Arzt weder eine Rechnung noch eine Zusammenstellung der erfolgten ärztlichen Leistungen, obwohl jeder Versicherte dieses Einsichtsrecht und das Recht auf Erhalt einer ärztlichen Quittung über alle erfolgten Leistungen hat.

Versicherte haben ein Recht auf eine Fachberatung durch ihre Krankenkasse bei vermuteten Behandlungsfehlern, zu späten Arztterminen, IGel oder ärztlich empfohlenen Vorsorge-Untersuchungen. Zu Recht schätzen über 40 % der Versicherten in ihrer Kassenfiliale einen persönlichen Ansprechpartner vor Ort, z. B. bei der Vermittlung schnellerer Arzttermine, zu medizinischen oder juristischen Fragen. Meinhard Miegel beklagt in seinem Buch »Wohlstand ohne Wachstum« (2010), dass die große Mehrzahl unserer Gesellschaft nicht gelernt hat, »sich selbst zu beschäftigen, zu unterhalten, Vorsorge zu betreiben, kurz: ein eigenständiges, selbstverantwortliches Leben zu führen« (S. 238). Diese Tugenden sind Voraussetzung, um auch als Patient nicht fremdbestimmt zu werden. Für Patienten ist dieser Anspruch oft noch schwerer umzusetzen, da sie ein doppeltes Handikap haben: sie sind Laien, und sie sind in einer Notsituation mit einem medizinischen, sie persönlich belastenden Problem.

Patienten benötigen daher eine umfassende Information über ihre Krankheiten. Die von der IQWiG betriebene Internetseite ▶ http://www.gesundheitsinformation.de ist dazu ebenso hilfreich wie Internetseiten der AOK (▶ https://www.aok-gesundheitsnavi.de) sowie der Bertelsmann Stiftung (▶ https://faktencheck-gesundheit.de/, Zugriff zu allen 3 Webseiten: 9. Mai 2015). Sie geben Orientierungshilfen und erhöhen die Transparenz. Man darf davon ausgehen, dass das, was Ärzte machen, meist medizinisch richtig ist; man muss aber auch annehmen, dass Ärzte oft wie Kaufleute handeln, die Personal und Geräte immer auszulasten versuchen.

Gemäß dem Bertelsmann-Internetportal hat NRW den höchsten Anteil an Depressionen, die stationär behandelt werden; im Kreis Olpe werden doppelt so häufig künstliche Kniegelenke eingesetzt wie in Bonn. Im Kreis Borken wird Kindern und Jugendlichen fast 3-mal so oft der Blinddarm entfernt wie in Wuppertal.

Die Wahrscheinlichkeit, dass ein Kind mit der Diagnose »dicke Mandeln« in Delmenhorst einer Tonsillektomie zu einem bundesweit einheitlichen Preis von 161.- € unterzogen wird, liegt um 185 % über dem Bundesdurchschnitt (Bertelsmann Stiftung 2013). Die Entfernung der Gebärmutter im Jahresdurchschnitt 2010 bis 2012 erfolgte in Freiburg bei 18 Frauen pro 10.000 Frauen, in Eisenach aber bei 49.

Es handelt sich um ärztliche Ermessensentscheidungen, bei denen ökonomische Anreize wahrscheinlich der Hauptgrund für die erheblichen regionalen Differenzen sind. Immerhin erfolgten die häufigsten Tonsillektomien in kleineren HNO-Abteilungen mit entsprechend kleineren Fallzahlen.

Ein gewissenhafter Umgang mit der eigenen Gesundheit bedeutet, sich um ein gesundes Leben mit ausreichender körperlicher, seelischer und geistiger Ertüchtigung zu kümmern. Diszipliniertes Ernährungsverhalten mit Einhaltung des BMI sollte jede Krankenkasse mit einem Bonus als Beitrag für die Basisversorgung anerkennen. Boni für Nikotin- und Drogenkarenz oder regelmäßige Blutdruckkontrollen sind schwerer kontrollierbar und daher schwerer umsetzbar.

Vorsorgemedizin mit Kontrolluntersuchungen beim Arzt alle 2–3 Jahre in Abhängigkeit vom Alter sind empfehlenswert, um frühzeitig beginnende Erkrankungen zu erkennen und sofort gegenzusteuern. Sie gehören nicht grundsätzlich zur Basisversicherung einer Krankenkasse, sind aber zumindest als Wahlleistung anzubieten. Die persönliche Beteiligung jedes Versicherten an der Bezahlung der Präventionsmaßnahmen schützt die Solidargemeinschaft vor den zunehmenden Kosten der Ausweitung der Vorsorgemedizin.

Mündige Patienten sind gesundheitsbewusst gegenüber sich selbst und bestrebt, dass ärztliche Einrichtungen auch Qualitätskriterien beachten. Jedes Bewusstsein für Qualität resultiert aus sachgerechten Informationen. Informationspflicht ist aber keine Basisleistung der Krankenkassen.

Für eine unkritische Bewertung von Therapien spricht die Tatsache, dass bei gleicher Diagnose wie Kniegelenkarthrose, Leistenhernie oder Koronarstenose die entsprechenden jährlichen Untersuchungs- und Operationszahlen bei der Berufsgruppe »Ärzte« deutlich niedriger sind als bei allen anderen Personengruppen, und dies unabhängig vom Versicherungsstatus. Nach Blech (2005) liegen die Operationszahlen wie Herniotomien, Tonsillektomien, Hysterektomien oder Cholezystektomien bei medizinischen Laien um mehr als 33 % höher im Vergleich zur Ärztegruppe. Hier kann möglicherweise die Einholung von Zweitmeinungen eine Hilfe leisten (► http://www.vorsicht-operation.de/, zugegriffen: 9. Mai 2015). Die Zahl der Gebärmutterentfernungen je 100.000 Frauen lag 2008 je nach Region zwischen 174 und 448 (Klauber et al. 2012). Die Rate der Erstimplantationen der Kniegelenk-Endoprothesen ist von 2003 bis 2009 um 43 % gestiegen, die Revisionseingriffe bei Knie-Endoprothesen um 117 %.

Chirurgen wie H. Pässler erklären die zunehmenden, an die Demographie angepassten Operationszahlen mit der Kommerzialisierung der Medizin und den immer weiter gestellten Indikationen. Ein weiterer Grund dürfte die mangelnde Information der Patienten über Risiken sein.Pässler hat daher zusammen mit weiteren orthopädischen Chirurgen das Internetportal »Vorsicht Operation« eingerichtet (s. o.).

Krankenversicherungen haben darauf zu achten, dass ihre Mitglieder im Interesse der Solidargemeinschaft sachgerecht mit Geldern umgehen. Solidarität beim Umgang mit Versicherungsgeldern bedeutet auch, auf zu umfangreiche, teure Diagnostiken zu Lasten der Gemeinschaft ebenso zu verzichten wie auf Ansprüche, banale Behandlungen selbst mitten in der Nacht einzufordern.

Assistenzärzte an Kliniken klagen in ihren Berichten über den Nachtdienst, dass sie sich »wie in einem 24-Stunden-Kiosk« vorkommen; Routine-Untersuchungen werden von ihnen nachts um 5:30 Uhr ebenso abverlangt wie eine Schnupfenbehandlung. Dies sind Zeichen für eine viel zu hohe Anspruchshaltung (Hibbeler 2011) und rufen nach einer Eigenbeteiligung.

Schutz vor zu hoher Anspruchshaltung zu Lasten der Solidargemeinschaft ist sicher auch eine Eigenbeteiligung.

Ehrlichkeit ist bei Patienten und Ärzten gleichermaßen gefordert. So werden Schleudertraumen der Halswirbelsäule, sog. HWS-Distorsionen, in Deutschland nicht nur deutlich häufiger diagnostiziert und länger behandelt als beispielsweise in Norwegen. Auch hängt die Beschwerdedauer deutlich davon ab, ob bei dem Unfallpatienten noch eine Versicherung mit Aussicht auf eine Schmerzensgeldregelung besteht. Sachkunde beim Arzt sind hier ebenso zu fordern wie Ehrlichkeit beim Unfallgeschädigten.

7.5   Sterbehilfe

Eine Gesellschaft ist als ethisch hoch einzuschätzen, wenn sie von ihrem schwächsten Glied her denkt. Dies gilt für die embryonale Phase ebenso wie für die Lebensphase des Sterbenden. Der Hippokratische Eid verpflichtet die Ärzte zur Erhaltung des Lebens, wobei ein Teil des Lebens auch das Sterben und der Tod ist. Das grundgesetzlich garantierte Recht auf Leben gilt auch für den letzten Lebensabschnitt und ist nicht altersabhängig (Jörg 2011).

Die letzten Monate des Lebens bis hin zum Tod sind nur schwer steuerbar, daher verursachen sie bei vielen Menschen Angst und Gefühle der Verunsicherung. Die Mehrzahl der Deutschen äußert trotz der bekannten ökonomischen Zwänge in der Medizin nicht so sehr Angst vor einer Therapiebegrenzung bei Schwerstkranken, sondern sie hat Sorge vor Therapie-Ausweitungen, insbesondere auf Intensivstationen.

Ängste vor Sterbens- und Leidensverlängerung erklären sich aus 5 Gründen:
1. Sorge, dass Ärzte den Patientenwillen missachten: »in dubio pro vita« statt »voluntas aegroti suprema lex«,
2. große Wissenslücken über Palliativmedizin, Hospizarbeit und Sterbehilfe,
3. Meinung, dass der Hippokratische Eid mit seiner Auflage, nicht zu töten, umgekehrt zum Leben »um jeden Preis« verpflichtet, mit der Folge einer übertriebenen »Apparatemedizin«,
4. Sorge vor einer inkompetenten Jurisprudenz: beim Magdeburger Fall wurde erst spät die Klage gegen Ärzte wegen Tötung auf Verlangen abgewiesen. In einem Verfahren in Fulda haben Juristen das Durchtrennen der Ernährungssonde als »aktives Tun« und das Abschalten des Beatmungsgerätes als »ausnahmsweise erlaubt« angesehen (Jörg 2010); der Rechtsanwalt wurde mit 9 Monaten auf Bewährung verurteilt, in Berufung vor dem BVG freigesprochen.
5. Unkenntnisse oder Fehlinterpretation von erwünschter Sterbehilfe: aktive, passive, indirekte.

Die Sterbehilfe ist von Tötung auf Verlangen und assistiertem Suizid streng zu unterscheiden. Begriffe wie passive Sterbehilfe sollte man vermeiden, da diese entgegen mancher laienhafter Vermutung keineswegs mit »Passivität des Arztes« einhergehen. Palliativmediziner wie Borasio (2011) sprechen daher stattdessen von Nichteinleitung oder Nichtfortführung lebenserhaltender Maßnahmen.

Sterbehilfe bedeutet Hilfe beim Sterben, Hilfe zum Sterben und die Beendigung nicht mehr indizierter und / oder nicht gewünschter lebenserhaltender Maßnahmen. Damit werden lebenserhaltende Maßnahmen weder eingeleitet noch fortgeführt.

Sterbehilfe bedeutet also, jedes Leid zu verhindern oder zu beenden, indem Ängste und Schmerzen mit menschlichem Beistand, Anxiolytika und Analgetika genommen werden. Morphine helfen beispielsweise sowohl gegen Schmerzen als auch gegen bestimmte Formen der Atemnot, wie wir sie bei ALS-Patienten erleben (Jörg 2011, Zenz 2011).

Der Einsatz zur Sterbenslinderung ist so eindeutig, dass eine damit einhergehende Lebensverkürzung, z. B. eine durch Morphine verursachte Atemdepression oder das Weglassen einer Atemhilfe, bewusst akzeptiert und nicht nur als unbeabsichtigte Nebenwirkung angesehen wird. 40–65 % der auf einer Intensivstation verstorbenen Patienten sterben erst *nach* einer Entscheidung zur Änderung des Therapiezieles, also durch Therapiebegrenzung, Therapiereduktion oder Therapie-Abbruch bei gleichzeitigem Einsatz einer Palliativmedizin (Bernat 2008).

Das Einstellen lebenserhaltender Therapien bei Schwerstkranken oder Sterbenden, die nicht mehr indiziert sind oder vom Patienten nicht gewollt sind, bedeutet also Sterbehilfe.

Manche Ärzte verwenden für den Verzicht auf Wiederbelebung (DNR) oder einen Therapie-Abbruch mit verbleibender Basisversorgung den Begriff der passiven Sterbehilfe. Werden Symptome wie Schmerz oder Erstickungsangst nur palliativmedizinisch behandelt, wird dies als indirekte Sterbehilfe klassifiziert. Hierzu zählen Morphingaben, welche eine möglicherweise lebensverkürzende Nebenwirkung haben. Diese Form der indirekten Sterbehilfe ist in allen EU-Ländern außer Polen erlaubt.

Im Gegensatz zur Hilfe *beim* Sterben werden bei der Hilfe *zum* Sterben Atemhilfen weggelassen und jede Art künstlicher Ernährung beendet.

Sterbehilfe benötigt immer 3 Voraussetzungen:
1. Sichere Diagnose mit klarer kurzfristig infauster, das heißt Tod bringender Prognose oder eine schwerst verlaufende, körperliche, unheilbare Erkrankung mit infauster Prognose, die in absehbarer Zeit zum Sterben führt.
2. Freie Gewissensentscheidung des Arztes: medizinische Indikation
3. Selbstbestimmungsrecht des Patienten: Autonomie

Sterbehilfe findet im Rahmen der Akutbehandlung und der Langzeitbehandlung statt. Maßgeblich ist dabei immer der Patientenwille, eine ärztliche Indikation vorausgesetzt. Eine nicht indizierte Behandlung kann nicht eingefordert werden; in eine indizierte Behandlung muss eingewilligt werden (Erbguth 2009).

7.5.1 Sterbehilfe in der Akutbehandlung

Nach Bernat (2008) sind 40–65 % der auf Intensivstationen verstorbenen Patienten erst nach Beendigung der Maximaltherapie gestorben, also durch Therapiebegrenzung, Therapiereduktion oder Therapie-Abbruch unter Beibehaltung palliativmedizinischer Maßnahmen.

Bei der Frage der Therapieverlängerung oder Therapiereduktion spielen Kosten meist keine Rolle; selbst bei intensivpflichtigen Schwerstkranken wird die Behandlung nicht primär aus Kostengründen beendet oder minimiert. Eher ist die Sorge berechtigt, dass man zu lange am Beatmungsgerät und Ernährungsschlauch »hängt«, obwohl der Wille in der Patientenverfügung klar formuliert ist. Der Gedanke, dass prognostische Aussagen auch bei den Erfahrensten sich immer wieder mal als falsch herausstellen, ist der Hauptgrund, warum Ärzte bei der Umsetzung des Patientenwunsches auf Therapie-Abbruch zögerlich sein können. Ganz abgesehen davon, dass die Umsetzung des Patientenwillens ja immer das Vorliegen einer Indikation zu einer Maßnahme voraussetzt.

Der Grund, einen bewusstlosen, reanimierten Patienten nach erlittenem Herzstillstand noch über Wochen auf Intensivstation zu behandeln, liegt meist an der Unsicherheit des Arztes, eine sichere Prognose zu stellen. Einerseits ist die Dauer des Zirkulationsstillstandes und damit der Grad der anoxischen Hirnschädigung bis zum Wiedereinsetzen einer Herzkreislauf-Zirkulation oft unbekannt; andererseits wissen zu wenige, dass die Diagnostik durch einen Hirnspezialisten durchaus in solchen Fällen Sicherheit über die Prognose bringen kann, diese aber von Ärzten an kleineren Krankenhäusern oft nicht eingeholt oder – wie die ▶ Kasuistik 9 zeigt – nicht umgesetzt wird.

Erfahrene Ärzte wissen, dass ein durch Hypoxie als Folge eines Herzkreislauf-Stillstandes schwer geschädigtes Gehirn (»Hypoxische Enzephalopathie«) zu einer bleibenden Bewusstlosigkeit führen kann. Ist der Patient auch nach 72 Stunden noch komatös, ohne lichtreagible Pupillen sowie ohne Kornealreflex, beatmungsbedürftig und sind u. a. die beidseitigen Medianus-SEP vom kontralateralen Kortex nicht mehr zu erhalten, so ist die Prognose immer infaust: dies bedeutet, dass diese Patienten sterben oder im günstigsten Falle dauerhaft im vegetativen Zustand bleiben (Hamann et al. 2012). Hier wäre unabhängig vom Patientenwillen schon am 4. Tag ein Therapie-Abbruch möglich, da für eine Therapiefortführung die medizinische Indikation fehlt.

Die Verkürzung einer erfolglosen Intensivtherapie kann auch human sein. So ist eine Maximaltherapie beim alten, multimorbiden Menschen in der Regel nicht indiziert, wenn eine Hirnmassenblutung, maligne Media-Infarkte oder eine Pneumonie bei bekanntem schwerem Parkinson-Demenz-Komplex vorliegt (Jörg 2011). Bei Patienten mit einem globalen Mesenterial-Infarkt kann der Chirurg nach Laparotomie und Inspektion des nekrotischen Darmes so zweifelsfrei die Diagnose mit einer infausten Prognose stellen, dass er den Patienten in Vollnarkose weiter beatmen lässt, bis innerhalb von 2–3 Tagen die entstehenden Endotoxine den Tod herbeiführen.

Ökonomische Argumente spielen bisher eine eher untergeordnete Rolle. Dies gilt auch für das DRG-System, obwohl dieses im Einzelfall durchaus die Entscheidung zu einer Lebensverlängerung beeinflussen kann, auch wenn es nachträglich als »Sterbensverlängerung« zu werten ist. Der ökonomische Druck kann so stark sein, dass selbst gestandene Chefärzte nicht immer in der Lage sind, ihre Entscheidungen nach rein ärztlichen Gründen zu treffen.

Eine Beatmung über 24 Stunden hinaus wird pro Tag sehr gut honoriert, so dass man durchaus in Grenzfällen geneigt ist, auch monetäre Gedanken zu berücksichtigen. Hirnblutungen und Hirninfarkte werden auf sog. Stroke Units behandelt; hier sind die Abrechnungsbedingungen bei Einhalten einer mindestens 72-stündigen Behandlung so günstig, dass der Zeitpunkt der Verlegung auf eine Normalstation auch nach eingeleiteter Therapiereduktion erst am 4. Tag erfolgt. Auch die Controller achten mit darauf, dass die Entscheidung des Verlegungszeitpunktes nicht zu früh getroffen wird.

Die Argumentation jedoch, Ärzte könnten den präfinalen Verlauf bis hin zum eigentlichen Sterbevorgang »unbewusst« verlängern, weil sie immer mehr ökonomisch denken müssen und ein »toter Patient« keine Einnahmen bringt, ist für die große Mehrzahl der Ärzte abwegig.

Ist es durch eine Hirnmassenblutung zum Hirntod, also einem irreversiblen Ausfall aller Hirnfunktionen, gekommen, versucht der Arzt unter Beibehaltung der Beatmung und aller Stabilisierungsmaßnahmen für Kreislauf und Nieren den Willen des gerade verstorbenen Patienten für eine Organspende zu erfahren. Diese schizophrene Situation entsteht, weil die meisten Patienten zu Lebzeiten keine Aussage zur Organspende gemacht haben, eine Widerspruchslösung zu Lebzeiten in Deutschland nicht existiert und daher die Zustimmung aller engsten Angehörigen nach Eintritt des Hirntodes eingeholt werden muss.

Die Angehörigen haben nur die vermutete Meinung des Verstorbenen – nicht ihre eigene Meinung –wiederzugeben. Für den Arzt ist die Befragung mehrerer Angehöriger oft beschämend, da Angehörige wie Betreuer fungieren, obwohl sie es nicht einmal zu Lebzeiten waren und die Leiche – juristisch gesehen – als »Sache« nicht Eigentum eines Angehörigen ist. Einfacher wäre es, wenn der amtlich bestellte Betreuer gleichwertig wie der vom Patienten Bevollmächtigte auch nach dem Eintritt des Hirntodes allein über die Bereitschaft zur Organtransplantation entscheiden könnte.

7.5.2 Sterbehilfe in der Langzeitbehandlung

Bei chronischen Erkrankungen wie der Motoneuron-Erkrankung ALS (amyotrophe Lateralsklerose)werden in Selbsthilfegruppen parallel folgende Fragen gestellt: »Wie sterbe ich bei Befall der Atemmuskeln ohne Erstickungsängste?« oder: »Welches Beatmungsgerät ist am günstigsten?«. Entscheiden sich Patienten gegen eine Dauerbeatmung über ein Tracheostoma, ist der Tod durch die zunehmende Ateminsuffizienz absehbar.

Der zunehmende Sauerstoffmangel (Hypoxie) und Anstieg von Kohlendioxid (Hyperkapnie) führen zu Benommenheit. Die Angst vor dem Ersticken ist durch menschlichen Beistand und Morphingabe kombiniert mit Anxiolytika unterdrückbar. Die Erfahrung hat gezeigt, dass es in der heutigen Zeit der Notfallmedizin günstiger ist, solche ALS-Patienten zum Sterben in die Klinik aufzunehmen. Dabei wird das Sterben im Schlaf durch die schon physiologische Reduktion des Atemvolumens und ihre Verstärkung durch die Medikamentengabe angstfrei ermöglicht. Sterben ohne Erstickungsgefühle durch menschlichen und medikamentösen Beistand ist die eigentliche Sterbehilfe. Sie sollte in neurologischen Akutkliniken erfolgen, da hier die größte Expertise um die Tücken der ALS besteht.

Eine Alternative zu dieser Art Sterbehilfe ist der ärztlich assistierte Suizid; er wird nicht selten von ALS-Patienten gewählt und zwingt die Patienten zu ihrer letzten Reise in die Schweiz oder Niederlande (Küssner 2012).

Bei der Frage der Sterbehilfe in Langzeiteinrichtungen wie Alten- und Pflegeheimen können ethische und ökonomische Gesichtspunkte aufeinandertreffen. Dies haben wir mehrmals auch in aussichtslosen Fällen von persistierendem vegetativem Status erlebt. Dabei wird mit dem Argument »Der Patient darf nicht verhungern oder verdursten« die Ernährung entgegen dem Patientenwunsch fortgesetzt, obwohl gut ausgebildete Pflegende und Ärzten wissen, dass tief bewusstlose Patienten selbst nach Eintreten eines Schlaf-Wach-Rhythmus und einer Spontanatmung keine Sinneswahrnehmung haben. Diese Art »Wachheit« oder »Wachkoma« geht nicht mit der Fähigkeit zur Wahrnehmung von Schmerz, Durst oder Hunger einher.

Kasuistik 15: E. St. 98 J. w., Sterbehilfe bei vegetativem Status

Die am 25.Mai 1909 geborene E. St. erleidet mit 91 Jahren im November 2000 aus voller Gesundheit einen schweren Schlaganfall mit Sprachstörung und rechtsseitiger Halbseitenlähmung. Sie wird über 4 Wochen in einer internistischen Klinik behandelt: dabei treten mehrere Komplikationen auf, so dass sie schwer pflegebedürftig und mit einer PEG versorgt in ein nahegelegenes Pflegeheim verlegt wird.

Dort wird sie auf Wunsch der Kinder in einem Einzelzimmer untergebracht. Im Laufe eines Jahres verliert sie komplett den Kontakt zur Umgebung und bleibt bettlägerig. Die Ernährung erfolgt die kommenden Jahre allein über die PEG. Bei jeder Atemnotattacke – meist im Sinne von atemabhängigen Rasselgeräuschen – wird der Notarzt gerufen; dieser veranlasst mehrmals die sofortige Verlegung auf die Innere Abteilung, wo der Zustand immer kurzfristig stabilisiert werden kann.

Die Tochter wurde von Gerichts wegen als Betreuerin ernannt, da keine Patientenverfügung vorlag. Ihr nach mehrjähriger Pflege geäußerter Wunsch, doch das Leiden ihrer Mutter nicht weiter zu verlängern, da dies nicht dem Wunsch ihrer Mutter entsprechen würde, blieb von der behandelnden Ärztin und den Pflegenden unberücksichtigt. Als Erklärung wurde angegeben: Die notfallmäßigen Verlegungen in die innere Klinik seien wegen drohender Erstickungszustände nötig; die Ernährung über die Sonde müsse sein, da sie sonst verhungere und verdurste (weitere Details s. Jörg 2009).

Die Tochter engagierte sich in dieser Zeit im Altenheim bei der Betreuung der übrigen Heimbewohner: eine Kontaktaufnahme zur eigenen Mutter war schon mehrere Jahre nicht möglich. Der Sohn vermutete wegen der über Jahre dauernden Pflege der bewusstlosen Mutter und der Nichtbeachtung der Wünsche seiner Schwester materielle Interessen bei allen Beteiligten. Er veranlasste daher eine neurologische Untersuchung.

Der Neurologe fand bei der mittlerweile 98-jährigen Patientin eine tiefe Bewusstlosigkeit; sie öffnete zeitweise spontan die Augen, ohne dass es zu einem Blickkontakt kam. Nach Einsicht in die ärztlichen Unterlagen wurde die Diagnose eines bleibenden vegetativen Zustandes gestellt; wegen der geäußerten infausten Prognose erfolgte auf Wunsch der beiden Kinder ein gemeinsames Gespräch mit der behandelnden Ärztin und der Pflegedienstleitung mit dem Ziel einer Therapiereduktion.

Die Pflegenden verwiesen auf die Tatsache, dass die Patientin ohne Absaugen, Ernährung durch die PEG und Umlagern ersticken, verhungern und verdursten würde. Im übrigen würde man nur das tun, was der Arzt verordne.

Das Gespräch erfolgte in Anwesenheit des Sohnes mit der behandelnden Ärztin in deren Praxisräumen. Auf die Frage, ob sie als Ärztin ihre Mutter auch so behandeln würde wie ihre Patientin, verneinte die Ärztin dies überraschend prompt. Hier sei ein Problem, behauptete sie, dass die Tochter sich nur schwer von der Mutter »lösen« könne. Wir vereinbarten dann als ersten Schritt eine Medikamentenreduktion; bei aufkommenden Problemen in der Pflege sollte statt des Notarztes in Zukunft sie als Hausärztin gerufen werden.

Die vereinbarte Therapiereduktion erfolgte mit dem Ziel, dass Frau E. St. endlich, nach über 7 Jahren Pflege, nach Eintritt der nächsten»Komplikation« sterben kann; trotz eines ausführlichen Arztbriefes erfolgte die vereinbarte Umsetzung nur sehr begrenzt.

Nach wenigen Wochen erfolgte daher ohne weitere ärztliche Konsultation die Kontaktierung der zuständigen neurologischen Klinik vor Ort mit der Bitte um Überprüfung der Diagnose und der gestellten Prognose. Die Diagnose bestätigte sich, und die Patientin starb nach Verlegung in ein Hospiz und der Umsetzung des gewünschten Therapie- und Ernährungsabbruchs innerhalb von 8 Tagen.

Die Einstellung der Ernährung bei Wachkomapatienten ist keine strafbare Handlung, wenn sie dem Willen des Patienten entspricht. In der BGH-Entscheidung vom 8.6.2005 heißt es: »Das Recht des Patienten zur Bestimmung über seinen Körper macht Zwangshandlungen, auch wenn sie lebenserhaltend wirken, unzulässig.«

In deutschen Pflegeheimen wird auch bei Patienten mit persistierendem vegetativem Status (PVS, Wachkoma bzw. Apalliker) oft gegen den schriftlich klar formulierten Patientenwillen bzw. die Entscheidung des amtlich bestellten Betreuers verstoßen. Dabei wird als Gegenargument auf den Wert des menschlichen Lebens an sich unabhängig von seinem zerebralen Zustand hingewiesen. Dieses Argument ist zweifellos von hoher moralischer Wertigkeit und zu respektieren, es hat sich aber dem Selbstbestimmungsrecht des Patienten zu beugen. Nicht selten ist dieses Argument aber nur vorgeschoben, und es schwingen beim Bestehen auf einer Dauerpflege auch ökonomische Gründe mit.

Erst in den letzten Jahren hat sich dank der Hospizbewegung eine Änderung zugunsten des Patientenwillens und damit des sterbewilligen Kranken durchgesetzt; nur Einzelmeinungen sprechen beim Beenden der Ernährung des Wachkomapatienten von einer aktiven Sterbehilfe mit dem Argument, dass es sich um eine Lebensverkürzung als beabsichtigte Folge medizinischen Handelns handle (Böttger-Kessler u. Beine 2007).

Kommt es zu Zeichen des Sterbens und besteht eine aktuell infauste Prognose oder wünscht der Patient mit einer schweren Demenz oder einem Karzinom keine Maximaltherapie, so sind die Ärzte verpflichtet, jede Art Leidensminderung bis hin zum Therapie-Abbruch trotz der sich daraus ergebenden Sterbensbeschleunigung durchzuführen, da dies der Wunsch des Patienten ist.

Therapie-Abbruch bedeutet den Übergang von einem kurativen zu einem palliativen Therapieansatz; man versteht darunter das Absetzen der Thrombose-Prophylaxe, der Antibiotika, der Diuretika und das Beenden der Kalorienzufuhr, also auch keine Sondennahrung. Nach höchstrichterlichem Urteil sind nach der Entscheidung für einen Therapie-Abbruch nur körperliche Pflege, Schmerzmittel und nach Bedarf Mineralwasser erlaubt, aber keine Sondennahrung. Damit wird ein humanes Sterben ohne weitere Sterbensverlängerung möglich und der erlösende Tod nicht durch die PEG-Sonde verwehrt (Schüssel 2014).

Je nach Grundleiden können kombiniert mit einem Therapie-Abbruch palliativmedizinische Maßnahmen fortgeführt werden, um so die Lebensqualität der Patienten und deren Angehörigen in der Sterbephase zu verbessern. Palliativmedizin bedeutet das Behandeln von Schmerzen, Ängsten, Erstickungsgefühlen und anderen Problemen physischer, psychosozialer und spiritueller Natur. Eine Lebensverlängerung durch Palliativmedizin ist nur dann wünschenswert, wenn es dem Patientenwunsch entspricht und zu keiner Leidensverlängerung führt (Jörg 2013).

Jedem verantwortlichen Arzt müssen alle Formen der Sterbehilfe als sensibelster Tätigkeit in der Medizin bekannt sein. Sterbehilfe in der beschriebenen Form als »ultima ratio« zu verweigern, würde die Patienten in einen oft dramatischen Suizid oder in die organisierte Sterbehilfe in die Schweiz treiben. Eine solche Notlösung wäre menschenunwürdig.

Unter der Rubrik »Sterbehilfe« müssen auch Wünsche sehr alter, multimorbider Patienten erwähnt werden, die das Risiko einer lebensgefährlichen Operation bewusst eingehen nach dem Bonmot: »Entweder gelingt die Operation oder ich sterbe daran; eine dauernde, schwere Gangstörung, Pflegebedürftigkeit oder gar einen drohenden Umzug ins Altenheim will ich nicht erleben«. Wenn man sieht, mit welch unkritischer Haltung sich manche sehr alte, multimorbide Patienten für risikoreiche Operationen entscheiden und sich dann auch noch Operateure finden, die ohne weitere Hinterfragung des Risikos dazu bereit sind, könnte man vermuten, einzelne Operationen im höheren Lebensalter werden zu einer modernen Form der »aktiven« Sterbehilfe umfunktioniert. Das Implantieren und Auswechseln von Hüft- oder Knie-Endoprothesen erfolgt nicht selten – und nicht nur bei privat Versicherten – so unbedarft bei alten Menschen, wie wenn sie erst 40–50 Jahre alt wären. Würden in solchen Fällen Patienten kostenmäßig an dem erhöhten Operationsrisiko beteiligt werden, käme manche Operation vielleicht nicht zustande (▶ Kasuistik 5).

Ein Hattinger Anästhesist zitiert eine 89 Jahre alte Patientin mit anstehender Hüftoperation mit den Worten: »Ich möchte zwei Narkosen: eine für die Operation und eine zum Sterben. Wenn Sie das organisieren könnten, wäre ich Ihnen dankbar« (zitiert nach Blech 2011a).

7.5.3   Ärztlich assistierter Suizid und Tötung auf Verlangen

Ärztlich assistierter Suizid ist ebenso wie jeder andere assistierte Suizid in Deutschland nicht strafbar; er kann bei schwersten, körperlich unheilbar Kranken vom Arzt auf Wunsch des Patienten erwogen werden. Die Meinung der deutschen Ärzte und des Ethikrates ist hierzu geteilt; berufsrechtlich ist der ärztlich assistierte Suizid in 10 von 16 LÄK verboten (Klein 2015). Der Schriftsteller Ralph Giordano unterstützte schon 2008 den ärztlich assistierten Suizid durch Bereitstellung eines tödlichen Medikamentes mit dem »Recht auf die Autonomie des eigenen Todes« (Jörg 2010).

Die schweizerische Zentrale Ethikkommission (ZEK) der Akademie der Medizinischen Wissenschaften unterstreicht in ihrer Richtlinie von 2004, dass Freitodbegleitung nur für Patienten praktiziert werden darf, deren Lebensende nahe ist (Stalder 2012). Mittlerweile ist diese Richtlinie so erweitert worden, dass das ärztliche Verschreiben eines letalen Medikamentes bei Wunsch des Patienten auch bei unzumutbaren Leiden, die durch eine unheilbare, jedoch nicht unmittelbar tödlich verlaufende Krankheit bedingt sind, verantwortbar ist.

In Deutschland ergab eine von ZEIT ONLINE veröffentlichte Umfrage, dass Beihilfe zum Suizid für 72 % der Befragten straflos sein soll. Für straflose Tötung auf Verlangen plädierten 2 Drittel der Deutschen (ZEIT 2014, 5: 10). Bei einer Ärzteumfrage waren schon 2008 nach einer Umfrage des Spiegel 35 % der Ärzte dafür, Schwerstkranken beim Suizid helfen zu dürfen; 16,4 % unterstützen auch eine aktive Euthanasie. Für eine solche aktive Euthanasie sprechen sich in Deutschland 70 % der Bevölkerung aus (Grill 2008).

Der 114. Ärztetag hat 2011 in Kiel mit 166 gegen 56 Stimmen bei 7 Enthaltungen beschlossen, dass Ärzte keine Hilfe zur Selbsttötung leisten dürfen. Die Mehrzahl der Ärztevertreter hält die ärztliche Suizidhilfe für unethisch und vermutet, dass damit das Verbot der Tötung auf Verlangen umgangen werden soll. 79 % der befragten Deutschen haben kein Verständnis für diese Haltung der BÄK (Klein 2015).

Immer mehr Ärzte sind unter bestimmten Bedingungen bereit, beim Suizid zu helfen, da sie den ärztlich assistierten Suizid in seltenen Fällen bei unheilbar Kranken für vertretbar halten. Sie sehen diese Art Beihilfe als äußerste palliativmedizinische Maßnahme an. Bei einer 2010 in Bayern durchgeführten Erhebung haben sich 51 % der Ärzte mit mehr als 20-jähriger Erfahrung bereit erklärt, sterbewilligen Patienten beim Suizid zu assistieren (Wandrowski et al. 2012). Fegg vom palliativmedizinischen Zentrum der LMU München (2012) sieht den Todeswunsch bei vielen terminalen Patienten weniger wegen Schmerzen, sondern vielmehr wegen des Verlustes des Lebenssinns angesichts des Todes; er sieht hier Möglichkeiten der Verbesserung des Lebensinns durch spirituelle Hilfen.

Der Leiter der Ethikkommission der BÄK Wiesing (2012) fordert die Ermittlung des Patientenwillens – auch des mutmaßlichen –, da dieser Wille und das Patientenwohl maßgeblich für das ärztliche Handeln sein müssen. Als letzte Konsequenz daraus können palliativmedizinische Maßnahmen und das daraus sich entwickelnde Vertrauen zwischen Arzt und Patient in den ärztlich assistierten Suizid münden. Wiesing verweist darauf, dass 2 Drittel der Bevölkerung die ärztliche Mithilfe befürworten. In einem ZEIT-Interview vom 10.04.2014 fordert Wiesing, der Staat solle auch die organisierte Beihilfe zum Suizid nicht verbieten, sondern nur den Missbrauch verhindern.

Das Mitglied des deutschen Ethikrates Prof. Dr. jur. Taupitz findet es unmenschlich, wenn der schwerst körperlich Kranke bei seinem Sterbenswunsch von seinem Arzt allein gelassen wird (Taupitz 2009). Vollmann (2011, 2014) mokiert sich zu Recht darüber, dass im ärztlichen Berufsrecht etwas verboten wird, was das allgemeine deutsche Recht nicht sanktioniert; er fordert, »dem behandelnden Arzt einen Spielraum zur Entscheidung im Einzelfall einzuräumen« und den Wertepluralismus bei ethisch kontroversen Lebensentscheidungen anzuerkennen.

Jeder Arzt braucht statt eines berufsrechtlichen oder gesetzlichen Verbotes einen eigenen »ethischen Kompass«. Dabei ist es sicher für jeden Arzt von größtem Wert, wenn die Indikation zur Sterbehilfe und der assistierte Suizid in ausgewählten Fällen im Rahmen klarer und enger, außerordentlicher Rahmenbedingungen sanktionsfrei möglich bleiben.

Der freie Patientenwille sollte dem Arzt Verpflichtung sein, seinem Patienten mit einer todbringenden körperlichen Erkrankung ebenso wie in Sonderfällen bei einem unheilbaren seelischen Leiden so beizustehen, dass Organisationen wie Dignitas oder Sterbehilfe Deutschland überflüssig werden; immerhin gehört die Gestaltung des Lebensendes nach § 8 der Europäischen Menschenrechtskonvention zur geschützten Privatsphäre (Spittler 2012).

Es gibt Menschen, die auch ohne ein todbringendes Krebsleiden mit Schmerz und Angst, ohne schwere depressive Gefühle und ohne andere erkennbare Gründe einfach aus Altersgründen den Wunsch zum Sterben im Sinne eines Bilanzsuizides haben. Sie fordern das Recht auf einen selbstbestimmten Tod. Dieses Recht auf Suizid durch Verzicht auf Nahrung ist eine natürliche Möglichkeit, um aus dem Leben zu gehen, und muss respektiert werden. Eine solche Nahrungs- und Flüssigkeitsverweigerung – sei sie nun oral oder künstlich – darf nicht pathologisiert oder kriminalisiert werden. Auch der frühere Ratspräsident der evangelischen Kirche, Nikolaus Schneider, rät zum Respekt für die Entscheidung von Menschen für ein selbstbestimmtes Sterben und empfiehlt trotz gegenteiliger Überzeugung als Christ eine mitfühlende und seelsorgerische Begleitung (Rheinische Post vom 6.11.2012, S. A2).

Nach dem Grundgesetz ist das Recht, über den eigenen Körper zu disponieren, unverzichtbar. Damit hat keiner das Recht, die künstliche Ernährung u. a. mit Hilfe einer PEG gegen den Patientenwillen fortzusetzen, wie dies leider immer noch mit dem Argument geschieht, der Betroffene dürfe nicht »verhungern«.

Wird ein Arzt zu einer Person gerufen, die einen Bilanzsuizid durch Verweigern von Nahrung oder Medikamenteneinnahme, Pulsadern aufschneiden etc. gewählt hat, so besteht – wenn eine Depression oder ein kriminelles Delikt ausgeschlossen sind und eine aktuelle, aussagekräftige Patientenverfügung vorliegt –, nicht nur keine Pflicht, sondern ein Verbot zur Hilfeleistung.

Tötung auf Verlangen bedeutet jede Art Maßnahme bei Schwerstkranken oder Sterbenskranken, die gezielt den Tod vorzeitig herbeiführt, beispielsweise durch Injektion einer toxischen, tödlich wirkenden Substanz. Primäres Ziel ist hier also die Beschleunigung des Sterbens, der vorzeitige Todeseintritt.

Solche Tötungshilfen sind in Deutschland beim chronisch Kranken ebenso wie beim Todkranken nach § 216 StGB strafbar. Nach Aussage des BGH (St 37, 376) darf Sterbehilfe auch bei aussichtsloser Prognose nicht durch gezieltes Töten geleistet werden. Ein Verlangen nach dieser sog. »aktiven« Sterbehilfe erklärt sich meist aus Angst vor unerträglichem Leid, z. B. bei einer Krebserkrankung, Angst vor Verlust seiner Würde sowie Autonomie oder der Ablehnung von lebens- und leidensverlängernden Maßnahmen. Eine fürsorgliche, einfühlsame Medizin am Lebensende bis hin zur palliativen Sedierung ist die beste Alternative zur Tötung auf Verlangen.

67 % der Bundesbürger sind laut einer Allensbach-Umfrage für eine gesetzliche Freigabe der aktiven Sterbehilfe; dies sollte bei unheilbar Schwerstkranken auf deren Wunsch hin gelten (Rheinische Post, 7.10.2014, S. A1). Von diesen Befragten fordern 60 %, private Sterbehilfe-Organisationen wie in der Schweiz auch in Deutschland zu erlauben.

In den Niederlanden, Belgien und Luxemburg ist aktive Tötung durch den Arzt und ärztliche Beihilfe zum Suizid straffrei, wenn 3 Sorgfaltskriterien eingehalten werden: freiwilliges Verlangen nach Tötung, aussichtsloser Krankheitszustand und Bestätigung durch einen zweiten Arzt (Oduncu u. Hohendorf 2011).

Literatur

Bernat JL (2008) Ethical Issues in Neurology. 3. Ausg. Wolters Kluwer LWW, Philadelphia
Bertelsmann Stiftung (2013) Faktencheck Gesundheit. Im Internet. Aktueller Zugriff zum Portal: ▶ https://
    faktencheck-gesundheit.de/ (8. Mai 2015)
Birbaumer N (2015) Patientenverfügungen. KONTRA. Dtsch. Ärztebl. 112 (16): C 587
Blech J (2005) Fragwürdige Therapien und wie Sie sich davor schützen können. S. Fischer, Frankfurt a. M.
Blech J (2011a) Sprachlos in der Sprechstunde. Spiegel 7: 120–8
Böttger-Kessler G, Beine KH (2007) Aktive Sterbehilfe bei Menschen im Wachkoma? Ergebnisse einer Einstel-
    lungsuntersuchung bei Ärzten und Pflegenden. Nervenarzt 78: 802–8
Borasio GD (2011) Über das Sterben. C. H. Beck, München
Erbguth F (2009) Ethik und Neurowissenschaften. Entscheidungen am Lebensende. Nervenheilkunde 28: 315–9
Erdogan-Griese B (2013) Neues Patientenrechtegesetz führt zu kontroverser Expertendebatte. Rhein. Ärztebl. 1:
    12–4
Fegg M (2012), zitiert aus »Palliativmedizin heißt zuhören«. Dtsch. Ärztebl. 109: C 1200–1
Grill M (2008) Pharmakonzerne. Bodentruppen der Industrie. Spiegel 22: 68–69
Grill M (2009) Alarm und Fehlalarm. Spiegel 17: 124–135
Hamann G. F., Bender A., Voller B., Bühler R., von Scheidt W., Hansen H. C. (2012) Hypoxische Enzephalopathie
    (HE). Akt Neurol 39: 309–321
Hibbeler B (2011) Krankenhaus oder Kiosk? Dtsch. Ärztebl. 108: C 1409
Hildebrand R (2010–2014) Newsletter. E-Mail: hildebrand@hmanage.de. ▶ http://hmanage.net/index.
    php?id=newsletter&no_cache=1. Zugegriffen: 27. April 2015
Hohmann U (2012) Gutachterkommissionen – Serviceeinrichtungen für Patienten auf Kosten von Ärzten? Passi-
    on Chirurgie 2 (12) Artikel 06–01
Jörg J (2009) Sind Sie korrupt, Herr Doktor? novum, München
Jörg J (2010) Sterbehilfe ? – Ja bitte. Referat auf der 27. Jahrestagung der ANIM (AG Neurologische Intensiv- und
    Notfallmedizin) am 23.1.2010 in Bad Homburg
Jörg J (2011) Alter und Intensivmedizin: Ist alles geboten, was medizinisch möglich ist? In Eckart J, Forst H, Brie-
    gel J (Hrsg) Intensivmedizin. ecomed medizin, Landsberg/Lech, 44. Ergänzungslieferung, XIV–16, 1–20
Jox RJ, Ach JS, Schöne-Seifert B (2014) Der »natürliche Wille« und seine ethische Einordnung. Dtsch. Ärztebl. 111
    (10): A 394–6
Kaminski M (2010) Jahresbericht 2010 der dPV Bundesverband Neuss
Klauber J, Geraedts M, Friedrich J, Wasem J (Hrsg.) Krankenhaus-Report 2012. Schattauer, Stuttgart
Klein F (2015) Braucht Begleitung am Lebensende ein neues Gesetz ? DNP – Der Neurologie & Psychiater 16 (2):
    10–16
Köbberling J (2013) Diagnoseirrtum, Diagnosefehler, Befunderhebungsfehler. Bewertungen und Vermeidungs-
    strategien. Verlag Versicherungswirtschaft GmbH, Karlsruhe
Krüger-Brand HE (2011) Patienten werden selbstbewusster. Dtsch. Ärztebl. 110 (12): C 488–9
Küssner St (2012) Der selbst gewählte Tod. ZEIT. N° 33: 33
Miegel M (2010) EXIT. Wohlstand ohne Wachstum, 4.Aufl. Propyläen, Berlin

Nauck F, Ostgatke Ch, Radbruch L (2014) Hilfe beim Sterben – keine Hilfe zum Sterben. Dtsch. Ärztebl. 111 (3): A 67–71.

Oduncu FS, Hohendorf G (2011) Assistierter Suizid. Die ethische Verantwortung des Arztes. Dtsch. Ärztebl. 108: C 1142–4

Radbruch L (2015) Patientenverfügungen. PRO. Dtsch. Ärztebl. 112 (16): C 586

von Randow G (2014) Dein Tod gehört allen. ZEIT 23.1.2014, Nr.5, S. 10

Scheible G (2011) Ethik und Patientenverfügung. Nervenheilkunde 30: 983–6

Schüssel H (2014) Leserbrief. Rhein.Ärztebl 12:8

Schulenburg D (2012) Patientenrechtegesetz. Rhein. Ärztebl. 10/2012: 22–3

Sommer S, Marckmann G, Pentzek M et al. (2012) Patientenverfügungen in stationären Einrichtungen der Seniorenpflege. Dtsch. Ärztebl. Int: 109 (37): 577–583

Spittler JF (2012) Leserbrief zur Sterbehilfe. Dtsch. Ärztebl. 109: C 1217–8

Stalder H (2012) Ethik ja – aber bitte ohne Belehrung. Schweiz. Ärztezeitung 93: 1072

Taupitz J (2009) Sind Ärzte geeignete Suizidhelfer? Dtsch. Ärztebl. 106 (15): C 575–7

Vollmann J (2011) Leserbrief. Dtsch. Ärztebl. 108: C 1336

Vollmann J, Henking T, Gather J (2014) Leserbrief. Dtsch. Ärztebl. 111: C 259

Walter C, Kobylinski A (2010) Patient im Visier. Die neue Strategie der Pharmakonzerne. Hoffmann und Campe, Hamburg

Wandrowski J, Schuster I, Strube W, Steger F (2012) Medizinethische Kenntnisse und moralische Positionen von Ärztinnen und Ärzten aus Bayern. Dtsch. Ärztebl. 109 (8) 141–7

Wiesing U (2013) Stellungnahme der BÄK: Ärztliches Handeln zwischen Berufsethos und Ökonomisierung.Dtsch. Ärztebl. 110: A 1752–1756

Zenz M (2011) Der Einsatz von Morphium. Dtsch. Ärztebl. 108: C518–9

Liquidationsrecht und Abrechnungen nach GOÄ oder EBM

Johannes Jörg

J. Jörg, *Berufsethos kontra Ökonomie*,
DOI 10.1007/978-3-662-47066-4_8, © Springer-Verlag Berlin Heidelberg 2015

8.1   Liquidationsrecht

Unter Liquidationsrecht versteht man das Abrechnungsrecht der Ärzte für ihre erbrachten Leistungen bei privat versicherten Patienten. Dieses Recht besitzen alle niedergelassenen Ärzte, in Kliniken nur Chefärzte, Abteilungsleiter und ausgewählte Spezialisten.

Mitglied einer privaten Krankenversicherung können nur Beamte, Unternehmer oder Angestellte mit einem jährlichen Bruttoeinkommen von mehr als 54.900 € pro Jahr (Stand 2015) werden. In Deutschland gibt es 8,89 Mio. privat voll Versicherte (▶ Kap. 6.2).

Niedergelassene Ärzte haben meist eine Zulassung für gesetzliche Kassen durch die KV. Diese Zulassung wird Chefärzten und Klinikspezialisten generell verwehrt und nur auf Antrag in Einzelfällen für genau definierte Bereiche zeitlich begrenzt zugestanden. Damit besteht eine Zweiklassenmedizin im ambulanten Bereich, da gesetzlich Versicherte im Gegensatz zu privat Versicherten keinen generellen Zugang zu Klinikspezialisten haben. Allgemein Versicherte werden daher im Gegensatz zu privat Versicherten öfter als nötig stationär eingewiesen. Lauterbach spricht zu Recht von der gefährlichsten Form der Überversorgung, der medizinisch nicht notwendigen Einweisung in das Krankenhaus (Lauterbach 2008). Diese Überversorgung zeigt sich daran, dass Deutschland neben Österreich die höchste Krankenhausfallzahl in der OECD hat; mit 240 Krankenhausfällen pro 1.000 Einwohner liegt Deutschland im Jahr 2010 um 50 % über dem OECD-Durchschnitt (Dtsch. Ärztebl. 2013, 110 (16). C 657).

Umgekehrt kann nur bei privat Versicherten nach einer Akutbehandlung wie z. B. einem Herzinfarkt, Tumortherapie oder Schlaganfall die nötige Weiterbehandlung auch in den ersten Monaten durch das Chefarzt-Team weiter erfolgen. Dies erklärt u. a. die besseren Langzeitergebnisse nach Schlaganfall bei privat Versicherten.

Die Ungleichbehandlung im ambulanten Bereich wird von Kassenpatienten meist ebenso klaglos hingenommen wie der ungerechte Abrechnungsmodus. Bei privat Versicherten wird die Gebührenordnung für Ärzte (GOÄ) verwendet, für allgemein Versicherte der einheitliche Bewertungsmaßstab (EBM). Ungerechtigkeiten entstehen dadurch, dass die gleiche medizinische Leistung bei Anwendung der GOÄ deutlich besser honoriert wird.

Der Unterschied in der Honorierung verstößt gegen die Regel »Gleiches Geld für gleiche Leistung« und führt zu Unterschieden im Patientenservice, zu einer Überdiagnostik und schnelleren Terminvergaben.

Roland Weber, Vorstandsmitglied der Privatversicherung Debeka, sagt:»Maßnahmen der Labormedizin kosten bei Privatpatienten heute oft das Zehnfache dessen, was bei der Behandlung von gesetzlich Versicherten angesetzt werden kann. Und immer noch bis zum Dreifachen dessen, was in der Schweiz üblich ist«. Ein Grund ist auch, dass die drastisch gesunkenen Kosten der Labormedizin von der GKV, nicht aber bei den Jahrzehnte alten Abrechnungssätzen der GOÄ angepasst worden sind und manche Ärzte versuchen, diese Einnahmeausfälle bei der GKV über Privatversicherte zu kompensieren (Welt am Sonntag, 27.10.2013: 46).

Solch eine differente Behandlungsweise ist beim Vergleich mit anderen Leistungserbringern wie dem Hotelgewerbe oder den Autowerkstätten ohne Beispiel. Sie gehört abgeschafft, indem die zu niedrigen EBM-Entgelte den GOÄ-Sätzen angeglichen werden.

Bei gesetzlich Versicherten müssen die von der KV zugelassenen Ärzte Rechnungen nach EBM erstellen. Diese Rechnungen werden mit dem errechneten Punktwert der KV erweitert, so dass die KV dann quartalsweise gemäß der jährlichen Budgetvereinbarung den Arzt bezahlt. Der Patient und seine Krankenkasse erhalten keine Rechnungseinsicht. Diese Geldzuteilung ist neben der Verteilung der Arztsitze die einzige Aufgabe der KV, was in Anbetracht der hohen Gehälter der Vorstände überrascht.

Für IGeL-Leistungen wird auch bei allgemein Versicherten die GOÄ angewandt. Sie kann bei gleicher Leistungserbringung 2,3- bis 3-fach, in besonders zu begründenden Fällen auch bis 6-fach multipliziert werden.

Bei niedergelassenen Ärzten mit Zulassung für Allgemein- und Privatpatienten führt die unterschiedlich hohe Honorierung der gleichen ärztlichen Leistung bei privat Versicherten meist zu einem deutlich besseren Service, zur Überdiagnostik, dem Einsatz umstrittener Therapien und zu schnelleren Terminen. Auch wird dem ärztlichen Gespräch mit privat Versicherten in der Regel mehr Zeit eingeräumt.

Die Überdiagnostik wird leider gemäß dem Satz »Viel hilft viel« von der Mehrzahl der Privatpatienten positiv angesehen, obwohl gerade bei psychogenen Erkrankungen, somatisierten Depressionen oder Befindlichkeitsstörungen eine so umfangreiche Ausschlussdiagnostik zu einer Symptomfixierung führen kann, vom Nachweis irrelevanter »Nebenerkrankungen« ganz zu schweigen. Diese Art Überdiagnostik ist auch Zeichen einer Zweiklassenmedizin, allerdings zum Nachteil des Privatpatienten.

▪ **Wandel im Liquidationsrecht**
Jeder Chefarzt ist per se liquidationsberechtigt; das heißt, er ist persönlich abrechnungsberechtigt gegenüber privat versicherten Patienten und kann auf der Grundlage einer Honorarvereinbarung seine persönlich erbrachte ärztliche Leistung unter Anwendung der GOÄ direkt abrechnen.

An Universitäts- sowie Kliniken der Maximalversorgung hat sich in den letzten Jahren ein Wandel im Liquidationsrecht vollzogen. Einerseits fordern einzelne Klinikträger von angestellten Chefärzten den Verzicht des Liquidationsrechts zugunsten des Trägers; andererseits nimmt die Zahl jüngerer Chefärzte zu, die auf ihr Liquidationsrecht zugunsten eines Festgehaltes verzichten.

8.1.1 Gebührenordnung der Ärzte

Die Gebührenordnung der Ärzte von 12.11.1982 ist bis heute Abrechnungsgrundlage für ärztliche Leistungen bei privat Versicherten sowie Patienten, die ihre Arztrechnungen selbst bezahlen. Vergütungen darf der Arzt für alle Leistungen berechnen, die nach den Regeln der ärztlichen Kunst für eine medizinisch notwendige ärztliche Versorgung erforderlich sind. Leistungen, die über das Maß einer medizinisch notwendigen ärztlichen Versorgung hinausgehen, darf er nur berechnen, wenn sie auf Verlangen des Zahlungspflichtigen erbracht worden sind (§ 1 Abs. 2 GOÄ).

Die GOÄ ist auch Abrechnungsgrundlage für Leistungen im Rahmen von IGeL bei GK-Versicherten oder Gutachten. Jeder approbierte Arzt ist in Deutschland nach Berufsrecht und Sozialrechtsprechung verpflichtet, nach der GOÄ und nicht mit frei kalkulierten Preisen abzurechnen. Damit ähnelt die GOÄ den Gebührenordnungen anderer freier Berufe wie Architekten oder Juristen.

Bei der GOÄ kann der Arzt je nach Leistungsart, Schwierigkeitsgrad und Zeitaufwand den Einfachsatz durch Steigerungsfaktoren bis zum 3,5-fachen erhöhen. Die Erfahrung der letzten Jahre zeigt, dass in Arztrechnungen zunehmend häufiger zur Begründung für einen höheren Steigerungsfaktor »besonders schwer« angegeben wird. In Ausnahmefällen ist in Verbindung mit einer schriftlichen Honorarvereinbarung (Abdingungserklärung) auch heute noch eine Multiplikation bis zum 6- oder gar 10-fachen Satz möglich (Droste 2009). Der Mittelwert für ärztliche Leistungen liegt bei einem Steigerungsfaktor vom 2,3-fachen, für technische Leistungen beim 1,8- und für Laborleistungen beim 1,15-fachen des Einfachsatzes.

8.1.2   Historie zur Entstehung des Liquidationsrechtes

In der Zeit vor Einführung der gesetzlichen Krankenversicherung 1881, also in den Zeiten der Zünfte und Spitäler, war es Usus der Ärzte, bei reichen Patienten in freier Praxis eine deutlich überhöhte Rechnung einzufordern, um so zum Ausgleich mittellose Patienten kostenfrei behandeln zu können (Drees 1988). Möglicherweise hat sich aus dieser Tradition das heutige Liquidationsrecht entwickelt.

Im Jahre 1881 baute Reichskanzler Otto von Bismarck eine staatlich organisierte Sozialversicherung auf. Mit der daraufhin gegründeten gesetzlichen Krankenversicherung wurde Arbeitern und ihren Familien soziale Sicherheit gegeben. Die Kosten für Arzt, Krankenhaus und Apotheke wurden ebenso übernommen wie die Lohnfortzahlung im Krankheitsfall.

Personen, die wegen ihres Berufsstandes nicht der Versicherungspflicht unterlagen und es sich leisten konnten, setzten auf das System des Hausarztes und gründeten eigene Kassen auf privatwirtschaftlicher Basis. Damit war das Zweikassenwesen mit privater und öffentlicher Krankenversicherung geboren.

Die Mitglieder der ersten privaten Kassen waren vor allem Lehrer, Geistliche und Beamte; später kamen selbständige Handwerker dazu. Ab 1901 gab es ein Aufsichtsamt für private Versicherungen. Mit dem Ausbau von privaten Krankenversicherungen für nicht gesetzlich Versicherte wurde im Jahre 1906 auf dem Kammertag selbständiger Handwerker begonnen.

Privatliquidationen fanden sich erstmals Ende des 19. Jahrhunderts in den ersten preußischen Universitätskliniken. Zu dieser Zeit erfolgte die Behandlung erst im Hause des Patienten oder in Privatkliniken, später wurden Privatstationen in Krankenhäusern eingerichtet, auch um eine Anwesenheit der Klinikdirektoren zu gewährleisten. Selbständige Gehälter für leitende Ärzte gab es ab etwa 1909.

Mit Gründung der privaten Krankenversicherungen erwarteten die Versicherer auch eine detaillierte Rechnung der Arztleistungen. So führte der preußische Staat die allgemeine Gebührenordnung ein, die PREUGO, auf deren Basis die Privatliquidation erfolgte. Die Tarife teilten das Publikum in 3, 4 oder 5 Klassen ein: Reiche (Klasse 1), Mittelstand (Klasse 2), Unbemittelte (Klasse 3), ganz Arme und Kleinrentner (Klasse 4). Die 1927 gegründeten Verrechnungsstellen haben dann unter Zugrundelegung der PREUGO je nach Klasse des Patienten abgestufte Zuschläge festgelegt.

8.1.3   Handhabung des Liquidationsrechtes an Kliniken

Das Recht zur privaten Liquidation bei Wahlleistungspatienten erfolgt auf dem Boden eines persönlichen Vertrages zwischen Chefarzt und Patient. Es dient als Ausgleich für eine nicht leistungsgerechte Bezahlung der oft hoch qualifizierten Chefärzte. Jeder CA erbringt aufgrund eines Dienstvertrages bei Privatversicherten gesondert berechenbare, wahlärztliche Leistungen nach Maßgabe der GOÄ; nur bei seiner unerwarteten Verhinderung darf diese Aufgabe sein Stellvertreter übernehmen.

Das Bruttogehalt eines liquidationsberechtigten CA besteht aus 4 Arten von Vergütungen:
- Grundgehalt in der Höhe eines OA-Gehaltes ohne Zulagen für Bereitschaftsdienste (meist I BAT)
- Liquidationseinnahmen aus privatärztlichen, stationären Leistungen
- Liquidationsrecht für Gutachten
- Liquidationseinnahme aus ambulanter Nebentätigkeit (Sprechstunde)

Von diesen Liquidationserlösen sind folgende Abgaben vorzunehmen:
- Nutzungsentgelt (besteht aus Kostenerstattung und Vorteilsausgleich): 40–60 % je nach Fach
- Investitionsabgabe: 10–20 % (ohne Weitergabe an die Kassen)
- Mitarbeiterbeteiligung (je nach Bundesland freiwillig, so in Hessen 50 %)
- Poolabgabe, in NRW freiwillig; fördert die Motivierung!)
- Haftpflichtversicherungspflicht des CA (ist Folge der Aufsichtspflicht)
- keine gesonderte Vergütung für Überstunden oder Bereitschaftsdienste.

8.1.4 Gründe für eine Abschaffung des persönlichen Liquidationsrechtes

Gründe für eine Abschaffung des persönlichen Liquidationsrechtes sind:
1. Einführung der DRG ab 1.1.2003 für die stationäre Versorgung mit Festlegung einer Hauptdiagnose schon bei der Aufnahme. In diagnosebezogenen Fallpauschalen (DRG) sind auch alle Arztgehälter eingerechnet, nicht aber die über Privatliquidationen erzielten Einkünfte.
2. Einzelne Universitätskliniken haben, ebenso wie einige private Klinikträger, für die CÄ hohe Festgehälter mit zusätzlichem Bonusanteil vereinbart; sie übernehmen dafür die Liquidation nach GOÄ mit der PKV.
3. Der Mustervertrag der Deutschen Krankenhausgesellschaft sieht das Liquidationsrecht auf GOÄ-Basis nur noch als Ausnahmeregelung vor. Ein Übergang des Rechtes auf Liquidation auf Klinikträger ist nicht geplant.
4. Viele Ärzte wären bereit, auf ihr Recht auf Privatliquidation zu verzichten, wenn die niedrige EBM-Honorierung an die GOÄ angeglichen würde.

Mit dem Wegfall des persönlichen Liquidationsrechts haben einige Klinikträger dieses Recht im Interesse des Klinikbudgets selbst übernommen. Es ist nur eine Frage der Zeit, wann dieses Recht ganz entfällt. Mit dem Wegfall des Liquidationsrechts als tragendem Grundsatz des Rechts der leitenden Krankenhausärzte steht auch die duale Krankenversicherung zur Disposition.

8.1.5 Argumente für und gegen das Liquidationsrecht

- **1. Vorteile des persönlichen Liquidationsrechtes**
- Das Liquidationsrecht fördert die persönliche Leistungsbereitschaft des Arztes: je höher die Verdienstmöglichkeiten als CA sind, umso eher bewerben sich auch die qualifiziertesten Chefärzte. »Motivation durch Geld ist eine der stärksten Triebfedern des menschlichen Selbst« (Pöppel 2013, S. 85). Monetäre Anreize können aber ethische Normen korrumpieren (Sandel 2012).

- Je höher die CA-Kompetenz, umso besser die Qualität und Belegung der Klinik
- Hohe Nebeneinnahmen erlauben gute finanzielle Beteiligungen der Mitarbeiter
- Hohe Liquidationseinnahmen ermöglichen auch kostenlose Behandlungen.
- Der Träger verdient durch diese Abgaberegelung bei Privatpatienten gut mit.
- Eigene Einnahmen mindern die Abhängigkeit der CÄ von der Verwaltung.

■ **2. Nachteile des persönlichen Liquidationsrechtes**

- Nur Wahlleistungspatienten haben »Anspruch« auf persönliche Behandlung durch den Klinikleiter, d. h. den fachlich kompetentesten Arzt.
- 50–80 % des CA-Einkommens sind variabel und werden durch Einnahmen bei Privatpatienten bestimmt. Dies verleitet zur Ökonomisierung im Denken mit Einfluss auf einzelne Indikationen.
- Der CA als Spezialist muss aus vertraglichen Gründen mehr Privatpatienten mit Routineaufgaben behandeln, als ihm lieb ist. Das wissenschaftliche Interesse und die Untersuchung diagnostisch schwieriger, allgemein versicherter Patienten kommen zu kurz (Lauterbach 2008, 2012).
- Definitionen für »nötige« ärztliche Leistungen kann man eng und weit auslegen. Labor- und apparative Leistungen werden oft zu weit ausgelegt. Vermehrte diagnostische und therapeutische Leistungen führen zu mehr Privateinnahmen. Folge ist ein unwürdiges Hinterherlaufen hinter Privatpatienten.
- Viele Rechnungen haben als Begründung für eine Gebührensteigerung den Zusatz »besonders schwer«.
- Der allgemein Versicherte ist benachteiligt, da der Privatpatient vertraglich Anspruch auf eine CA-Behandlung hat, der »Normalversicherte« aber nur Anspruch auf »alle medizinisch erforderlichen Leistungen«.
- Rechnungshöhen sind nicht nur abhängig von der objektiv erbrachten Leistung, sondern von der Einstellung des Arztes und dem Versicherungsstatus bzw. der Gehaltshöhe des Patienten
- Gewollte Leistungserbringungen zu ungünstigen Zeiten wie Visiten oder Diagnostik nach 18:00 Uhr verursachen höhere Einnahmen.

Kasuistik 16: J. C. 77 J. m., Operation eines Glioblastoms

Der 77-jährige J. C. entwickelt aus voller Gesundheit eine über Wochen zunehmende Gangunsicherheit mit Kopfschmerzen. Neurologen stellen bei dem früheren Beamten im MRT des Kopfes einen hirneigenen Tumor im Stirnbereich fest. Es erfolgt unter Cortisongaben aus dem 6×8 cm großen Tumorbereich eine 1×1 cm kleine Probeexzision durch den Neurochirurgen.

Der Neuropathologe findet histologisch das schon im MRT vermutete Glioblastoma multiforme, ein hoch maligner Hirntumor mit schnellem, infiltrierendem Wachstum. Ohne operative oder Strahlentherapie ist mit einer Lebenserwartung von 6–8 Monaten zu rechnen, die besten Ergebnisse mit statistischer Lebensverlängerung um 12–18 Monate werden mit optimaler 60-Gy-Tumorbestrahlung und Chemotherapie mit Temozolamid erreicht. Eine operative Tumorresektion vor einer Bestrahlung erfolgt nur bei drohender Einklemmung; sonst kommt es auch durch die mit der Operation verbundene Zeitverzögerung der Bestrahlung zu einer Benachteiligung des Patienten, da eine Totalexstirpation des Tumors nicht möglich ist.

Der Neurologe empfiehlt aufgrund dieser Studienlage eine sofortige Bestrahlung mit gleichzeitiger Chemotherapie. Ein hinzugezogener zweiter Neurologe bestätigt diese Einschätzung aufgrund der Studienlage. Der Neurochirurg rät dagegen zu einer größeren Tumor-Teilexstirpation vor der Bestrahlung, die der Patient dann auch durchführen lässt. Postoperativ ist der Befund unter höheren Kortisongaben eher noch gebessert. Der Bestrahlungsbeginn verzögert sich um mehr als eine Woche, sie kann dann aber schnell ambulant weiter fortgeführt werden. Nach Abschluss der Bestrahlung stirbt der zunehmend hinfällige Patient akut im pulmonalen Versagen, möglicherweise als Folge einer Lungenembolie.

Der Neurochirurg hat in seinem Vertrag eine geheime Bonusvereinbarung mit Bezug auf Patienten- und Operationszahlen.

- **3. Vorteile beim Verzicht auf das Liquidationsrecht**

Mit dem Verzicht auf eine persönliche Berechtigung zur Liquidation zugunsten eines fest vereinbarten Gehaltes wird jede Behandlung von Privatpatienten zur Dienstaufgabe des Chefarztes und entfällt als Nebentätigkeit. Meist übt der Klinikträger das Liquidationsrecht dann selbst aus, und er gibt es als Bonus teilweise als Zusatz zum Festgehalt weiter.

Bei solchen leistungsbezogenen Festgehältern wird der Gesamtbetrag insgesamt auf 2–3 Jahre festgelegt; darin ist ein Bonus von ca. 20–30 % als variabler Anteil vereinbart. Der Bonus bestimmt sich zu einem kleinen Anteil aus Liquidationserlösen, zum größeren Teil aus den Leistungszahlen der eigenen Klinik wie Patientenzahlen pro Jahr, Belegung, Verweildauer, Qualitätszahlen, Case Mix Index, Fluktuations- und Krankheitsraten des Personals, Patienten- und Niedergelassenen-Zufriedenheit, Einhaltung von Kosten- und Erlösbudgets und »Wohlverhalten«.

Nachteil geheimer Boni sind Fehlanreize zu vermehrten Eingriffen wie z. B. Hüft- und Knie-Endoprothesen, Wirbelsäulenoperationen, Organtransplantationen, Koronar-Angiographien, Beatmungszeiten oder jährliche Lyse-Zahlen ohne Berücksichtigung von Indikation und Erfolg. In keinem Industriestaat werden so viele perkutane Koronarinterventionen, Leistenbrüche oder künstliche Hüften durchgeführt wie in Deutschland (OECD Health Data 2012).

Aus ethischer Sicht sollten alle Boniregelungen veröffentlicht werden, zumindest soweit sie unmittelbar Patienteninteressen betreffen. Nur dies schützt davor, dass in Kliniken aufgrund ökonomischer Anreize medizinisch nicht notwendige Leistungen erbracht oder auch nicht erbracht werden. Boni sollten an qualitätsorientierte Kriterien geknüpft sein und die Qualität der Arbeit belohnen, nicht aber ökonomische Ziele im Sinne einer »Stückzahlenmentalität« fördern. Fragwürdige Zielvereinbarungen und Bonusregelungen gehören nicht in ärztliche Dienstverträge. Die medizinische und rechtliche Verantwortung trägt nämlich allein der CA (► Kap. 9 und ► Kap. 10).

Der BÄK-Präsident Montgomery lehnt erfolgsabhängige Bonuszahlungen im Sinne variabler Vergütungsbestandteile in CA-Verträgen ganz ab: »Finanzielle Anreize für einzelne Operationen oder Leistungen dürfen nicht vereinbart werden, um die Unabhängigkeit der medizinischen Entscheidung zu sichern« (Montgomery 2013). Diese Forderung nach ärztlicher Unabhängigkeit gemäß § 23 Abs.2 MBO-Ä ist unrealistisch, solange Intransparenz besteht und es erlaubt ist, dass Klinikträger das Liquidationsrecht des Arztes selbst wahrnehmen und Krankenkassen die Einhaltung der vereinbarten Klinikbudgets fordern.

Mit dem Verzicht auf das persönliche Liquidationsrecht gewähren Klinikträger zusätzliche Leistungen wie Übernahme der Haftpflichtversicherung, Altersversorgung oder Dienstwagen. Klinikträger sollten bei der Vereinbarung hoher Grundgehälter das Ziel verfolgen, dass Chefärzte in ihrer Entscheidung ohne persönliche Vorteile und damit möglichst frei und sachgerecht medizinisch entscheiden können und ihre Entscheidungen nur einen begrenzten Einfluss auf ihre Gehaltshöhe haben. Damit wird das eigene Gewinnstreben des CA minimiert.

Allerdings widerspricht es dem Sinn des Liquidationsrechtes, dass Klinikträger selbst die persönliche chefärztliche Leistung mit der Versicherung des Patienten abrechnen können.

Weitere Vorteile bei Abgabe des Liquidationsrechtes sind:

- Rechnungserstellung und Mahnungen sind Aufgabe der Verwaltung
- Chefarzt »läuft« nicht mehr aus Eigennutz hinter Privatpatienten her
- CA erbringt nur die ärztlichen Leistungen, die in sein Fachgebiet fallen: kein »Wildern in fremden Revieren«
- Gefahr der Überdiagnostik wird geringer
- Es bleibt mehr Zeit für Schwerstkranke oder diagnostisch unklare Fälle
- Arzt macht seine Termine für persönliche Untersuchungen oder Operationen nur zu sinnvollen und teamgerechten Zeiten
- Das West-Ost-Gefälle der Chefarztgehälter wird reduziert.

- **4. »Nachteile« der Abgabe des Liquidationsrechtes:**
- Visiten am Wochenende oder zu ungünstigen Zeiten erfolgen deutlich weniger, es entsteht eine »Beamten-Mentalität« mit Verlust von Innovation.
- Mitarbeiterbeteiligung aus dem Pool der CA-Liquidation entfällt.
- Souveränität und »Einfluss« des CA gegenüber dem Träger lässt nach.
- Hoher Bonus führt zu Hinterherlaufen hinter Bonuszielen (Spitzer 2011).

- **Konklusio**

Es gibt gute Gründe, das persönliche Liquidationsrecht zugunsten einer leistungsgerechten Honorierung mit einem geringen, transparenten (!) Bonusanteil abzuschaffen. Die derzeitige Übernahme des Rechtes auf Liquidation durch die Klinikverwaltung ist weder verboten noch gerechtfertigt, da Kliniken kein originäres Liquidationsrecht für privatärztliche Leistungen besitzen.

Unabhängig von der Nutzung des Liquidationsrechtes ist darauf zu achten, dass die Höhe von Arztrechnungen von der Art und Qualität der Leistungserbringung und nicht von der Art des Versicherungsstatus abhängt. Es muss die Regel gelten: »Gleicher Preis für gleiche Leistung«. Sehr gute Qualität muss sich lohnen, jeder Anreiz für eine Überversorgung muss aber wegfallen. Dass Träger bei einer gewünschten persönlichen CA-Behandlung eine Leistungszulage einfordern, ist vertretbar.

Nach Abschaffung des Liquidationsrechtes bestehen beste Voraussetzungen, dass jeder Arzt primär auf dem Boden fachlicher Entscheidungen die ärztliche Tätigkeit wahrnimmt. Sein Gehalt ist vertraglich zu vereinbaren unter Berücksichtigung des Fachwissens, der Lehrtätigkeit, der wissenschaftlichen Qualifikation, der Zahl der Mitarbeiter, Größe der Klinik sowie seiner sozialen und ökonomischen Kompetenz. Die Zahl der Privatpatienten und die Art ihrer Behandlung hätte dann keinen relevanten Einfluss mehr auf die Gehaltshöhe leitender Krankenhausärzte.

8.2   Gebührenordnung für Ärzte (GOÄ und EBM)

Die unterschiedliche Abrechnungsmodalität nach GOÄ oder EBM ermöglicht eine Verschleierung der unterschiedlich hohen Honorierungen trotz gleicher ärztlicher Leistung. Ein anderer Grund zur Erhaltung des »zweispurigen« Abrechnungssystems besteht nicht. Daher ist eine Vereinheitlichung der beiden Gebührenordnungen nötig.

- **GOÄ**

Jede neue Abrechnungsmodalität muss einheitlich für alle Kassen einsetzbar sein und nach dem Grundsatz »Gleiches Geld für gleiche Medizin« vorgehen. Die GOÄ hat sich zur Abrechnung für PKV-Patienten, bei Gutachten und für IGeL-Leistungen von GKV-Patienten bewährt. Die jetzige GOÄ-Neufassung ist am 1.1.1983 in Kraft getreten und umfasst 2.916 Gebührenpositionen (1.990 Positionen ohne Labor); für viele neuere Diagnostikverfahren gibt es noch keine eigenen Nummern. Eine aktualisierte GOÄ ist überfällig; dabei ist darauf zu achten, dass Höchstsätze den Patienten, Mindestsätze den Arzt schützen. Mitarbeiter der BÄK haben ein GOÄ-Leistungsverzeichnis konzipiert, welches 4.065 Gebührenpositionen (2.993 ohne laborärztliche Leistungen) umfasst.

- **EBM**

Bei GKV-Patienten erfolgt die Abrechnung ambulanter Leistungen nach EBM. Der Einheitliche Bewertungsmaßstab (EBM) für ambulante Kassenleistungen wurde 1977 eingeführt, gilt nur für ambulante Behandlungen und bestimmt gemäß § 87 Abs. 2 SGB V »den Inhalt der abrechnungsfähigen Leistungen und ihr wertmäßiges, in Punkten ausgedrücktes Verhältnis zueinander«. Der EBM wird durch einen Bewertungsausschuss beschlossen, der sich paritätisch aus Vertretern der gesetzlichen Krankenkassen und der kassenärztlichen Bundesvereinigung (KBV) zusammensetzt.

Jede abrechenbare Leistung hat eine Ziffer, die EBM-Nummer und eine Punktzahl. Zum Teil sind die EBM-Nummern mit Richtzeiten versehen. Das ärztliche Honorar ergibt sich aus der Punktzahl, multipliziert mit dem Punktwert, der variabel ist. Dem seit 1.4.2005 gültigen EBM liegt ein kalkulatorischer Punktwert von 5,11 Cent zugrunde. Wie viel ein Punkt wert ist, ergibt sich jeweils aus der ausgehandelten Geldmenge aller gesetzlichen Krankenkassen einer Region.

Die EBM ist im Gegensatz zur GOÄ kein Preisverzeichnis, sondern sie regelt die Verteilung des vorher festgelegten Gesamthonorarvolumens auf die verschiedenen Kassenärzte. 4-mal jährlich teilt die regionale KV das gesamte Geldvolumen den Ärzten zu, nachdem alle in dieser Zeit erfolgten ärztlichen KV-Leistungen gemeldet wurden. Vor den jeweiligen Zuteilungen sind von der KV »spezielle Fachgruppentöpfe« festgelegt worden.

Die KV ist neben der Zuteilung für die Honorare der Kassenärzte auch dafür verantwortlich, dass Krankenhausärzte nur dann eine Zulassung bzw. Ermächtigung erhalten, »wenn im Angebot der niedergelassenen Vertragsärzte eine Versorgungslücke besteht«. Die Feststellung einer Versorgungslücke erfolgt nur von der KV und den niedergelassenen Ärzten, nicht von den Patienten selbst oder ihren Vertretern bei Selbsthilfegruppen. Dadurch spielen nicht Qualitätskriterien, sondern Konkurrenzängste die Hauptrolle bei der KV-Zulassung von CÄ.

- **Zukunftsperspektiven**

Seit Jahren wird eine neue GOÄ zwischen Vertretern der Krankenkassen, der Ärztekammer und Gesundheitspolitikern diskutiert. Die BÄK fordert ein aktualisiertes GOÄ-Leistungsverzeichnis mit 4.065 Gebührenpositionen und eine Anpassung der Gebührensätze an die allgemeine Kosten- und Einkommensentwicklung. Das berücksichtigt nicht den Wunsch der PKV für Öffnungsklauseln, um so von der Gebührenordnung abweichende Verträge mit den Ärzten direkt abschließen zu können.

Der PKV-Verband und die Beihilfeträger wollen Qualität, Mengen und Preise ärztlicher Leistungen in Zukunft selbst bestimmen. Die Einführung freier Preisvereinbarungen für die ärztlichen Leistungen soll mit der Einführung von Öffnungsklauseln ermöglicht werden, damit

Ärzte und Versicherer Selektivverträge abschließen können. Als Vorbild werden die Rabattverträge der GKV bei Arzneimitteln angeführt. Die Angst der ÄK, durch solche Öffnungsklauseln könne eine »Discountmedizin« entstehen, ist abwegig, da gerade die Privatversicherungen ihr Image behalten wollen, eine »bessere« medizinische Versorgung zu bieten. Mit solchen Klauseln wäre aber zu erwarten, dass es zu Kostensenkungen für die PKV und die Beihilfeträger kommt. Selektivverträge sind auch ein geeignetes Instrument, um Patienten in Kliniken mit guter Qualität zu lenken.

Der PKV-Verband fordert auch eine Absenkung des Gebührenrahmens, die Vertreter der Beihilfe zusätzlich eine Absenkung des Regelhöchstsatzes von 2,3 auf den 1,7-fachen Steigerungsfaktor.

Im PKV-Konzept werden Gespräche und einfache Untersuchungsleistungen über eine zeitorientierte Vergütung in 5-Minuten-Blöcken bezahlt. Der Arzt stellt in diesem Entwurf weniger die einzelne Verrichtung – wie z. B. das Untersuchen der Reflexe –, sondern mehr den dafür benötigten Zeitaufwand in Rechnung. Das PKV-Konzept räumt dem Patienten ein Wahlrecht für den Arzt seines Vertrauens ein und ersetzt die einfachen Untersuchungen durch den benötigten Zeitaufwand.

Eine Abschaffung des Liquidationsrechts und die Einrichtung eines einheitlichen Vergütungssystems lassen sich leicht in ein System mit mehreren Krankenkassen einbauen. Bedingung ist, dass alle Kassen ihren Mitgliedern unterschiedliche Angebote für die Kann-Medizin sowie den Service und identische Angebote für die Basisversorgung machen. Alle Bürger benötigen gleiche Zugangsrechte zu allen Krankenkassen. Die Gesundheit muss für den Anteil der Basisversorgung ein übergeordnetes Gut werden, ähnlich wie es unser Bildungswesen und Rechtssystem sind. Eine einheitliche Gebührenordnung darf weder zur Abschaffung des freien Wettbewerbs unter den Krankenkassen führen noch die Wahlfreiheit des Patienten behindern.

Literatur

Drees A (1988) Die Ärzte auf dem Weg zu Prestige und Wohlstand. Sozialgeschichte der württembergischen Ärzte im 19. Jahrhundert. In: Teuteberg HJ, Borscheid P (Hrsg) Studien zur Geschichte des Alltags, Bd 9. Coppenrath, Münster

Droste A (2009) 75 Jahre PVS Rhein-Ruhr – 1927 bis 2002. Broschüre des Privatverlages der PVS Mülheim an der Ruhr

Lauterbach K (2008) Der Zweiklassenstaat. Wie die Privilegierten Deutschland ruinieren. Rowohlt: Reinbek bei Hamburg

Lauterbach K (2012) zit. aus »Zukunft der Krankenversicherungen«. Dtsch. Ärztebl. 109 (22–23): C 956

Montgomery FU (2013) Interview. Dtsch. Ärztebl. 110 (21): C 883–5

Pöppel E, Wagner B (2013) Dummheit, 3. Aufl. Riemann, München

Spitzer M (2011) Das Schlechte am Guten. Nervenheilkunde 30: 437–442

Kosten- und Qualitätsbewusstsein

Johannes Jörg

J. Jörg, *Berufsethos kontra Ökonomie*,
DOI 10.1007/978-3-662-47066-4_9, © Springer-Verlag Berlin Heidelberg 2015

In einem ethisch begründeten Gesundheitssystem sind dem Patientenwohl alle übrigen Ziele unterzuordnen; dazu zählen Mitarbeiterwohl, ökonomische und Fortbildungsaspekte ebenso wie die Transparenz von Behandlungsergebnissen (Williamson 2010). Der Chef des Pharmagroßhändlers Celesio und der DocMorris Apotheken sieht ein Grundproblem des deutschen Gesundheitssystems in der Vielzahl an Fehlanreizen (Österle 2011): so werde niemand dafür bezahlt, dass Patienten besonders rasch gesund oder gar nicht erst krank werden; gleichzeitig trage das System die Kosten aller Probleme, auch die der selbst verursachten, wie die Folgen des Rauchens oder des ernährungsbedingten Übergewichts. Österle fordert den mündigen Gesundheitsbürger: die gesundheitlichen Folgen individueller Entscheidungen sollten nicht sozialisiert werden; statt der Solidargemeinschaft sollte auch mal der Einzelne bezahlen.

Ein Kosten- und Qualitätsbewusstsein wird bei Patienten und Ärzten erst entstehen, wenn die persönliche Bezahlung für medizinische Leistungen selbstverständlich wird. In Frankreich bezahlen Patienten persönlich die beanspruchte ärztliche Leistung; dadurch entwickeln Patienten ein besseres Bewusstsein für die Ware »Arzt, Krankenhaus oder Medikamente.« Die Eigenverantwortung wird gefördert, wenn man Kosten und Qualität der Gesundheitsprodukte kennt. Die in Frankreich etablierte Bürgerversicherung erlaubt kein Ausscheren aus der Solidarität aller Patienten; auch empfinden die Ärzte die Kostenfrage nicht so als Damoklesschwert wie bei uns (Pommer 2013).

9.1   Organisationsmodelle ambulant und stationär

9.1.1   Hausarztmodell

Der Hausarzt kennt seine Patienten am besten und ist prädestiniert, ihn wie ein Lotse durch unser Gesundheitssystem zu schleusen. Als »Qualitätsbeauftragter« seiner Patienten kann er am besten entscheiden, wann ein Besuch beim Facharzt oder im Krankenhaus Sinn macht. Er muss als Hausarzt zu einer qualitativ hochstehenden und ökonomisch vertretbaren Medizin verpflichtet sein und den Kampf gegen unsinnige Doppeluntersuchungen führen. In seiner eigenen Praxis sollten ihm kostspielige und apparativ aufwendige Untersuchungen nicht zur Verfügung stehen, so dass er relativ neutral darauf achten kann, dass keine Überdiagnostik erfolgt.

Bei der hausarztzentrierten Versorgung (HzV) muss die Honorierung ausreichend hoch sein, damit der Arzt nicht durch übermäßigen diagnostischen Aufwand Krankheiten »finden« muss. Auch bei der Beratung eines gesunden Praxisbesuchers gebührt ihm mindestens die gleiche Anerkennung. Ein enger Hausarztkontakt schützt den Versicherten vor unnötigen Einweisungen ins Krankenhaus. Alle Hausarztleistungen auf evidenzbasierter Grundlage sollten zur medizinischen Basisversorgung gehören und sind von allen Krankenkassen gleich hoch zu honorieren. Dazu benötigen die Hausärzte eine eigene Vertrags- und Tarifhoheit.

Die Krankenkassen sind gemäß § 73 b SGB V verpflichtet, Verträge zur hausarztzentrierten Versorgung abzuschließen (Korzilius 2010). Solche Selektivverträge zur HzV sind schon 2008 in Bayern und Baden-Württemberg abgeschlossen worden. 2013 wurden in Baden-Württemberg bereits 30 % der über 65-Jährigen im Rahmen der HzV behandelt. Die Barmer-GEK gewährt ihren Mitgliedern niedrigere Monatsbeiträge, wenn der Patient immer zuerst seinen selbst ausgewählten Hausarzt aufsucht. Im Großraum Aachen ist ein Projekt der Integrierten Versorgung depressiver Patienten erfolgreich umgesetzt worden (Vogel 2013).

Bei einer Kosten-Nutzen-Analyse zeigt sich, dass das Hausarztmodell sowohl den Patienten als auch der Krankenkasse nützt. Im Koalitionsvertrag ist das Recht auf Hausarztverträge erwähnt, es wird allerdings von der Kassenärztlichen Bundesvereinigung (KBV) wegen des Eingriffs in ihre Monopolstellung strikt abgelehnt.

9.1.2 Medizinische Versorgungszentren (MVZ)

Wegen ihrer Interdisziplinarität unter einer Trägerschaft sind sie für Patienten von Vorteil. Zu achten ist aber auf ihre Unabhängigkeit untereinander zu Ärztehäusern und zu benachbarten Kliniken. Es darf nicht sein, dass Zuweisungen zu Fachärzten oder Fachkliniken nicht aus Sachgründen (Nähe zum Wohnort, Fachkompetenz), sondern aus dem Grund der gleichen Trägerschaft erfolgen. Um diese Interessenkonflikte zu verhindern, ist eine Transparenz für alle Zuweisungen nötig. Häufen sich bestimmte Überweisungen zu bestimmten Personen, muss eine verdeckte Kontrolle durch die Kassen erfolgen, um nicht Fehlanreize wie eine verbotene »Zuweiserhonorierung« zu übersehen.

9.1.3 Arztpersönlichkeit und Klinikträgerschaften

Selbstkritik ist bei Ärzten oft unterentwickelt, da unzufriedene Patienten eher den Arzt wechseln als dem Arzt ihre Beschwerde mitzuteilen. Wenn Ärzte über Jahre aber nur Fehler der Kollegen und nicht bei sich selbst wahrnehmen, nimmt das Selbstwertgefühl zu (»Götter in Weiß«) und die Selbstkritik ab. Der Internist Mark Graber vermutet, dass sich die meisten Ärzte gar nicht mehr vorstellen können, selbst zu irren (Blech 2011b). Das heutige Spezialistentum fördert dieses begrenzte Gesichtsfeld.

Der Schweizer Neurologe Marco Mumenthaler zitiert bei Vorträgen Daniel J. Boorstin: »The greatest obstacle to discovery is not ignorance – it is the illusion of knowledge«.

Vor dieser Art Entwicklung von Arztpersönlichkeiten können sich auch mündige Patienten schützen, wenn sie ihrem Arzt ehrliche Rückmeldung geben. Ebenso nützt die Teilnahme der Ärzte an Selbsterfahrungsgruppen und an Managementkursen für Fehler und Beinahefehler.

Medizinische Qualität hängt von der Arztpersönlichkeit und vom Klinikträger ab. So gilt bei dem privaten Klinikträger Helios als primäre Zielmatrix: »Höchster Patientennutzen«, neben Wachstum, Wissen und Wirtschaftlichkeit. Zur Qualitätsverbesserung dienen Peer Review, Transparenz aller Routinedaten, Mitarbeiterausbildung, Fachgruppengespräche, Fortbildung, Tumorkonferenzen, Mortalitäts- und Morbiditätskonferenzen und ein Fehlermeldesystem. Höchste Qualität nutzt zweifellos dem Patienten, letztendlich aber auch der Rendite. Hat man beispielsweise bei der Versorgung von 1.000 Schlaganfallpatienten bei gleicher Bezahlung pro Fall weniger Komplikationen, ist ein höherer Gewinn die Folge. Die Rendite wird in naher Zukunft noch zunehmen, wenn die politisch geplante Honorarhöhe auch vom Ergebnis der Therapie und nicht nur von der Art des Eingriffs abhängt.

Im Gegensatz zu öffentlichen oder privaten Trägern spielen religiöse Vorstellungen bei christlichen Trägern eine wichtige Rolle. Medizinische Qualität entsteht nicht nur auf dem Boden medizinischer Ethik, sondern auch durch die Arbeit von Menschen, bei denen Helfen einen Selbstzweck darstellt. Helfen als Selbstzweck ist ein christlicher Gedanke, der die Würde jedes Patienten gleichermaßen anerkennt.

Freie Wohlfahrtsverbände sowie kirchliche Träger unterscheiden sich von profitorientierten und gemeinnützigen öffentlichen Trägern besonders durch den Verzicht auf Privatisierung
von Gewinnen und durch ihre weltanschaulich geprägte Wertegebundenheit. Wenn letztere
mit Toleranz gepaart ist, kann christliche Trägerschaft ein Vorteil sein, da Menschlichkeit als
medizinethischer Grundwert in der Klinik im Zweifel *vor* Wirtschaftlichkeit und Ökonomie
rangiert.

Die Zukunft von Kliniken mit öffentlicher Trägerschaft ist wegen der politisch meist inkompetenten Einflüsse eher ungünstig. Dies zeigen die zunehmenden Insolvenzen kommunaler oder öffentlicher Träger. Das Ziel des Gemeinwohls ohne Gewinnstreben ist, ähnlich
wie beim Bildungs- und beim Gerichtswesen, zwar ein wertvolles Gut, die Art der apparativen
sowie personellen Ausstattung geht aber oft zu Lasten von höchster medizinischer Qualität.
Hauptursache für diesen Niedergang ist die Übertragung der Verantwortung auf politische
Institutionen, die fachlich inkompetent sind. Solche Träger belastet aber auch die Tatsache,
dass eine Reihe Bundesländer ihre Zusage zu Investitionsmitteln gemäß dem Krankenhausfi-
nanzierungsgesetz von 1972 nicht einhalten.

9.2   Großgeräteverordnung, Gemeinsamer Bundesausschuss

Bis Anfang der 90-er Jahre lag die Zahl zugelassener Großgeräte pro 1 Mio. Einwohner fest,
die Überwachung und Zuteilung erfolgte durch das Gesundheitsministerium jedes Bundeslan-
des. Diese Begrenzung war aus Kostensicht sinnvoll, entsprach aber nicht marktwirtschaftlichen Vorstellungen. Mit der Aufhebung der Großgeräteverordnung ist es mittlerweile zu einer
Überversorgung mit CT-, MRT- und PET-Geräten gekommen. Die Folge davon ist auch eine
Überdiagnostik: die Amortisierung teurer Medizingeräte gelingt nur mit einer bestimmten
Zahl an Untersuchungen pro Gerät. Daher wird die Indikation zu ihrem Einsatz leider nicht
nur medizinisch, sondern auch betriebswirtschaftlich gestellt.

Die apparative Überdiagnostik ist von den Kostenträgern erkannt worden. Der seit 1.1.2004
aktive Gemeinsame Bundesausschuss (G-BA) fordert als Genehmigungsbehörde beispielsweise vor der Erlaubnis zur Anschaffung weiterer Großgerätetypen vom Typ PET Vergleichsstudien. Solange diese nicht vorliegen, genehmigt die G-BA nur eine eingeschränkte Anwendung, beispielsweise in onkologischen Indikationen (u. a. kleinzelliges Bronchialkarzinom).
Unter Radiologen mit PET-Erfahrung wird diese bisherige Entwicklung sehr konträr diskutiert
(Glanzmann 2011).

Es ist nicht Aufgabe des G-BA, prinzipiell apparativ teure Leistungen aus dem Gesundheitssystem zu nehmen, wie dies in England mit Obergrenzen bei der Finanzierung von Gesundheitsleistungen geschieht. Nach den Erfahrungen des früheren G-BA-Vorsitzenden Rai-
ner Hess (2012) steht aber in Deutschland ein erheblicher Abbau von Überkapazitäten an;
hier kann eingespart werden, weil erkennbar zu viel gemacht wird. Hess sagt: »Arthroskopien,
Endoskopien, Angiographien – da sind wir Weltmeister«.

9.3   Bonusvereinbarungen

Mit jedem Bonus für das Erreichen vertraglich vereinbarter Ziele kann eine Gefährdung der
ärztlichen Unabhängigkeit verbunden sein. So regelt § 23 Absatz 2 MBO-Ä, dass ein Arzt
keine Vergütung für seine ärztliche Tätigkeit vereinbaren darf, die ihn in der Unabhängigkeit

der medizinischen Entscheidung beeinträchtigt. Zielvorgaben dürfen weder zur direkten noch indirekten Sanktionierung führen, damit die Freiheit der abweichenden medizinischen Entscheidung uneingeschränkt erhalten bleibt. Dies bedeutet beispielsweise, dass eine Zielvereinbarung zur Absenkung von Komplikationen unethisch ist, wenn sie dazu führt, dass durch eine Art von Patientenauswahl nur noch »leichte Fälle« zur Behandlung aufgenommen werden.

Bonusregelungen für Ärzte sind nach Meinung der DKG und BÄK prinzipiell legitim, finanzielle Anreize für einzelne Eingriffe oder Leistungen aber nicht. Erfolgsabhängige Bonusvereinbarungen in CA-Verträgen sind daher wegen der ökonomischen Fehlanreize und Gefährdung der ärztlichen Unabhängigkeit grundsätzlich bedenklich. Trotzdem finden sie sich quasi als Belohnung für den Verzicht auf das Liquidationsrecht in vielen heutigen CA-Verträgen. Meist wird vereinbart, dass der Chefarzt einen Festgehaltsanteil von 55–90 % erhält, was etwa 120–180.000 € entspricht. 10–45 % werden als variable Boni gewährt, die abhängig sein können von der Zahl der stationären Patienten, von Verweildauern, der Zahl der Operationen oder der Qualität der Fortbildung. Folge davon ist, dass es zu ökonomischen statt medizinischen Anreizen kommen kann. Wenn die Operationszahlen laut Versichertendaten der KKH Allianz (seit 2013: KKH) zwischen 2006 und 2010 um 15 % auf 166.000 pro Jahr zugenommen haben – Operationen an der Wirbelsäule sogar um 53 % –, dürften auch Fehlanreize in CA-Verträgen ein Grund sein.

Beispiele von Folgen ökonomischer Fehlanreize sind die deutlich höheren Frühgeborenenzahlen direkt unterhalb des Grenzgewichts von 750 g seit Einführung einer differenten Honorierung, die wachsende Zahl von Kaiserschnittoperationen ohne zwingende medizinische Indikation und die Laborwertverfälschungen an mehreren Kliniken für Organtransplantationen (u. a. Uni Göttingen, Herzzentrum Berlin). Schlaganfälle sind fachlich in den ersten 72 Stunden auf einer Stroke Unit zu versorgen; die Einhaltung dieser Zeit wird in manchen OA- und CA-Verträgen gesondert honoriert, was dazu führt, dass auch Patienten ohne zwingende Indikation eine 3-tägige Versorgung erhalten.

Zur Verhinderung von Fehlentwicklungen zu Lasten des Patientenwohls sind 3 Forderungen zu erfüllen:

1. Alle Bonusvereinbarungen sind zu veröffentlichen, soweit sie direkt oder indirekt das Patientenwohl betreffen. Diese Forderung nach Transparenz gilt auch für Bonusverträge von Geschäftsführern.
2. Der Bonusanteil darf 30 % des Gesamtgehaltes nicht überschreiten, so dass problemlos auch darauf verzichtet werden kann.
3. Boni werden gegeben bei Einhalten von Qualitätskennzahlen, Mitarbeiterzufriedenheit, wissenschaftlicher Expertise, Wirtschaftlichkeitszielen oder Fortbildungen.

Zur Erhaltung der ärztlichen Unabhängigkeit bei medizinischen Entscheidungen ist es wichtig, dass sich erfolgsabhängige Bonuszahlungen an medizinisch-qualitativen Kriterien orientieren wie Qualitätskennzahlen, Mortalitätsergebnissen, Peer-Review-Daten (s.u.), Verbesserung der Prozessabläufe sowie der Fehlerkultur, Einsatz in der Weiterbildung, wissenschaftliche Aktivitäten sowie Patienten- und Mitarbeiterzufriedenheit. In Arbeitsverträge allein das Erreichen bestimmter Fallzahlen oder ökonomischer Ziele ohne weitere Qualitätskriterien hineinzuschreiben, ist ethisch nicht vertretbar und führt zu erheblichen Interessenkonflikten. Jedem Vertragspartner muss klar sein, dass jede Art leistungsbezogener Bezahlung zum Streben nach Mehreinnahmen führt. Für Unternehmen zahlt es sich daher mehr aus, wenn man die höhere Bezahlung vom Umfang der persönlichen Verantwortung abhängig macht.

In der Helios-Konzernregelung gelten seit 2012 als verbotene Ziel-Bemessungsgrundlagen alle Arten von Leistungszahlen wie Fallzahlen, Anzahl an Operationen oder Chefarzterlösen. In Bonusvereinbarungen sollen die 3 Komponenten Qualität, Wirtschaftlichkeit und Wissen gleichermaßen berücksichtigt werden. Damit soll der Anreiz für mögliches Fehlverhalten möglichst minimiert werden. Ob diese Forderungen eingehalten werden, bleibt wegen der fehlenden Transparenz der Bonusvereinbarungen fraglich.

Seitdem fragwürdige Bonusvereinbarungen öffentlich bekannt geworden sind, werden seit 2013 meist allgemeine Zielvereinbarungen angeraten, die auf die budgetäre Gesamtverantwortung des Chefarztes abzielen. Dabei wird als Kriterium der Zielvereinbarung auf den Wortlaut und die Intention des § 136a SGB V verwiesen, der auf finanzielle Anreize bei einzelnen Leistungen abstellt: im einzelnen erfolgen Bewertungen zu Zielvereinbarungen für Sachkosten, Personalkosten, Fallzahlen, Erreichung der Case-Mix-Punkte, Bruttoliquidationseinnahmen, Prämien für vermittelte und vorgenommene operative Eingriffe, Prämie für Erreichung qualitativer Ziele oder Erreichung des Konzernzieles, Mindesterreichung der Zahl implantierter Endoprothesen etc. (Einzelheiten zu 10 Zielvereinbarungen s. Dtsch. Ärztebl. 110 (45): 1821–2).

Als Faustregel gilt, dass betriebswirtschaftliches Denken geboten ist, wenn es dazu dient, eine indizierte medizinische Maßnahme möglichst wirtschaftlich und effektiv umzusetzen. Die Grenze ist aber überschritten, wenn ökonomisches Denken mit dem Ziel der Erlössteigerung die medizinische Indikationsstellung und das damit verbundene ärztliche Handeln beeinflusst. Für den einzelnen Chefarzt gilt, dass Bonusvereinbarungen Kann-Vereinbarungen sind; sie dienen der Motivation, man kann bei Nichteinhaltung aber immer noch gut leben. In keinem Falle dürfen Boni zu einem Außerkraftsetzen ethischer Ziele führen.

Boni für niedergelassene Ärzte bei Zuweisung zu einem anderen Facharzt oder bei Einweisung in Fachkliniken sind grundsätzlich verboten. In der Presse sind solche »Fangprämien« immer wieder bekannt geworden. Statt medizinischer Argumente entscheiden dann Prämiengelder oder Sachleistungen, zu welchem Arzt, welchem Labor, welcher Physiotherapiepraxis, zu welcher Klinik oder welchem Hilfsmittellieferanten Patienten »gelenkt« werden. Der Tatbestand der Korruption muss in der Rechtsprechung nicht nur für angestellte Klinikärzte, sondern endlich auch für niedergelassene Ärzte und alle anderen medizinischen Berufsgruppen (Laborärzte, Physiotherapeuten, Logopäden, Ergotherapeuten, Heilpädagogen) gelten.

9.4   Qualitätsmanagement

Zum internen und externen Qualitätsmanagement zählen Patienten- und Mitarbeiterbefragungen, Benchmarking, Peer Review mit Klinikvisitationen, Mortalitätszahlen, Risiko- und Fehlermanagement, Fehlermeldesystem, Sicherheits- und Qualitätskultur, Zertifikate und Qualitätszirkel.

9.4.1   Fehlerkultur

Der Aufbau einer Fehlerkultur mit Erfassung der Daten zur Patientensicherheit, Erfassung aller unerwünschten Ereignisse und Beinahefehler ist erst in den letzten Jahren eingerichtet worden (Hoffmann u. Rohe 2011; Köbberling 2013). So hat der G-BA am 23.1.2014 beschlossen, dass an Kliniken ein Risikomanagement- und Fehlermeldesystem als Folge des Patientenrechtegesetzes Pflicht ist. Kliniken müssen einen Beauftragten für das Risikomanagement benennen; Mitarbeiter müssen an ihn anonym und sanktionsfrei melden können.

Ein Risikomanagement besteht aus 3 Teilbereichen:

1. Befassung mit den eingetretenen Schäden: Gespräche, Beratung und Regulierung von Schäden.
2. Erkennung risikobehafteter Strukturen: Qualität der Dokumentation und von Arbeitsanweisungen, Maßnahmen gegen Proben- oder Extremitäten-Verwechslungen im Einleitungsraum und Operationssaal.
3. Critical Incident Reporting System (CIRS): hier geht es um das Erkennen und Lernen aus Beinahefehlern.

Die häufigsten Fehlermeldungen sind Verwechslungen oder fehlerhafte Dosierung von Medikamenten. Die Folge von Fehlermeldungen darf nicht – grobe Fahrlässigkeit ausgeschlossen – eine Sanktion oder Suche nach Schuldigen sein. Ein Nullfehleranspruch ist falsch, da dies zu Vertuschung und Schuldgefühlen führt und bis zu 80 % der Fehler unbemerkt bleiben. Fehler sind menschlich, sie passieren, aber sie sollten nicht ein 2. Mal gemacht werden. Durch die Analyse von Beinahefehlern kann ein Hebel zur Erhöhung der Versorgungssicherheit entwickelt werden,

Eine offene Kommunikations- und Fehlerkultur ermöglicht es, über Fehler zu sprechen und konstruktiv aus ihnen zu lernen. Wer Fehler vermeiden will, muss Fehler offenlegen. Fehler sind wertfrei zu formulieren, denn zunächst stellen sie per definitionem ja nur eine zu vermeidende Abweichung von einer Zielgröße dar. Ein unerwünschtes Ereignis ist aber nicht automatisch ein Behandlungsfehler. Auch führt nicht jeder Fehler zu einem Schaden.

Seit 1.1.2014 erhält man in den Landesärztekammern ein einfach zu bedienendes Berichtsverfahren (▶ http://www.cirs-nrw.de, zugegriffen: 9. Mai 2015).

Die bisherige Analyse der Fehler und Beinahefehler an Kliniken zeigt, dass nur in der Minderzahl Einzelpersonen verantwortlich sind; nach Köbberling (2013) handelt es sich fast immer um Probleme an den Schnittstellen, also um Organisations- oder Strukturfehler.

Bei Helios werden seit 2007 konzernweit alle Haftpflichtfälle analysiert. Die Auswertung umfasst in der großen Mehrzahl Stürze, postoperative Infektionen in Verbindung mit der Händehygiene, Seitenverwechslungen, beispielsweise von Extremitäten-Schmerzkathetern, und verbleibende Fremdkörper im Operationsgebiet. Diese Fälle weisen auf die nötige Arbeit an der eigenen Professionalität hin. Dabei spielt der Aufbau von Sicherheitsstandards – etwa vor Einleitung der Narkose die Abarbeitung der Checkliste PERI (Sign-In) von beiden (!) Teams – und die Patienteninformation über den geplanten Ablauf eine besondere Rolle.

9.4.2 Qualitätsstandards

Der Aufbau von Qualitätsstandards mit evidenzbasierten Leitlinien, Mortalitätskonferenzen, Handlungsanweisungen und Behandlungspfaden hat sich in den letzten Jahren nach Einführung des neuen Fallpauschalensystems durchgesetzt.

- **DRG-System**

Mit Einführung des DRG-(Diagnosis Related Groups)-Systems 2004 erfolgt die Vergütung nach der erbrachten Leistung und nicht mehr nach der Zahl der Krankenhaustage. Die Höhe der Vergütung ist aber noch unabhängig von der Qualität der Leistung.

Das DRG-System ist die Basis für einen wirtschaftlichen Wettbewerb zwischen den 2.084 Krankenhäusern mit jährlich über 18 Mio. stationären Patienten. Für jeden Patienten wird aus der Hauptdiagnose, den behandelten Komorbiditäten (Nebendiagnosen) und den Behandlungsprozeduren eine Fallpauschale errechnet. Die Bezahlung orientiert sich am Schweregrad der Haupterkrankung und dem Operationen- und Prozedurenschlüssel (OPS). Dabei dürfen Hauptdiagnosen nicht zugunsten lukrativerer Nebendiagnosen, Prozeduren oder Komplikationen verschwinden.

Unterschreitung oder Überschreitung der je nach DRG unterschiedlichen Grenzverweildauern führen zu Kürzungen der Fallpauschale. So waren 2010 nicht gerechtfertigte Überschreitungen der unteren Grenzverweildauer mit 29,4 % der häufigste Grund für eine Einzelfallrechnungsprüfung durch den MDK; in 16,8 % wurden unbegründete Überschreitungen vermutet; der Vorwurf einer nicht korrekten Hauptdiagnose löste in 16,6 % die MDK-Prüfung aus.

Jeder Krankenhausökonom weiß, dass Behandlungsprozeduren teilweise einen erheblich erlössteigernden Einfluss auf die sich ergebende DRG haben und damit der Arzt durch seine Indikationsstellung maßgeblich den Erlös seiner Klinik beeinflussen kann. Es ist daher wichtig, dass in Zukunft nicht nur die Qualität eines Behandlungsergebnisses, also z. B. einer Knie-Endoprothesen-Implantation, sondern auch die Qualität der Indikationsstellung hinterfragt wird. Eine zu großzügige Indikationsstellung kann für einen wirtschaftlichen Erfolg sorgen, dem Patienten – wie ▶ Kasuistik 5 zeigt – aber schaden. Erfolgt z. B. eine elektive Gallenoperation in offener statt laparoskopischer Technik, ist die Indikation zu überprüfen. Die elektive laparoskopische Technik ist für den Patienten günstiger, und die Liegezeit ist kürzer, die Honorierung durch die Kassen aber deutlich schlechter als bei der offenen Operationstechnik.

Auch ist es unethisch, multimorbide, pflegeintensive Patienten oder aufwendig zu behandelnde Komplikationen aus durchsichtigen Gründen weiterzuverlegen (Carl 2011). Ebenso darf es zu keiner durch das DRG-System bedingten Übertragung von Leistungen aus der akutstationären Versorgung in den Bereich der Rehabilitation kommen.

Eine Schwachstelle kann die Diagnosestellung im DRG-System werden, wenn die ärztliche Überprüfung nicht in der jeweiligen Fach-klinik erfolgt, sondern Controller ohne medizinisches Fachwissen nach Schemata vorgehen und mit dem alleinigen Ziel der Erlösmaximierung kodieren. Die Krankenkassen sind beauftragt, die Richtigkeit der Kodierung und Abrechnung zu überprüfen und sie übergeben fast 10 % dem MDK zur Begutachtung. Finden sich entgeltrelevante Kodierfehler, gehen diese überwiegend zu Lasten der Kostenträger (Kölbel 2011).

Im Gutachtenswege sind zuletzt etwa 3–5 % aller Abrechnungen im Krankenhaus als Falschabrechnung reklamiert worden. Liegen keine versehentlichen Abrechnungsmängel oder ein Ausreizen der Erlösoptimierung, sondern eine bewusst irregulär gestaltete Abrechnung vor, ist eine Abrechnungsmanipulation anzunehmen und strafrechtlich zu verfolgen.

Beispiele sind die Verteilung der Beatmungsstunden um den erlösrelevanten Schwellenwert oder die Verteilung des Neugeborenen-Aufnahmegewichts um den erlösrelevanten Schwellenwert von 2.000 g und 1.500 g (Kölbel 2011).

Der MDK kann von allen Beteiligten im System angefordert werden, da er nach Meinung von U. Hambüchen, Vorsitzender Richter am BSG in Kassel, »als Körperschaft des öffentlichen Rechtes mit eigenem Pflichtenkreis weder Organ noch Vertreter oder Erfüllungsgehilfe der Krankenkassen ist« (zit. aus Ärztezeitung 20.9.10,12: 23).

- **Mortalitätszahlen**

Mortalitätszahlen verschickte das Herzzentrum Lahr in Baden bereits 1995 (Ennker 2011). Helios-Kliniken werten seit 2000 Mortalitätszahlen aus und publizieren sie seit 2007. Mortalitätszahlen können für die Hauptdiagnosen bei Überschreitung anerkannter Grenzwerte entscheidende Hinweise auf bestehende Defizite liefern; sie sind daher Anlass, Behandlungsabläufe in Peer Review-Verfahren zu prüfen und Prozesse im Krankenhaus zu verbessern (Mansky 2011). Trotzdem halten manche Kliniker noch immer ein Qualitätsmanagement mit Routinedaten für ungeeignet (Schroeter et al. 2015).

Eine wichtige Voraussetzung bei der Erfassung der Mortalitätszahlen der Hauptkrankheitsgruppen ist die Überprüfung jedes Einzelfalles bei Überschreitung der Sollwerte. Im Rahmen einer Vor-Ort-Überprüfung kann es dann durchaus sein, dass der Fehler schon in der Diagnosestellung oder bei der Verschlüsselung liegt.

■ **Peer-Review-Kasuistik**

Wir führten 2005 zusammen mit einem CA der Inneren Medizin ein Peer Review in einer Klinik der Basisversorgung durch, Anlass waren zu hohe Mortalitätszahlen beim Schlaganfall. Die Einzelfallprüfung ergab, dass in einem Fall bei einem 75-jährigen Patienten mit früher stattgefundenem Schlaganfall ein erneuter Schlaganfall als Todesursache verschlüsselt wurde. Dabei war der Patient plötzlich, ohne Vorboten, tot im Bett aufgefunden worden. Eine Sektion war nicht erfolgt, so dass alle möglichen Todesursachen – von der Hirnmassenblutung, dem Herzinfarkt mit Kammerflimmern bis hin zur Thrombose der Arteria basilaris oder der abdominellen Aneurysma-Blutung – zu diskutieren waren. In jedem Fall war es falsch, als Todesursache einen Schlaganfall anzugeben.

In Zukunft sollte neben der Sterblichkeit und der Verweildauer auch die Qualität z. B. einer Herzklappenoperation oder die Lebensdauer eines künstlichen Hüftgelenkes erfasst werden. Bei unterschiedlicher Qualität wäre die logische Konsequenz auch eine unterschiedliche Vergütung. Die qualitätsorientierte Vergütung (»Pay für Performance«, kurz P4P) der Kliniken fordern die Krankenkassen, an der Spitze die AOK (Klauber et al. 2012) und der Bundesgesundheitsministers Hermann Gröhe. Nach Mansky (2014) aggregiert die Sterblichkeit auch die »Qualität aller vorgelagerten Prozessschritte« und ist daher für die qualitätsorientierte Vergütung am besten geeignet.

■ **Initiative Qualitätsmedizin (IQM)**

Die IQM wurde am 16.9.2008 unter Initiative der Helios-Kliniken in Potsdam gegründet. IQM umfasste initial 115 Kliniken in Deutschland mit mehr als 1,1 Mio. stationären Patienten jährlich (64 Helios-Kliniken, Uni Dresden, MHH, SRH-Kliniken, Johanniter- und Malteser-Kliniken). Mittlerweile haben sich 214 Kliniken (Stand 1/2015) zusammengeschlossen. Alle IQM-Mitglieder haben sich zur Einhaltung von 3 Grundsätzen verpflichtet (Scriba 2009; Martin et al. 2014):

1. Qualitätsmanagement auf Basis von Routinedaten,
2. Transparenz der Ergebnisse mit interner Veröffentlichung,
3. Aktives Qualitätsmanagement mit Peer Review Verfahren.

Das Konzept gründet sich auf das 2003 bei Helios entwickelte System der Transparenz, des Benchmarking und der gegenseitigen Qualitätskontrolle durch Peer Reviews. Im Vordergrund stehen die Mortalitätszahlen, die Verweildauer und Katastrophenindikatoren wie Beatmungsdauer > 24 h, Sepsis und sekundäre Pneumonien (Jörg 2008, 2009). Seit 2012 sind auch alle IQM-Kliniken freiwillig bereit, die AOK-Qualitätsberechnungen zu veröffentlichen.

Mittlerweile liegen bei den IQM-Kliniken für 25 Hauptkrankheiten die meisten Sterblichkeitsraten deutlich unter dem Bundesdurchschnitt (Kuhlen 2010). Auch in Bereichen mit sehr geringer Sterblichkeit wie der Herniotomie oder Hüftprothetik zeigt die Einführung der Checklisten zur Patientensicherheit erste Wirkung.

■ **Mindestmengen als Instrument der Qualitätssicherung**

Qualität vor Ort kann nicht ohne ausreichende Erfahrung des Ärzteteams entstehen. So werden zu Recht für Kliniken bestimmte Jahreszahlen an planbaren Eingriffen gefordert, um überhaupt die Voraussetzung zur Durchführung bestimmter Operationen oder anderer Therapiemaßnahmen zu haben. Mindestmengen als Instrument der Qualitätssicherung sind bei hoch komplexen medizinischen Leistungen wie Herzoperationen, Transplantationen oder Knie-Totalendoprothesen nötig, um die Risiken der Behandlung zu minimieren. So werden bei der Stammzelltransplantation 25 Eingriffe im Jahr als Minimum erwartet. Die Zahlen variieren je nach planbarer Eingriffsart (Peschke et al. 2014).

Bei Kniegelenk-Totalendoprothesen (Knie-TEP) hat der G-BA eine Mindestmenge von 50 pro Jahr angesetzt, da ein klarer Zusammenhang zwischen der Zahl der Infektionen und der Menge der Operationen besteht. Diese Zahl ist auch vom BSG in einem Urteil vom 14.10.2014 bestätigt worden.

Eine Gefäßklinik darf in der eigenen Statistik der Karotisoperationen – ein normales, nicht ausgewähltes (!) Krankengut vorausgesetzt – an Komplikationen maximal 1 % Todesfälle und 3 % Schlaganfälle aufweisen, um zur Gruppe der zertifizierten Kliniken zu gehören.

Qualitätskontrollen in der Rehabilitation erfolgen durch Befragung der Patienten, Begutachtung durch Fachkollegen (Peer Review), Leistungsdokumentation anhand von Routinedaten und Überprüfung der Versorgung nach »State of the Art« mit evidenzbasierten Therapiemodulen (ETM) (Details s. von Manteuffel 2010).

9.5   Evidenzbasierte Medizin (EbM) und Außenseitermethoden

Evidenzbasierte Medizin bedeutet die Integration individueller klinischer Expertise mit der besten externen Evidenz aus systematischer Forschung. Die individuelle klinische Expertise beinhaltet Erfahrung, Können und klinische Praxis sowie Empathie des Arztes. Unter Evidenz aus systematischer Forschung sind randomisierte, kontrollierte, verblindete klinische Studien (RCTs) gemeint. Beide Evidenzformen sollen sich in den Leitlinien der Fachgesellschaften als »State of the Art« einer medizinischen Behandlung niederschlagen (Karbach et al. 2011).

Fehlt der Wirksamkeitsnachweis in Doppelblindstudien ebenso wie der Beleg durch eine seriöse, klinische, individuelle Expertise, gelten Therapieverfahren als nicht evidenzbasiert und damit als Außenseitermethoden. Sie sollten im Rahmen der Basisversorgung keinen Anspruch auf Bezahlung durch die Krankenkassen haben. Alle Ärzte sind in ihrem Tun zu dieser Wissenschaftlichkeit verpflichtet.

Nicht nur Arzneimittel, auch Operationsmethoden oder diagnostische Verfahren sollten nur dann zur Basisleistung der Krankenkassen gehören, wenn der Patientennutzen belegt ist. Ausnahmen könnten Befindlichkeitsstörungen sein, wenn die Therapieform nicht durch Studien als wirksam belegt ist, kostenmäßig aber ein Vorteil gegenüber der Standardtherapie besteht. Eine Kann-Leistung sollte vorliegen, wenn der Effekt des eingesetzten Therapieverfahrens am ehesten auf Autosuggestiv-Verfahren oder einer verstärkten, suggestiven Zuwendung beruht, relevante Nebenwirkungen im Sinne eines Nocebo-Effektes nicht zu erwarten sind und anerkannte Alternativmaßnahmen wie insbesondere Psychotherapien nicht gewollt sind oder nicht infrage kommen.

■ **Arzneimittelmarktneuordnungsgesetz (AMNOG)**

Das AMNOG verlangt, dass ab dem 1.1.2011 Arzneimittel und Behandlungsmethoden auf ihren Zusatznutzen bewertet werden, bevor Zulassung und Preisfestlegung erfolgen. Jede Firma muss belegen, dass ihre Arznei einen Zusatznutzen im Vergleich zu einer »zweckmäßigen Vergleichstherapie« hat. Das Verfahren liegt in den Händen des Gemeinsamen Bundesausschusses (G-BA), die Arzneibewertung erfolgt durch das Institut für Qualität und Wirtschaftlichkeit im Gesundheitswesen (IQWiG). Im G-BA sind Krankenkassen, Patientenvertreter und Leistungserbringer (Ärzte, Kliniken) vertreten. Sie legen gemeinsam und unabhängig die Festbeträge von Arzneimitteln fest; das Bundesministerium für Gesundheit muss lediglich zustimmen und hat nur eine Rechts-, aber keine Fachaufsicht.

Erst wenn der G-BA einen Zusatznutzen festgestellt hat, darf der Hersteller mit dem GKV-Spitzenverband für das neue Arzneimittel einen Preis aushandeln. Bisher hat der G-BA (Stand Mai 2014) 70 frühe Nutzenbewertungen durchgeführt. 13 Arzneimitteln wurde ein beträchtlicher, 22 weiteren ein geringer Zusatznutzen zugesprochen. 26 Wirkstoffe hatten keinen Zusatznutzen.

Das IQWiG hat den Auftrag, »die Vor- und Nachteile medizinischer Leistungen für Patienten objektiv zu prüfen« (Sieber 2010). Dazu dient die Verfügbarkeit aller, auch unpublizierter Studien (McGauvan et al. 2015). Nur mit diesem hohen Anspruch ist zu erreichen, dass alle heutigen, eindeutig wirksamen Therapiemaßnahmen auch für alle in Zukunft bezahlbar bleiben können. Dieses Ziel ist aber, im Gegensatz zur diskutierten »Priorisierung nach Kosten-Nutzen-Bewertung«, nur realistisch, wenn die Überversorgung mit unnötigen Medikamenten, nicht belegten Therapieverfahren und medizinischen Großgeräten reduziert wird.

In einer der ersten Sitzungen hat das G-BA festgestellt, dass Memantine von den GKV bei Alzheimer-Demenz erstattungsfähig bleibt, L-Methionin aber keinen evidenzbasierten Nutzen bei neurogener Blasenstörung hat und daher nicht mehr von den GKV bezahlt wird.

Bei chronischen Rückenschmerzen sowie lumboradikulären Schmerzen werden seit mehr als 30 Jahren von Orthopäden und Schmerztherapeuten epidurale Steroid-Injektionen eingesetzt, obwohl der wissenschaftliche Beweis der Wirksamkeit fehlt. Erfahrungsgemäß bessern sich die Beschwerden auch spontan bei bis zu 50 % der Patienten, obwohl in zwei Drittel der Fälle lumbale Bandscheiben-Protrusionen vorliegen. In einer doppelblinden Studie bei 461 Patienten zeigte sich, dass die 40-mg-Triamcinolon-Injektionen epidural im Vergleich zu einer 30-ml-Injektion physiologischer Kochsalzlösung epidural oder einer 2-ml-Kochsalzlösung subkutane Schein-Injektion unwirksam sind (Iversen 2011). Die Studie könnte bei Anwendung durch die Kostenträger eine erhebliche Kosteneinsparung bewirken.

Der G-BA hat in Sachen Hörsturzbehandlung beschlossen, dass ab 1.4.2009 die bisherige medikamentöse Therapie des Hörsturzes – u. a. Infusionen mit verschiedenen Medikamenten – nicht mehr als Kassenleistung verordnungsfähig ist, da alle seriösen Studien ein negatives Ergebnis erbracht hatten. Trotz dieser fehlenden Wirksamkeitsbelege empfiehlt der HNO-CA Prof. Dr. med. Suckfüll, diese Leistung nun statt einer Kassenleistung als IGeL-Leistung abzurechnen. Damit propagiert Suckfüll konträr zum G-BA Therapien, die weder die Kriterien von Wirksamkeit noch Unbedenklichkeit erfüllen (Köbberling 2010).

Der G-BA und das IQWIG fordern zu Recht auch die Einführung von Nutzenbewertungen für Medizinprodukte (Devices) und operative Methoden, wie es mit dem AMNOG für Medikamente eingeführt ist. Die Nutzenbewertung wäre dann auch ein Instrument zur Regulierung des Vergütungsbeginns. Wegen der Häufung von Produktrückrufen oder qualitativen Problemen – z. B. Rupturen bei Brustimplantaten mit PIP-Silikon – sollte das bisherige Medizinprodukterecht überprüft werden. Das bisher genutzte CE-Zeichen der EU ist entgegen landläufiger

Meinung kein Qualitätssiegel. Das von der Großen Koalition geplante Implantateregister kann eine erste Hilfe sein.

Fachgesellschaften wie der BVDN fordern zu Recht, dass für Medizinprodukte wie z. B. neu entwickelte Gefäß-Stents, Gelenkprothesen oder Bandscheibenimplantate die gleiche Nutzenbewertung durch den G-BA erfolgt wie für Medikamente. Ein alleiniger Nachweis einer Unschädlichkeit ohne den Nachweis eines evidenzbasierten, also statistisch signifikanten Nutzens reicht nicht aus (Carl 2014).

Diener und Krämer fordern darüber hinaus bei Werbeverboten auch »Waffengleichheit« bei Devices versus Medikamenten; sie verweisen auf Herzschrittmacher-Indikationen, Verschluss des Vorhofes zur Schlaganfallvorbeugung oder die kritiklos eingesetzte, transkutane Vagusnervstimulation im Bereich der Epileptologie (Diener u. Krämer 2013).

▪ Außenseitermethoden

Krankenkassen bieten Außenseitermethoden in Abhängigkeit von ihrer eigenen Bewertung als Wahlleistung bei Befindlichkeitsstörungen an; dazu zählen die Homöopathie, die Globulimethode, Fußreflexzonentherapie, Akupunktur, kraniosakrale Therapie, Osteopathie, Heilkräuterkunde oder Anthroposophie. Gegen eine Kostenübernahme solcher »Methoden« ist im Einzelfall nichts einzuwenden, wenn sich die Erstattungshöhe nach der Höhe anderer Placebotherapien richtet und keine geprüfte, wirksame Therapie vorliegt, da Befindlichkeitsstörungen selbstlimitierend sind.

▪ Placeboeffekte

Unter Placeboeffekten versteht man positive psychologische und physiologische Veränderungen, die sich nach Einnahme von Medikamenten ohne spezifischen Wirkstoff, nach Außenseitermethoden oder nach Scheineingriffen einstellen (Jörg 2008; Bingel u. Schedlowski 2014). Die Anwendung von Placebos kann bei der Behandlung suggestibler Patienten effektiver, ehrlicher und nebenwirkungsärmer sein als der Forderung von Lauterbach und Spahn nachzukommen, welche ein Verbot von Homöopathie-Wahltarifen in der GKV vorsehen (vgl. Erdogan-Griese 2011, S. 13; Schweitzer 2010, S. 41). Die Krankenkassen gaben 2009 30,7 Mrd. Euro für alle Arzneimittel aus, davon waren nur 22 Mio. für Homöopathika (Schweitzer 2010). Trotz dieser kleinen Summe ist aber zu beachten, dass jede unspezifische Placebotherapie zu einer Fixierung psychogener Symptome beitragen kann. Auch dürfen nach § 12 SGB V nur medizinisch »notwendige« Leistungen erbracht werden. Nicht alles, was medizinisch sinnvoll ist, ist aber auch notwendig. Demzufolge darf ein Arzt mit »Kokolores« zaubern, die Krankenkasse muss aber nicht jeden »Zauber« bezahlen.

Der Placeboeffekt bedeutet nicht nur einen »eingebildeten« Nutzen, sondern gegebenenfalls auch eine Verstärkung erwünschter Arzneimittelwirkungen, Verringerung unerwünschter Medikamentenwirkungen und eine Kosteneinsparung im Gesundheitswesen. Der Einsatz von reinen Placebos (Zuckerpillen) ist von den Pseudoplacebos zu unterscheiden, die für die Krankheit ungeeignete Wirkstoffe wie z. B. Vitamine enthalten.

Von Fortbildungsbeauftragten der Ärztekammern sind sachgerechte Stellungnahmen zu Außenseitermethoden kaum zu erwarten, da sie von den gut besuchten Weiterbildungen in Homöopathie und Akupunktur erheblich profitieren (Vas et al. 2012).

Niedergelassene Ärzte setzen gerne nebenwirkungsarme Homöopathika ein; versprechen diese doch schnell gutes Geld, kaum Nachfragen beim Patienten und einen guten Effekt beim Einsatz spontan sich bessernder Beschwerden. Der Therapieerfolg setzt *trotz*, nicht *wegen* der Gabe eines Homöopathikums ein. So hatten 2002 von den berufstätigen Ärzten 4.517 die

Zusatzbezeichnung Homöopathie, 2009 waren es schon 5.834 (Schweitzer 2010). Dass der Effekt der Homöopathika bei den zahlreichen Befindlichkeitsstörungen auch in der Hand des Heilpraktikers so wirksam ist, liegt am Glauben des Therapeuten in seine Therapie und an der Erwartungshaltung (»Glaube«) des Patienten. Der Erfolg von Therapeutika ist nicht selten sowohl vom zeitlichen Einsatz als auch vom Preis abhängig. So wirken teure Medikamente stärker als kostengünstige, Spritzen stärker als Tabletten, was Kostenträger bei der Prüfung auf Kostenübernahme bedenken müssen. Bei einfach strukturierten Patienten kommt die Signaturenlehre zum Einsatz, bei der z. B. Pflanzen mit herzförmigen Blättern sich zur Behandlung von Herzkrankheiten eignen.

Zum Erfolg der Außenseitertherapie gehört auch ein magischer und spiritueller Touch. Für die Autorin Krista Federspiel von der Stiftung Warentest finden viele Menschen – besonders die mit größerer Distanz zur Religion – in der Homöopathie einen Glaubensersatz (zit. nach Schweitzer 2010, S. 40). Auch hängen viele dem Satz »Wer heilt, hat recht« an, obwohl »heilen« und »besser fühlen« üblicherweise verwechselt wird. Wenn man schon den Satz benutzt, sollte er ergänzt werden im Sinne: »Wer heilt, hat recht, aber er muss beweisen, dass er wirklich geheilt hat« (Meyer 2011). Tatsächlich ist die Datenlage nach 200 Jahren Homöopathie und über 200 klinischen Studien nach dem Alternativmedizinforscher Edzard Ernst eindeutig negativ.

Bei Krankheiten besteht meist auch eine »außer-naturwissenschaftliche Dimension«; die Medizin ist eine Erfahrungswissenschaft, und man darf vermuten, dass bei der Homöopathie und der Akupunktur die eigentlich vertrauensbildenden Maßnahmen die Anamnese und das längere Gespräch sind. Dies bedeutet aber nicht, den Placeboeffekt statt der geforderten randomisierten Studien etwa bei Befindlichkeitsstörungen einzusetzen mit dem Argument: »Die Hochschulmedizin versagt bei manchen Formen von Schmerzen oder Schlafstörungen«. Stattdessen wäre der Besuch einer ärztlichen Fortbildung über Gesprächstherapie, über das bunte Bild larvierter somatoformer Depressionen oder psychogener, meist vorstellungsbedingter Körperstörungen, ihre adäquaten Behandlung und ihren Spontanverlauf angebrachter und würde dem Ziel eines mündigen Patienten gerechter werden als der Einsatz fragwürdiger Therapieverfahren.

Die BÄK-Vizepräsidentin C. Goesmann (2011) betont zu Recht, dass Bestandteil jeder ärztlichen Behandlung eine gewisse Placebowirkung (»Droge Arzt«) ist. Allerdings ist der Satz noch um die Nocebowirkung zu erweitern, also negative Reaktionen ohne den Nachweis einer spezifischen Wirkung einer Behandlung.

Der Philosoph Prof. Achenbach sagt: »Es ist die Schulmedizin selbst, die der Alternativmedizin den Weg bereitet und sie als kaum verzichtbare Ergänzung nötig macht« (zit. n. Erdogan-Griese 2011, S. 14). Gegenmittel gegen fragwürdige und kostspielige Außenseitermethoden können nur Fortbildungen der Ärzte, ausreichende zeitliche Zuwendung und Emanzipation der Patienten sein. Nur mit hohem Engagement und Aussparung ökonomischer Gründe finden Ärzte einen Schlüssel, um Patienten mündig zu machen und sie vor unwürdigen Pseudobehandlungen – fast ähnlich wie bei den Naturvölkern mit ihren Medizinmännern und Gesundbetern – zu schützen.

9.6   Vorsorgemedizin

Gesund bleiben gibt es nicht umsonst! Hierzu sind täglich persönliche Anstrengungen nötig, um körperlich, intellektuell und emotional fit zu bleiben. Die Bereitschaft für die eigene Vorsorge wird zunehmen, wenn das Bewusstsein für die Gesundheitskosten und das Eigenverantwortungsgefühl weiter wachsen. Sinnvoll ist es, seinen Gesundheitszustand ab dem 40. Lebensjahr regelmäßig beim Arzt kontrollieren zu lassen, um auch im Stadium der Beschwerdefreiheit schon einen erhöhten Blutdruck, Hyperlipidämie mit Übergewicht oder einen Diabetes mellitus zu entdecken.

Die Zivilisationskrankheiten Diabetes mellitus, arterielle Hypertonie, Rückenschmerz, Koxarthrose, Herzinfarkt und Schlaganfall wären viel seltener, würden die Hauptursachen »Übergewicht, Nikotinabusus, körperliche Faulheit und Drogenabusus« allen Kassenmitgliedern durch eine Art Belohnungsprogramm oder finanzielle Eigenbeteiligung in Rechnung gestellt werden (Wen et al. 2011, Sandel 2012).

Eine Gefahr regelmäßiger Arztbesuche ist es, wenn niedergelassene Ärzte mit banalen Begleitbefunden wie kleinen Leistenbrüchen, geringen PSA-Erhöhungen, Ultraschall-Anomalien (Gefäßwandkalk) oder heißen, kompensierten Knoten der Schilddrüse trotz Beschwerdefreiheit der Patienten nicht umgehen können. Aus Vorsorgegründen empfehlen sie eine medizinische Intervention. Hier wird viel Geld in den Sand gesetzt. Stattdessen sollten sich Präventivmediziner um die Grundprobleme wie Übergewicht, Drogenkonsum, fehlender Sport, Bewegungsarmut und Überdiagnostik kümmern.

Kasuistik 17: J. J. 65 J. m., Vorsorgemedizin mit Prostatabiopsie
Der 65-jährige J. J. erfährt im Februar 2007 nach seiner Blutuntersuchung zur Vorbereitung einer Leisten-Herniotomie von einer PSA-Erhöhung auf 5,9. Der erstmals hinzugezogene Urologe rät trotz Beschwerdefreiheit wegen der Familienanamnese – der Vater hatte ein Prostata-Karzinom – zu einer Stanzbiopsie in Narkose mit gleichzeitiger urologischer Untersuchung. 2 Tage nach der Herniotomie erfolgt in Vollnarkose die Biopsie aus einer mandarinengroßen, sonst digital unauffälligen Prostata. Postoperativ kommt es zu einer kompletten Blasenentleerungsstörung, die das Legen eines Katheters und später einer suprapubischen Fistel nötig macht. Die 12 Stanzbiopsien waren zwischen 0,3 und 2 cm lang und histologisch unauffällig. Der suprapubische Katheter musste 5 Wochen getragen werden. Danach war die Miktion wieder unauffällig.
Herr J. hat die nächsten 5 Jahre keinen Urologen mehr besucht; beim Hausarzt wurden wechselnd leicht erhöhte PSA-Werte bis 8,8 festgestellt.
Über einen Selbsthilfeverband hat J. J. die Information erhalten, dass bei jedem 6. Mann über 50 Jahren ein erhöhter PSA-Wert festgestellt wird, aber nur bei einem Viertel der Untersuchten ein bösartiger Befund vorliegt (▶ http://www.psa-entscheidungshilfe.de, zugegriffen: 9. Mai 2015).

Die Therapie wird bei der Prävention oft übertrieben: Dies zu verhindern und damit auch die Kosten der Kassen zu reduzieren, gelingt nur, wenn der Patient ein größeres Mitspracherecht erhält und die Vorsorgemedizin nicht zwingend in der ganzen Breite zu den Basisleistungen aller Krankenkassen gehört. Vorsorgemedizin und Prävention sind eine Gemeinschaftsaufgabe und könnte zum Teil auch als Wahlleistung angeboten werden. So fordert Prof. Beske, Leiter des Kieler Institutes für Gesundheitssystem-Forschung, dass sich die GKV in erster Linie um die Absicherung von Krankheiten und nicht um die Prävention konzentrieren soll (zit. n. Jachertz 2011). Prävention sei eine öffentliche Aufgabe.

Ergänzung zur ▶ Kasuistik 4:
Bei der jetzt 70-jährigen Patientin war als Studentin im 22. LJ als Zufallsbefund ein kompensierter heißer Knoten der Schilddrüse gefunden worden; er wurde wegen Beschwerdefreiheit als nicht behandlungsbedürftig angesehen. 40 Jahre später – 2008 – erfolgte wegen harmlosen Bluthustens bei Nikotinabusus »routinemäßig« auch eine Ultraschalluntersuchung der Schilddrüse, die

dann zusammen mit einer Szintigraphie, TSH, T3- und T4-Bestimmung die Indikation zur Operation erbrachte. Die Patientin wehrte sich unter Zuhilfenahme einer Endokrinologin gegen die empfohlene Intervention und zog sich den Zorn des Hausarztes und Nuklearmediziners zu. Eine erneute Routinekontrolle von Ultraschall, Szintigraphie und Hormonbestimmung 2 und 4 Jahre später (2010 u. 2012) zeigte keine neuen Gesichtspunkte. So konnte sich die Patientin gegen den Rat mehrer Ärzte über fast 50 Jahre vor Interventionen wie Operation bzw. Radiojodtherapie schützen.

Der Nutzen mancher Vorsorgemaßnahmen durch Screening Gesunder ist umstritten: hierzu zählen das Mammographie-Screening bei Frauen zwischen 50 und 69 Jahren, Hämoccult und die PSA-Bestimmung (Grill 2009). Ein Check-up ab dem 35.–40. Lebensjahr u. a. mit Blut- und Urinuntersuchung dürfte aber zur früheren Erfassung eines erhöhten Risikos für Herzinfarkt, Schlaganfall oder Diabetes mellitus einen Beitrag leisten. Ein solcher Check-up alle 2 Jahre wird von allen GKV mit 30,98 € honoriert.

P. Sawicki, der frühere Leiter des IQWiG, rät dann zu Screening, wenn es auch anschließend eine erfolgreiche Therapie gibt. Allein zur Feststellung einer Krebserkrankung ohne weitere Konsequenzen, insbesondere keiner daraus zu folgernden Lebens- und Qualitätsverbesserung, sei Screening nicht gedacht (zit. aus Grill 2009). Nur Aufklärung schützt vor einer Überbewertung mancher empfohlenen Screening-Maßnahmen (Leinmüller 2009).

Viele Experten raten zu einer primären Prävention anstelle des Ausbaus der bisherigen Vorsorgestrategie mit dem Risiko falschpositiver Befunde und unnötigen Nachuntersuchungen. Darunter werden Vorsorgemaßnahmen verstanden, die die Aggressivität von Krebsvorstufen reduzieren helfen. Der Onkologe Delbrück (2012) meint, dass »allein die Reduzierung von Risikofaktoren wie die einer körperlichen Inaktivität, der Adipositas, des Alkoholkonsums, der fett- und fleischreichen Ernährung und des Rauchens bei Krebsvorstufen zu einer Reduktion des invasiven Krebswachstums von bis zu 50 % führt«.

9.7 Pharmafirmen

Pharmafirmen sind seit 1.1.2011 verpflichtet, den Zusatznutzen neuer Medikamente gegenüber vergleichbaren Medikamenten durch Doppelblindstudien zu belegen. Gleichzeitig müssen die Firmen alle Ergebnisse – also nicht nur die positiven – publizieren. Bisher werden nur die Hälfte aller klinischen Studien publiziert, die negativen halb so oft wie die für den Hersteller günstigen (Goldacre 2013).

Wird vom G-BA der Zusatznutzen des geprüften Arzneimittels bestätigt, kann das G-BA zusammen mit dem Hersteller und den Krankenkassen einen adäquaten Preis festsetzen. So können in Deutschland seit 1.1.2011 die Preise für patentgeschützte Arzneimittel nicht mehr frei festgelegt werden; andererseits ist mit der Preisfestsetzung auch die Kostenübernahme der GKV gewährleistet..

Trotz dieser Regeln erfolgt immer noch eine fragwürdige Preispolitik mancher Pharmafirmen. So verzichtete die Pharmafirma Genzyme (Tochterfirma von Sanofi-Aventis) freiwillig 2012 auf die Zulassung des seit 2001 eingesetzten Krebsmedikamentes Mabcampath (Alemtuzumab) für die chronische lymphatische Leukämie. Stattdessen wurde dieses Medikament aus rein kommerziellen Gründen seit September 2013 unter dem Namen Lemtrada für die viel häufiger anzutreffende MS eingeführt. Für ein Milligramm Mabcampath wurden 21 € bezahlt, ein Milligramm Lemtrada kostet 887 €. Dieser Preisanstieg wird von dem Vorsitzenden der

Arzneimittelkommission der deutschen Ärzteschaft (AkdÄ) Prof. Ludwig als völlig überzogen angesehen (Korzilius 2013), die Herstellerfirma erklärt die Differenz mit den teuren Doppelblindstudien.

Ist der Zusatznutzen neuer Medikamente umstritten, sind vor einem Neuantrag nichtkommerziell geförderte Vergleichsstudien durchzuführen.

Für die Zukunft ist zu fordern, dass Arzneimittelforschung am Bedarf und nicht nur am Markt orientiert ist. Bei einer Orientierung am Bedarf entwickelt man Medikamente, die Menschen heilen, auch wenn sie nicht so viel Geld bringen. Ist man nur am Markt orientiert, entwickelt man nur Medikamente, die einen hohen Profit erwarten lassen, eine ethisch zweifelhafte Zielsetzung. Daher ist die Regelung abzuschaffen, dass die Zulassung eines Medikamentes nur von wirtschaftlich orientierter Seite möglich ist (Kirchhof et al. 2013).

■ **Wissenschaftliches Komitee der Europäischen Arzneimittel-Agentur (EMA)**
Über Empfehlungen des wissenschaftlichen Komitees der Europäischen Arzneimittel-Agentur (EMA) darf kein Beteiligter des Gesundheitsmarktes so einfach hinweggehen.

Bei dem Nierenkrebsmedikament Afinitor hat die Firma Novartis die Empfehlungen der EMA nicht eingehalten (Keller 2011). Statt am Studienende die geforderte Lebenszeitverlängerung belegen zu können, wurde die Studie aus »ethischen« Gründen, trotz gegenteiliger Empfehlung namhafter Onkologen, abgebrochen. Nun wird Afinitor für 3.967 € pro Monatspackung von deutschen Krankenkassen als sog. Spezialpräparat bezahlt, obwohl der Beleg eines Nutzens unzureichend bleibt. In England werden bei schlechter Datenlage solche Fantasiepreise nicht einfach übernommen, sondern das NICE prüft kritisch das Verhältnis zwischen Preis und dem zu erwartenden medizinischen Fortschritt. Afinitor wird mit dem Argument, dass es deutlich teurer sei, als es sein dürfte, um erstattungsfähig zu sein, vom britischen Gesundheitssystem nicht als Medikament erstattet (Keller 2011).

Arzneimitteln gegen seltene Erkrankungen, sog. Orphan Drugs, können wegen der Seltenheit nicht zu den üblichen Studienbedingungen entwickelt werden. Mit Orphan-Medikamenten haben Pharmahersteller 2010 einen Umsatz mit der GKV von etwa einer Milliarde € erzielt. Zur Zeit sind 61 Orphan Drugs in der EU zugelassen. Mit dem Gesetz zur Vermarktung selten genutzter Medikamente (Offline-Medikation) ist eine Gesetzeslücke entstanden, die zu massiven Preiserhöhungen geführt hat.

Beispielsweise kostete das Medikament 3,4-Diaminopyridin (3,4 DAP) – Indikation ist ein myasthenes Syndrom paraneoplastischer Genese (Lambert-Eaton-Syndrom) – bis vor einem Jahr etwa 200 € jährlich hochgerechnet bei einer normalen Tagesdosis. Seit einem Jahr hat sich dieser Preis ohne sachliche Begründung auf über das 10-fache erhöht. In Deutschland gibt es ca. 800 Patienten mit einem Lambert-Eaton-Syndrom, die seit Beginn der 70-er Jahre mit solchen Individualrezepturen durch den Apotheker gut behandelt werden konnten. Die angeblich stark schwankenden Dosierungen, die mit der individuellen Herstellung des Apothekers zu erklären wären, konnte man im klinischen Alltag nicht bemerken, sie sind jetzt aber der Hauptgrund für das im April 2010 eingeführte spezifische 3,4 DAP-Fertigpräparat Amifampridin. Jander (2010) und Sieb (2010) haben auf einem Satellitensymposium der Herstellerfirma BioMarin Europe Ltd. den Fortschritt der teilbaren 10-mg-Tablette Firdapse betont.

■ **Freiwillige Selbstkontrolle für die Arzneimittelindustrie (FSA)**
Ein Wächter der Pharmaindustrie ist die FSA. Sie hat für 59 Pharmaunternehmen Kodizes entwickelt, um Korruption und Einflussnahme auf Ärzte oder Selbsthilfegruppen zu unterbinden. 2014 wurde ein Transparenzkodex von dem Vorsitzenden Kurt Arnold entwickelt, um ab 2016

sämtliche Zuwendungen an Ärzte offenzulegen. Zu der individuellen Offenlegung bedarf es noch der Zustimmung der Ärzte. Zu hoffen ist, dass jede Art ärztlicher Fortbildung – wenn schon von Pharmafirmen bezahlt – für alle Geldflüsse transparent wird. Nötig ist eine klare Trennung von Pharmainteressen und klinischen sowie wissenschaftlichen Interessen.

Literatur

Bingel U, Schedlowski M (2014) Die Bedeutung von Plazebomechanismen in der Schmerztherapie. Akt Neurol 41: 287–293

Blech J (2011b) Vorsicht, Medizin. Spiegel 33: 116–126

Carl G (2011) Stellungnahme zu Beanstandungen des MDK. Neurotransmitter 1: 16

Carl G (2014) Evidenzbasierte Zulassung für Medizinprodukte. Neurotransmitter 25:16

Delbrück H (2012) Krebsfrüherkennung: Mehr Schaden als Nutzen. (Leserbrief) Dtsch. Ärztebl. 109: C 1547

Diener HC, Krämer G (2013) Devices vs. Medikamente: Wann kommt endlich die Waffengleichheit? Akt Neurol 40: 305–6

Ennker J (2011) Ethische Bringschuld. Kommentar. Dtsch. Ärztebl. 8:C 309

Erdogan-Griese B (2011) Schulmedizin und Alternativmedizin: der Dialog hat begonnen. Rhein. Ärztebl. 1: 12–4

Glanzmann Ch (2011) Leserbrief »PET seit 20 Jahren«. Dtsch. Ärztebl. 108 (3): C 83–4

Goesmann C (2011) Interview »Nutzen Sie die Droge Arzt«. INFO Neurologie & Psychiatrie 13 (1) 4–5

Goldacre B (2013) Die Pharma-Lüge. Kiepenheuer & Witsch, Köln

Grill M (2009) Alarm und Fehlalarm. Spiegel 17: 124–135

Hess R (2012) Interview im Dtsch. Ärztebl. 109 (19): C 818–20

Hoffmann B, Rohe J (2010) Patientensicherheit und Fehlermanagement. Dtsch. Ärztebl. 6: 92–9

Iversen T, Solberg TK, Romner B et al. (2011) Effect of caudal epidural steroid or saline injection in chronic lumbar radiculopathy: multicentre, blinded, randomised controlled trial. BMJ 343: d5278

Jachertz N (2011) Gesundheitliche Versorgung. Beskes beklemmende Prognose. Dtsch. Ärztebl. 108: C 511–2

Jander S (2010) Aktuelle Therapieentwicklungen bei den myasthenen Syndromen, besonders Lambert-Eaton-Syndrom. (Vortrag auf Neurowoche Mannheim, 23.9.2010)

Jörg J (2008a) Erfahrungen mit dem Helios-Qualitätsmanagement. (Referat am 11.11.2008 in Heidelberg vor den SRH-Kliniken, unveröffentlicht)

Jörg J (2008b) Soll der Arzt die Suggestibilität seines Patienten kennen? Nervenheilkunde 27: 633–8

Jörg J (2009) Sind Sie korrupt, Herr Doktor ? Novum, München

Karbach U, Schubert I, Hagemeister J et al. (2011) Ärztliches Leitlinienwesen und die Leitliniennähe hausärztlicher Therapien. Dtsch. Ärztebl. 108(5): 61–9

Keller M (2011) Der Preis des Lebens. ZEIT 4: 13–5

Kirchhof B, Lehmacher W, Thomas S (2013) Bevacizumab versus Ranibizumab: Ist off-label use geboten? Dtsch. Ärztebl. 110 (15): A 708–713

Klauber J, Geraedts M, Friedrich J, Wasem J (Hrsg) (2012) Krankenhaus-Report 2012. Schattauer, Stuttgart

Köbberling J (2010) Unwirksame Therapien sind schädlich. Leserbrief Dtsch. Ärztebl. 107:196

Köbberling J (2013) Diagnoseirrtum, Diagnosefehler, Befunderhebungsfehler. Bewertungen und Vermeidungsstrategien. Verlag Versicherungswirtschaft GmbH, Karlsruhe

Kölbel R (2011) Die Prüfung der Abrechnungen von Krankenhausleistungen in der GKV. Eine Bewertung aus kriminologischer Sicht. Gutachten für den AOK-Bundesverband.

Korzilius H (2010) Zwischen Management und Interessenvertretung. Dtsch. Ärztebl. 50: C 2111–4

Korzilius H (2013) Pharmaindustrie: Fragwürdige Preispolitik. Dtsch. Ärztebl. 110: C 1631

Krüger-Brand HE (2011) Handlungsbedarf bei IGeL. Dtsch. Ärztebl.108: C 562–3

Kuhlen R (2010) Pressemitteilung Helios, Berlin vom 19.4.2010

Langer Th, Conrad S, Fishman L et al. (2012) Interessenkonflikte bei Autoren medizinischer Leitlinien. Dtsch. Ärztebl. 109: 836–842

Leinmüller R (2009) PSA-Screening auf Prostatakarzinom. Dtsch. Ärztebl. 42: C 1724

Mansky Th (2011) Informationsdienst Wissenschaft, TU Berlin

Mansky Th (2014) zitiert aus »Pay of Peformance« Dtsch. Ärztebl. 111 (40): C 1376

von Manteuffel L (2010) Auf dem Weg zum Benchmarking. Dtsch. Ärztebl. 18: C 726–7

Martin J, Rinke O, Zacher J (2014) Handbuch IQM: konsequent transparent. Medizinisch wissenschaftliche Verlagsgesellschaft, Berlin

Mc Gauran N, Kamphuis A, Wieseler B (2015) Frühe Nutzenbewertung. Dtsch. Ärztebl. 112 (11): C 392–3

Meyer FP (2011) Leserbrief. Dtsch. Ärztebl. 108: C266–7

Österle F (2011) Interview der Welt am Sonntag, 6. Februar 2011: 40

Peschke D, Nimptsch U, Mansky Th (2014) Umsetzung der Mindestmengen-Vorgaben: Analyse der DRG-Daten. Dtsch. Ärztebl. 111 (33/34), 556–564

Pommer P (2013) Vorbild Frankreich. Leserbrief in Dtsch. Ärztebl. 110; C 1243

Sandel MJ (2012) Was man für Geld nicht kaufen kann. Ullstein, Berlin

Schroeter M, Lüßem B, Engelhardt A, Erbguth FJ, Ferbert A, Steinmetz H, Vieregge P, Fink GR (2015) Ergebnisse der 11. Erhebung der DGN zur Struktur der neurologischen Kliniken der Akutversorgung in Deutschland. Akt Neurol 42: 72–9

Schweitzer J (2010) Glauben und Globuli. ZEIT 50: 39–40

Scriba PC (2009) Qualitätswettbewerb in der Medizin. (Vortrag in den Johanniterkliniken Berlin am 9. Mai 2009)

Sieb J-P (2010) Ein praxisorientierter Überblick zur Diagnose der myasthenen Syndrome. (Vortrag am 23.9.2010 auf der Neurowoche Mannheim)

Sieber U (2010) Gesunder Zweifel: Einsichten eines Pharmakritikers – Peter Sawicki und sein Kampf für eine unabhängige Medizin. Berlin Verlag, Berlin

Vas J, Aranda JM, Modesto M et al. (2012) Acupuncture in patients with acute low back pain: A multicentre randomised controlled clinical trial. Pain 153: 1883–9

Vogel Ch (2013) Selektivverträge – Was ist ethisch vertretbar? NeuroTransmitter 24: 22–27

Wen CP, Wai JP, Tsai MK et al. (2011) Minimum amount of physical activity for reduced mortality and extended life expectancy: a prospective cohort study. Lancet 378: 1244–53

Williamson Ch (2010) Towards the Emancipation of Patients: Patient`s Experiences and the Patient Movement. Policy Press, University of Bristol UK

Interessenkonflikte und Transparenz

Johannes Jörg

J. Jörg, *Berufsethos kontra Ökonomie*,
DOI 10.1007/978-3-662-47066-4_10, © Springer-Verlag Berlin Heidelberg 2015

Bis vor 20–30 Jahren war die Trias Gerichtsbarkeit, Bildung einschließlich Kultur und das Krankenhaussystem als ein öffentliches, für alle Bürger gleich zugängliches Gut anerkannt. Alle 3 Systeme hatten den Auftrag, als öffentliches Gut frei von ökonomischen Interessen und allein dem Gemeinwohl verpflichtet zu sein. Mit der Einführung des Wettbewerbs in das deutsche Gesundheitssystem ist die Medizin aus dieser Trias mit dem Gemeinschaftsbezug ausgeschert. Dies kann Interessenkonflikte mit verzerrter Wahrnehmung und Darstellung zur Folge haben.

Interessenkonflikt (IK) ist als Risikosituation zunächst ein wertneutraler Zustand, er ist nicht per se schlecht oder gar Zeichen eines Fehlverhaltens. 'Ein IK tritt auf, wenn sekundäre Interessen – insbesondere materielle oder soziale Vorteile des Arztes – in einer Spannung zu primär medizinisch-ethischen Zielen stehen. IK können, müssen aber nicht zu einer verzerrten Wahrnehmung führen. Sie führen aber zu einem Spannungsverhältnis zwischen Patienteninteressen und ärztlichen Eigeninteressen.

Ein IK kann materieller und immaterieller Art sein und hat nichts damit zu tun, ob sich eine Person beeinflusst fühlt oder nicht. (Als Beispiel für einen immateriellen IK würde etwa gelten, wenn Richter bei Verfahren von Verwandten oder Freunden wegen Befangenheit ausscheiden.) So besteht die Gefahr, dass er unbewusst bleibt, dass eine Person also von konfligierenden Interessen beeinflusst wird, ohne sich beeinflusst zu *fühlen*. Gerade Ärzte, die Fachbuchgeschenke oder überhöhte Honorare für Vorträge annehmen, sehen bei sich selbst – im Gegensatz zu ihren Kollegen – eine Unbeeinflussbarkeit des eigenen Urteils, was sich Resistenzillusion nennen lässt. Diese Zuversicht in die eigene Unbeeinflussbarkeit des eigenen Urteils ist aber der größte und gefährlichste Fehler (Felser u. Klemperer 2011).

Bei Vorliegen eines IK darf nicht automatisch auf Befangenheit oder Fehleinschätzung geschlossen werden. IK können aber zu einer verzerrten Wahrnehmung führen. Wichtig ist es daher, sicherzustellen, dass bei Bestehen eines IK das Risiko für blinde Flecke in Form von »Bias« (»verzerrte Urteile«) akzeptiert und Schutzmaßnahmen etabliert werden. Als Entscheidungsgrundlage hierzu haben sich die Regeln der Arbeitsgemeinschaft der wissenschaftlichen medizinischen Fachgesellschaften (AWMF) bewährt (▶ Abschn. 10.1).

Transparenz umfasst die Forderung nach Offenlegung und Überprüfbarkeit aller Informationen. Dabei sollen alle personenspezifischen Informationen enthalten sein, die für die Erreichung eines Konsens im IK benötigt werden (▶ u. a. Abschn. 10.2.2). Die Informationen sollten jährlich aktualisiert werden. Die Offenlegung gegenüber Kommissionen, Fachgruppen oder Arbeitgebern ist nicht Selbstzweck, sondern Grundlage für eventuelle Konsequenzen (Lieb et al. 2011).

10.1   Allgemeine Maßnahmen zur Vermeidung von IK

Regelungen von Interessenkonflikten sollen unangemessene Entscheidungen verhindern, die Integrität der professionellen Urteilsfähigkeit als Arzt schützen und das Vertrauen der Öffentlichkeit bewahren bzw. wiedergewinnen. Dieses Ziel ist ohne komplette Transparenz nicht zu erreichen. Transparenz wird hergestellt mit Erklärungen, in denen Einflussnahmen jeder Art abgefragt werden, die Einhaltung der 4 Prinzipien zur Zusammenarbeit mit der Industrie und eine eigene sowie externe Bewertung. Danach sind gegebenenfalls Konsequenzen wie z. B. ein Ausschluss an Entscheidungsprozessen zu ziehen. So hat die Arzneimittelkommission der deutschen Ärzteschaft (AkdÄ) Regeln zum Umgang mit IK publiziert (▶ www.akdae.de/ Kommission/Organisation/Statuten, zugegriffen: 9. Mai 2015). Bei der DGN-Homepage sind erweiterte COI-Formulare publiziert.

- **1. Rechtliche Vorgaben zur Zusammenarbeit mit der Industrie**

Mit 4 Prinzipien soll eine unangemessene Einflussnahme durch die Industrie verhindert werden. Sie gründen sich auf Empfehlungen der AWMF (2010).

- Trennungsprinzip: entgeltliche oder unentgeltliche Zuwendungen müssen unabhängig von Entscheidungen oder Beschaffungen sein.
- Transparenzprinzip: jede entgeltliche oder unentgeltliche Zuwendung muss offengelegt werden. Alle Leistungen in eine medizinische Einrichtung, an einen Arzt oder an einen anderen Mitarbeiter müssen dem Vorgesetzten und Arbeitgeber mitgeteilt, schriftlich fixiert und genehmigt werden.
- Äquivalenzprinzip: Leistung und Gegenleistung müssen angemessen sein.
- Dokumentationsprinzip: alle Leistungen müssen schriftlich festgehalten werden. Darin wird festgelegt, welcher Art die Zuwendung ist, welchen Zweck sie hat und welche Leistungen konkret erbracht werden.

- **2. Fragebögen zur Offenlegung von Interessenkonflikten**

Transparenzerklärungen sollten alle leitenden Klinikärzte und Vorstände von Fachgesellschaften unterschreiben. Ein Basisformular zur Dokumentation von IK ist von Lieb et al. 2011 publiziert worden. Für Autoren von Leitlinien gibt es eine erweiterte Erklärung mit Einschluss auch nichtfinanzieller Sachverhalte und Beziehungen (Langer et al. 2012).

Bei der IQWiG werden Verletzungen der Offenlegungspflicht mit Nicht-Berücksichtigung oder verringerter Gewichtung der Stellungnahme beantwortet.

Die deutsche Arzneimittelkommission AkdÄ hat im März 2014 unter ► http://www.akdae. de/Kommission/Organisation/Mitglieder (zugegriffen: 9. Mai 2015) alle Interessenkonflikte ihrer aktuell 37 ordentlichen Mitglieder veröffentlicht.

- **3. Bewertung der Interessenkonflikte und Schlussfolgerungen**

Bei Feststellung eines problematischen IK muss eine Bewertung der Schwere, eine Einstufung des Risikos für einen verzerrenden Einfluss (»bias«) auf die professionelle Urteilsfähigkeit und ein angemessenes Management erfolgen. Nur eine eigene Bewertung der Wahrscheinlichkeit einer Beeinflussung reicht nicht aus.

Die AWMF (2010) empfiehlt, die als »befangen« eingestuften Experten in Leitliniengruppen von der Bewertung der Literatur und der Konsensfindung auszuschließen. Eine unterbliebene Offenlegung von IK muss Konsequenzen haben.

Beispielsweise haben Autoren wie Prof. Michael Spannagl über das Präparat Xarelto publiziert; eine Deklaration von Interessenkonflikten aber unterlassen, obwohl 19 Vorträge zu diesem Thema von Bayer mit insg. 16.200 € honoriert wurden. Spannagl hat später auf Nachfrage die fehlende Offenlegung als klares Versäumnis angesehen (Grill 2013).

10.2   Spezielle Maßnahmen zur Vermeidung von IK in der Medizin

10.2.1 Patientenversorgung

- **Pharmareferentenbesuche**

2011 empfingen 84 % der niedergelassenen Ärzte in Deutschland mindestens 1-mal pro Woche einen der insgesamt 16.000 Pharmareferenten, 14 % sogar täglich (Lieb u. Scheurich 2014).

Ärzte mit der Bereitschaft zur Verschreibung auch teurer Medikamente werden am häufigsten besucht (Herzog 2011).

Praxisbesuche sind abzulehnen, wenn sie nicht auf Einladung des Arztes erfolgen. Oft sind solche Besuche mit Geschenken verbunden. Jedes Geschenk fördert das Ausmaß der Verschreibungen des beworbenen Medikamentes. Es gilt die allgemeine Erfahrung: »Geschenke wollen immer erwidert werden«. Diese soziale Regel wird *Reziprozitätsregel* genannt; für die Beeinflussbarkeit durch Geschenke gibt es keine untere Grenze.

Einzelne Klinikchefs laden Pharmareferenten zu Kurzvorträgen in die Früh- oder Mittagsbesprechung ein und versuchen sich so vor IK zu schützen, ohne auf möglicherweise wichtige Informationen des Pharmareferenten verzichten zu müssen.

Meinungsbildner können mit besonders hohen Zuwendungen für unaufwendige Leistungen – beispielsweise Routinevorträge – rechnen. Damit besteht eine Grenzsituation vom IK hin zu einer korruptiven Verstrickung. Wegen dieser Gefahren ist auch die gesponsorte Weiterbildung an der Klinik ebenso wie in der Freizeit für Referenten sowie für die Teilnehmer kritisch zu hinterfragen.

In den USA besteht seit 2013 mit dem Physician Payment Sunshine Act (PPSA) ein Gesetz, wonach Ärzte und Kliniken im Internet öffentlich gemacht werden, wenn sie von Pharma- oder Medizingerätefirmen Einzelzuwendungen über 10 $ erhalten oder eine Jahresgrenze von insgesamt 100 $ überschreiten.

- **Ökonomische Ziele des Klinikträgers**

Bei den Zielen vieler Klinikträger stehen Wirtschaftlichkeit, Patientennutzen und Fortbildung an erster Stelle. Dabei wird nicht deutlich, dass das Patientenwohl vor und nicht gleichwertig neben den übrigen Zielen zu stehen hat. Dadurch kann es durchaus zu einem Loyalitätskonflikt zwischen den ökonomischen Unternehmenszielen und der ethischen Verpflichtung gegenüber dem Patienten kommen (Maio 2014).

- **Bonusvereinbarungen**

Nur mit der Offenlegung aller patientenbezogenen Bonusregelungen leitender Ärzte ist zu erreichen, dass das Grundgehalt sich mindestens bei 70 % des Gesamtgehaltes bewegt und es zu keinen Fehlanreizen zu Lasten der Patienten kommt. Keinesfalls dürfen sich Bonuszahlungen an ökonomischen Parametern wie Operations- oder Therapiezahlen orientieren, wohl aber an Kriterien der Versorgungsqualität (▶ Abschn. 9.3).

Wirtschaftliche Mitverantwortung darf nicht zu einer Einflussnahme auf rein ärztliche Entscheidungen führen. Ökonomische Zwänge dürfen nicht medizinisch-ethische Gründe zurückdrängen. Daher soll der Arzt im Zweifel auf seinen Bonus verzichten. Die Forderung nach einem angemessenen Grundgehalt wird auch vom DGN-Vorstand in den DGN-Handlungsrichtlinien im Umgang mit wirtschaftlichen Interessen im Gesundheitswesen erhoben (Grond et al. 2014).

- **Duales Krankenversicherungssystem GKV versus PKV**

Private Krankenversicherungen honorieren die gleiche ärztliche Leistung deutlich höher im Vergleich zu den gesetzlichen Krankenkassen. Einer der Gründe ist die Meinung von PKV-Vertretern, dass die Honorierung nach GOÄ, einfacher Satz, unzureichend ist (Eurich 2013). Wenn aber die gleiche ärztliche Leistung von der PKV mit mehr als dem doppelten Honorar bezahlt wird, muss der Arzt in einen Interessenkonflikt kommen. Unabhängig vom Erfüllen des Patientenwohls als primäres Ziel entwickelt der Arzt sekundäre Ziele wie höherer Service, schnellerer Termin, mehr Diagnostik, mehr persönliche Zuwendung. Lösung dieses ärztlichen IK kann nur die ausreichend hohe, gleiche Honorierung der gleichen ärztlichen Leistung sein.

- **Diagnostik aus Ausbildungsgründen**

In Kliniken werden Untersuchungen beispielsweise im Ultraschall- oder elektrophysiologischen Bereich auch allein aus Ausbildungsgründen veranlasst, insbesondere gilt dies für Patienten mit selteneren Erkrankungen. Dieses Sekundärinteresse dient nur langfristig und indirekt – durch eine qualifizierte Ausbildung – dem Patientenwohl. Dieser IK ist jedoch verantwortbar, wenn diese Art vermehrter Diagnostik nicht mit erhöhten Liquidationserlösen kombiniert wird und der Patient über diese Indikation nach entsprechender Information sein Einverständnis gibt. Im Zweifel ist die zuständige Ärztekammer als professionsinterne ärztliche Selbstkontrolle und Berufsaufsicht heranzuziehen.

- **Honorierung materiell oder immateriell, je nach den Operationszahlen**

Die Operationszahlen künstlicher Gelenke, Wirbelsäulenoperationen oder von Schilddrüsen nehmen für Deutschland Spitzenplätze unter den 34 OECD-Mitgliedsstaaten ein. Chirurgen mit den höchsten Operationszahlen haben unabhängig vom Ergebnis einen besonders guten Ruf.

Jeder Operateur steht im IK zwischen dem Patientenwohl einerseits und der oft relativen Operationsindikation, dem eigenen finanziellen Interesse sowie dem Interesse des Klinikträgers an hohen Operationszahlen andererseits. »Wait and see« als Motto für fragliche Operationsindikationen werden auch vom Patienten oft nicht gewünscht, der Mut zum Verzicht wird als Angst vor negativen Operationsfolgen fehlinterpretiert.

Es besteht zwischen Operateur und Patient oft ein unausgesprochenes Einverständnis, wie viel an Eingriffen nötig ist. In einem solchen Fall kann die Einholung einer Zweitmeinung durch einen sachkundigen, ebenfalls operativ tätigen Facharzt hilfreich sein. Damit lässt sich eine – unausgesprochene, unbewusste – mehr ökonomisch begründete Indikationsstellung vermeiden. So konnten nach einer Pressemitteilung der Deutschen BKK vom 21.4.2015 mindestens 60 % aller geplanten orthopädischen Operationen durch eine unabhängige zweite ärztliche Meinung für einen Beobachtungszeitraum von bisher über 2 Jahren abgewendet werden (Thom 2015).

- **Einweisungspraxis durch Niedergelassene und MVZ**

Die Einweisung in die Klinik muss primär fachlich begründet sein, Honorierungen jeder Art (»Kopfpauschalen«) sind verboten. Besteht ein IK durch die Tatsache, dass der Klinikträger und der MVZ-Träger identisch sind, gehört dieser angesprochen. Die Freiheit der Klinikauswahl darf durch den Träger in keiner Weise eingeschränkt sein.

10.2.2 Forschung, Kongresse, Beratungstätigkeit

Eine Zusammenarbeit zwischen Industrie und Klinikvertretern ist erwünscht, wenn es um klinische Prüfungen, Entwicklung von Studienkonzepten oder Prüfarzt-Tätigkeiten geht. Hiervon sind aber eine Reihe anderer Aktivitäten abzutrennen, bei denen teils erhebliche Interessenkonflikte auftreten. Daher fordert die AWMF von den Fachgesellschaften, Kongresse so zu gestalten, dass sie weitestgehend frei von Beeinflussung durch die Industrie sind.

- **Expertenmeetings**

Sie werden von Pharmafirmen finanziert, zusammende Manuskripte werden von diesen vorbereitet und als Publikation für Sonderhefte fertiggestellt. Diese Treffen sind fachlich zweifellos von einem gewissen Wert, aber verbesserungsbedürftig wegen der materiellen Sekundärinteressen (Hotel, Reisekosten) und der fehlenden Transparenz bzgl. vorgefertigter Manuskripte. Zum Schutz vor Einflussnahme der Sponsoren ist die Finanzierung und der Einfluss auf die Manuskripte offenzulegen; die persönlichen Kosten sind durch die Teilnehmer oder deren Klinikträger zu tragen.

- **Spenden für Fachgesellschaften oder Ärztekammern**

Sie werden von der Industrie oft ohne erkennbare Auflagen (sog. Unrestricted Grants) für Fachgesellschaften überwiesen und sind als versteckte Einflussnahme abzulehnen, zumindest aber mit Angabe des Spenders und des Spenderbeitrages offenzulegen. Bekanntlich führt jedes Geschenk zu einer Gegenleistung. Bei einer Kongressfinanzierung durch die Industrie sind alle Geldflüsse detailliert zu veröffentlichen.

Bei Ärztekammern ist es leider Gewohnheit, dass ärztliche Berufshaftpflichtversicherer, nicht aber die Krankenkassen, die Arbeit der Gutachterkommissionen finanziell unterstützen (Smentkowski 2015).

- **Satellitensymposien**

Solche Fortbildungsveranstaltungen sind produktbezogen und tragen wesentlich zur Finanzierung großer Kongresse bei. Die Hörer werden mit kostenlosem Essen, Übernahme der Reise- und Übernachtungskosten – nicht selten auch für Begleitpersonen – angelockt. Beworben werden meist einseitig neue, teure Medikamente (▶ Kasuistik 6). Die Bezahlung der Industrie für die Raummiete erfolgt an den Kongressveranstalter und ist oft inadäquat hoch.

Vortragende und Vorsitzende von Satellitensymposien werden als Meinungsbildner meist unverhältnismäßig hoch honoriert, die Kongressleiter – oft auch selbst Vortragende – halten daher solche Veranstaltungen aus Eigeninteresse für nötig. Es werden weder das Äquivalenzprinzip noch das Transparenzprinzip beachtet.

Die Akzeptanz der Satellitensymposien durch die einzelnen Fachgesellschaften wird mit Geld an den Kongressveranstalter und die Vortragenden erkauft. Wegen der höchst bedenklichen materiellen Interessen zu Lasten einer seriösen Fortbildung sollten diese Art Symposien ganz abgeschafft werden. Zu Recht betonen Lempert und von Brevern (2015), dass ärztliche Fachgesellschaften dem Patientenwohl und der Wissenschaft verpflichtet sind, nicht aber der Industrie mit ihren Satellitensymposien (s. dazu ▶ http://www.neurologyfirst.de, zugegriffen: 9. Mai 2015).

- **Leitlinien**

Zur Erstellung von Leitlinien müssen alle relevanten Studiendokumente zugänglich sein. Dem Risiko von »bias« (Verzerrungen) entgeht man, indem Leitliniengruppen interdisziplinär zusammengesetzt sind, Einzelinteressen bei der Konsensbildung keine Rolle spielen und eine systematische Evidenzbasierung erfolgt.

Schott et al. (2013) fordern, dass die Verantwortung für die Erstellung von Leitlinien bei Autoren und Organisationen liegt, die frei von IK sind. Als Begründung geben sie an, dass identische Daten von Experten mit bzw. ohne IK »durchaus gegensätzlich bewertet« werden (S. 575).

Alle finanziellen Verbindungen zur Industrie müssen offengelegt werden, Personen mit relevanten IK müssen in einer Leitliniengruppe die Minderheit sein (Grond et al. 2014). Der

Vorsitzende muss frei von IK sein und Rechenschaft über den Umgang und die Bewertung aller Personen mit IK geben. Experten mit problematischen IK sollen wegen Befangenheit von allen Entscheidungsprozessen in der Leitlinienerstellung ausgeschlossen werden und nur beratende Funktion haben.

■ **Industrieausstellung bei Kongressen**
Gegen eine angemessene Mietkostenhöhe können Industrieausstellungen im Rahmen von Kongressen durchgeführt werden. Es hat der Informations- und nicht der Werbeaspekt im Vordergrund zu stehen. Die strikte Trennung zwischen wissenschaftlicher bzw. Fortbildungstagung ist nötig, die Tradition einer Art von »Gesellschaftsabend« in den Ausstellungsräumen nicht akzeptabel. Industrieausstellungen sind aber von Wert zur Information, Finanzierung des Kongresses und Niedrighaltung der Eintrittsgebühren.

10.2.3 Aus- und Fortbildung

Die Öffentlichkeit erwartet eine hoch qualifizierte, evidenzbasierte Aus- und Weiterbildung, die unabhängig ist von kommerziellen oder anderen Interessen Dritter.

■ **Honorare für Vorträge**
Einladung und Bezahlung von Referenten haben durch den Tagungsveranstalter zu erfolgen. Wenn Leistung und Gegenleistung übereinstimmen und die Honorarhöhe für Arbeitgeber sowie Tagungsveranstalter transparent ist, gibt es keine Einwände.

Helios vereinbart mit dem Veranstalter einen Vertrag für seinen bei ihm angestellten Chefarzt. Zahlungen erfolgen ausschließlich an die Klinik. Die vertraglich vereinbarte Summe wird nach dem Vortrag dem Mitarbeiter meist ohne Abzüge überwiesen. Ein Kontakt zwischen Vortragenden und eventuell im Hintergrund stattfindendem Sponsoring durch die Industrie findet damit nicht statt.

Das Prinzip, dass jede externe ärztliche Leistung – z. B. ein Vortrag – auf der Grundlage eines schriftlichen Vertrages mit Festlegung eines angemessenen Entgeltes erbracht wird, entspricht der Forderung der FSA (Freiwillige Selbstkontrolle für die Arzneimittelindustrie) (Grusa 2011).

■ **Fortbildungsreisen**
Wenn beispielsweise Interferone-Hersteller zu Reisen in die USA mit Firmenbesichtigung und schönem Rahmenprogramm einladen, rechnet sich eine solch hohe Investition schon, wenn der Klinikarzt anschließend nur 2 seiner MS-Patienten auf ein solches Präparat einstellt und der Patient damit über 10 Jahre behandelt wird. Solche industriefinanzierten Reisen sind wegen des erheblichen IK abzulehnen.

■ **Fortbildungsveranstaltungen**
In der Medizin werden Fortbildungsmaßnahmen in über 50 % der Fälle durch die Industrie unterstützt: Auswahl der Referenten und die Programmgestaltung samt Rahmenprogramm werden von der Firma geplant und finanziert.

CME-zertifizierte Kurse sind meist industriefrei. Auch die Ärztekammern organisieren zur Absicherung der ärztlichen Fachlichkeit wieder vermehrt unabhängige Fortbildungen. Der Vergleich einer zertifizierten medizinischen Fortbildung (CME) mit gesponserten Fortbildungen zeigt auf, dass der Besuch von gesponserten Fortbildungen bei den Teilnehmern in der Folge zu signifikant höheren Verordnungskosten für Originalpräparate führt als bei Ärzten, die nur CME-Veranstaltungen besuchen (Lieb u. Scheurich 2014).

■ **Zeitschriften und Bücher**

Herausgeber und Autoren haben ihre IK offenzulegen. Vorgefertigte Manuskripte für Sonderhefte unter falscher Autorenschaft sind ebenso wenig akzeptabel wie anonyme Ghostwriter. Bei mehr als 3 Autoren sollte überlegt werden, im Rahmen des COI-Formulars auch den Tätigkeitsumfang der weiteren Autoren abzufragen.

Bei ungewöhnlich hohen Buchauflagen oder niedrigen Verkaufspreisen ist transparent zu machen, ob einzelne Firmen Zusatzauflagen für ihr Marketing aufgekauft und damit per Vertrag auch den Buchverkaufspreis reduziert haben.

Literatur

AWMF (2010) Empfehlungen der AWMF zum Umgang mit Interessenkonflikten bei Fachgesellschaften.
   ▶ http://www.awmf.org/medizin-versorgung/stellungnahmen/umgang-mit-interessenkonflikten.html.
   Zugegriffen: 27. April 2015
Eurich A (2013) Vorstandsprecher Barmenia Wuppertal (persönliche Mitteilung)
Felser G, Klemperer D (2011) Psychologische Aspekte von Interessenkonflikten. In: Lieb K, Klemperer D, Ludwig
   W-D (Hrsg) Interessenkonflikte in der Medizin. Springer, Berlin Heidelberg, S 27–45
Grill M (2013) Das Blut lief einfach weiter. Spiegel 37: 80–1
Langer Th, Conrad S, Fishman L et al. (2012) Interessenkonflikte bei Autoren medizinischer Leitlinien. Dtsch.
   Ärztebl. 109: 836–842
Grond M, Gold R, Oertel WH (2014) Handlungsrichtlinien der Deutschen Gesellschaft für Neurologie im Umgang
   mit wirtschaftlichen Interessen im Gesundheitswesen. Akt Neurol 41: 263–6
Grusa M (2011) Freiwillige Selbstkontrolle für die Arzneimittelindustrie. In: Lieb K, Klemperer D, Ludwig W-D
   (Hrsg) Interessenkonflikte in der Medizin. Springer, Berlin Heidelberg, 185–201
Herzog F (2011) Korruption im Gesundheitswesen. In: Lieb K, Klemperer D, Ludwig W-D (Hrsg) Interessenkonflik-
   te in der Medizin. Springer, Berlin Heidelberg, 127–138
Lempert Th, von Brevern (2015) Regulierung von Interessenkonflikten. Dtsch. Ärztebl. 112 (3): C 72–4
Lieb K, Limbach U, Klemperer D (2011) Offenlegung von Interessenkonflikten. In: Lieb K, Klemperer D, Ludwig
   W-D (Hrsg) Interessenkonflikte in der Neurologie. Springer Berlin Heidelberg, S 61–79
Lieb K, Scheurich A (2014) Contact between Doctors and the Pharmaceutical Industry. PLOS ONE 9 (10): e110130
Maio G (2014) Interessenkonflikte in der Medizin – eine ethische Analyse. Nervenarzt 85 (Heft 4): 503–4
Schott G, Dünnweber C, Mühlbauer B, Niebling W, Pachl H, Ludwig W-D (2013) Besteht ein Einfluss pharmazeuti-
   scher Unternehmen auf Leitlinien? Dtsch. Ärztebl. 110: 575–82
Smentkowski U (2015) Bürger setzen auf Expertise der Gutachterkommission. Rhein. Ärztebl. 1/2015: 17–18
Thom J (2015) Pressemitteilung der Deutschen BKK-Betriebskrankenkassen Wolfsburg vom 21.4.2015

Serviceteil

J. Jörg, *Berufsethos kontra Ökonomie*,
DOI 10.1007/978-3-662-47066-4, © Springer-Verlag Berlin Heidelberg 2015

Schlussfolgerungen

- **Ethik und Ökonomie in der Medizin (▶ Kap. 2)**
1. Die Grundwerte der medizinischen Ethik umfassen die Patientenautonomie mit dem Recht auf Selbstbestimmung, die Fürsorgepflicht und die Priorität des Patientenwohls vor dem ärztlichen Eigenwohl.
2. Der Vorrang der medizinischen Ethik und damit der ärztlichen Therapie- und Entscheidungsfreiheit darf nicht durch den Druck der ökonomischen Anreizsysteme infrage gestellt werden.
3. Jede ökonomische Empfehlung hat sich einer ethischen Abwägung zu stellen. Die Ökonomie muss ärztliches Handeln ermöglichen, darf dieses aber zugleich nicht bestimmen.
4. Ein duales Krankenversicherungssystem ist als unethisch anzusehen, wenn die Unterfinanzierung der gesetzlich Versicherten durch Querfinanzierung und Überdiagnostik der Privatversicherten kompensiert wird.
5. Das Wohlergehen der Patienten muss immer Priorität vor wirtschaftlichen Erwägungen haben. Daher sind alle Anreize transparent zu machen.

- **Transparenz und Eigenverantwortung (▶ Kap. 3)**
1. Jeder Krankenkassenversicherte hat ein Recht auf Einsicht in seine Krankenakten, Untersuchungsergebnisse, Arztbriefe und Rechnungen.
2. Gleiche medizinische Basisleistungen sind nach gleichen Leistungsziffern und in gleicher Höhe für alle Patienten abzurechnen, variable Honorierungen gibt es bei Service- oder Wahlleistungen.
3. Zur Verhinderung von Querfinanzierungen von der PKV zur GKV ist eine freie Arztwahl ambulant wie stationär ebenso nötig wie ein freies Zugangsrecht aller Bürger zu allen Krankenversicherungen. Das duale System der Versicherung mit eingeschränkten Zugangsrechten zur Mitgliedschaft bei der PKV, zu KV-Ärzten oder zu Klinikspezialisten ist abzuschaffen.
4. Arzttermine werden primär von der Diagnose bestimmt; nur bei gleichen Voraussetzungen kann der Arzt bei der Terminierung soziale Gründe oder die Art der Serviceversicherung berücksichtigen.
5. Transparenz ist für alle klinischen Leistungszahlen und Qualitätsergebnisse ebenso zu fordern wie die Publikation aller Studienergebnisse über Medikamente, Prothesen und Hilfsmittel. IGeL sind gemäß den 10 ÄK-Regeln als Wahlleistung von den Kassen anzubieten.

- **Ungleichbehandlung durch Ungleichbezahlung (▶ Kap. 4)**
1. »Gleiches Geld für gleiche Leistung« ist dadurch zu erreichen, dass jede medizinische Basisleistung in gleicher Höhe und nicht in Abhängigkeit vom Versicherungsstatus oder der Landesregion honoriert wird. Zum Erreichen des Zieles »Gleiche Medizin für gleiches Geld« sind verschiedene Krankenversicherungen mit einem Zugangsrecht für alle nötig.
2. Alle Krankenversicherungen bieten eine identische Basisversorgung (EbM) und einen Wahlanteil für die medizinische Kann-Versorgung und den Servicebereich an. Der Wahlanteil ist auch durch eine Eigenbeteiligung abzudecken. Versicherungspflicht besteht nur für Basisleistungen.

3. Der ambulante wie stationäre Zugang zu Spezialisten an Kliniken und Universitäten muss für alle Krankenversicherten in gleicher Form – sei es persönlich oder über eine Poliklinik – möglich sein. Die 3-Klassen-Unterschiede begründen sich nur durch den Service und die CA-Zuordnung und nicht durch Unterschiede in der medizinischen Qualität.
4. Unterschiedliche Rechnungshöhen entstehen durch verschiedene Wahlleistungen, variablen Service oder die gewünschte persönliche Chefarztbehandlung.
5. Eine Facharztkompetenz ist in Akutkliniken an allen Wochentagen über jeweils 24 Stunden für alle Versicherten in gleicher Form anzubieten.

- **Kostenbeteiligung durch Patient und Arzt (▶ Kap. 5)**
1. Selbstbeteiligungen sind sinnvoll bei Nutzung von Wahlleistungen oder Anwendung nicht evidenzbasierter Medizin. Mit einer Eigenbeteiligung sollen nicht indizierte medizinische Leistungen begrenzt werden.
2. Auf teure Überangebote ohne eindeutige Indikation ist mit ärztlicher Honorarabsenkung bei Überschreitung der Mittelwerte zu reagieren.
3. Risikozuschläge oder Wohlverhaltensboni sind bei Übergewicht, Nikotinabusus oder Risikosportarten erlaubt. Eine Risikoselektion nach Geschlecht oder Beruf ist für Versicherungen der Basisleistungen verboten.
4. An Risiko-Strukturausgleichsmaßnahmen sind alle Kassen zu beteiligen, die bisherige Ausklammerung der PKV am Gesundheitsfonds ist obsolet.
5. Freiwillige Beteiligung am Hausarztmodell ist finanziell zu fördern.

- **Zweiklassenmedizin oder Zweiklassenservice (▶ Kap. 6)**
1. Die Kassenvielfalt ist nach Umwandlung der derzeitigen GKV- und PKV-Struktur so zu erhalten, dass jeder Bürger freie Zugangsrechte zu jeder Kasse erhält und damit die Kassenpluralität gewahrt bleibt.
2. Beitragspflicht besteht nur für die Basisversorgung und einen Grundservice.
3. Alle Kassen tragen solidarisch in gleicher Weise die Gesamtkosten für die Basisversorgung. Sie werden nach dem Solidaritätsprinzip aus dem Gesundheitsfonds mit einem für alle Kassen geltenden Risiko-Strukturausgleich finanziert. Eine kostenmäßige Beteiligung der Kassenmitglieder erfolgt nur für Kann-Leistungen und die variablen Serviceleistungen.
4. Alle politisch diskutierten Gesundheitsmodelle sehen, im Gegensatz zu den BÄK-Beschlüssen, eine Auflösung des dualen Versicherungssystems vor.

- **Patientenrechte und Patientenpflichten (▶ Kap. 7)**
1. Die wichtigsten Patientenrechte sind das Recht auf Selbstbestimmung, das Recht auf sachgerechte Aufklärung über die eigene Krankheit und das Recht auf kostenfreie Aufklärung von vermuteten Behandlungsfehlern.
2. Zu den Patientenpflichten zählen die Informationspflicht über Gesundheitsfragen, eine persönliche Vorsorgepflicht und das Ausfüllen einer Patientenverfügung samt Vorsorgevollmacht gemäß dem Patientenverfügungsgesetz vom 29.7.2009.
3. Krankenkassenvertreter und Ethikkomitees helfen bei der Durchsetzung der Patientenrechte sowohl im Krankenhaus, in Arztpraxen als auch in Altenheimen.

4. Recht auf Sterbehilfe bedeutet Hilfe *beim* sowie Hilfe *zum* Sterben und die Beendigung nicht indizierter oder nicht gewünschter lebenserhaltender Maßnahmen. Das Grundrecht, über den eigenen Körper zu disponieren, ist unverzichtbar. Sterbehilfe ist vom ärztlich assistierten Suizid, dem Bilanzsuizid und der Tötung auf Verlangen abzugrenzen.

- **Liquidationsrecht und Abrechnungen nach GOÄ oder EBM (▶ Kap. 8)**
1. Das Liquidationsrecht wird nach Umwandlung des dualen Versicherungssystems und der Einrichtung eines einheitlichen Vergütungssystems überflüssig.
2. Die zwei »Währungen« GOÄ und EBM ermöglichen eine Verschleierung unterschiedlicher Honorierungen und sind zu einer einzigen »Währung« zu vereinen. Eine neue GOÄ benötigt Höchstsätze zum Schutz für Patienten und Mindestsätze zum Schutz des Arztes. Eine einheitliche Gebührenordnung darf weder zur Abschaffung des freien Wettbewerbes unter den Krankenkassen führen noch die Wahlfreiheit der Patienten behindern.
3. Gebührenordnungen und CA-Verträge dürfen keine Anreize für eine Überversorgung geben. Daher ist das jetzige Liquidationsrecht abzuschaffen und zum Schutz vor Fehlanreizen eine Transparenz für Bonivereinbarungen zu fordern. Ein Bonus soll als Anreiz nur mit qualitätsorientierten Kriterien verknüpft sein.
4. Jeder Patient rechnet selbst mit seinem Arzt ab; damit wird die KV mit ihrer Abrechnung nach einem Punktesystem überflüssig. Die Zulassung und regionale Verteilung aller Ärzte ist ebenso wie die Absicherung der ärztlichen Fachlichkeit Aufgabe der Ärztekammern im Sinne einer Berufsaufsicht.
5. Zwischen Arztpraxen, Kliniken und Krankenversicherungen sind qualitätsorientierte Verträge über spezielle Patientenleistungen möglich.

- **Kosten- und Qualitätsbewusstsein (▶ Kap. 9)**
1. Qualitätskontrollen und ein Fehlermanagement müssen unter Verantwortung der Klinikbetreiber erfolgen. Die Ergebnisse sind im Internet zu publizieren.
2. Das Hausarztmodell fördert die Partnerschaft zwischen Hausarzt und Patient, schützt vor Überdiagnostik und erlaubt eine eigene Vertrags- und Tarifhoheit mit den Versicherungen. Fachärzte in Klinik und Praxis dürfen nur solche teuren diagnostischen Methoden verordnen, von denen sie auch Sachkenntnis haben; andernfalls erhält der Arzt finanzielle Abschläge.
3. Jede Art von »Fangprämien« verletzt, ebenso wie das verdeckte Sponsoring durch Pharmafirmen, die ärztliche Berufsordnung.
4. Der G-BA stellt den Zusatznutzen neuer Medikamente fest und trifft eine Preisvereinbarung; in gleicher Weise sollte er für neue Medizinprodukte und Großgeräte-Einsätze verfahren.
5. Bei der Wahl für eine Privatklinik haben die Patienten, unabhängig von der Art der Kassenzugehörigkeit, immer eine Eigenleistung zu erbringen, da die Solidargemeinschaft nicht für Luxusleistungen aufkommen muss.
6. Evidenzbasierte Medizin gehört zur Basisversorgung aller Versicherter. Außenseitermethoden und Teile der Vorsorgemedizin sind Wahlleistungen. Die Gesundheit muss für die Basisversorgung ein übergeordnetes Gut werden, ähnlich wie es unser Bildungswesen und Rechtssystem sind.

- **Interessenkonflikte und Transparenz (▶ Kap. 10)**
1. Interessenkonflikte sind zunächst wertneutral, bedürfen aber wegen der Risikosituation und des Glaubens an die Unbeeinflussbarkeit des eigenen Urteils – der sog. Resistenzillusion – der kompletten Offenlegung.
2. Transparenzerklärungen haben als Bewertungsgrundlage die Regeln der AWMF und der deutschen Arzneimittelkommission AkdÄ zu beachten.
3. Transparenz ist nötig für Bonusverträge, Finanzierung von Fortbildungen, Satellitensymposien und Referentenhonorare.
4. Eine Diagnostik veranlasst nur aus Ausbildungsgründen oder zur Absicherung ärztlicher Fachlichkeit ist transparent zu machen und unterliegt der Berufsaufsicht der Ärztekammern.
5. Finanzierungen der Pharmaindustrie bei der Fortbildung von Ärztekammern, Fachgesellschaften oder Referentenhonoraren müssen transparent sein und das Äquivalenzprinzip beachten.

Kasuistiken

Kasuistik 1: W. M. 49 J. m., Psychogene Kopfschmerzen

Kasuistik 2: A. D. 40 J. m., Episodischer Spannungskopfschmerz

Kasuistik 3: C. M. 52 J. w., Korsakow-Syndrom nach Alkoholabusus (Dialyseindikation?)

Kasuistik 4: C. J. 67 J. w., Euthyreote Struma seit über 40 Jahren

Kasuistik 5: L. I. 95 J. w., Knieprothese-Revisionsoperation

Kasuistik 6: N. I. 72 J. m., Hemiparkinson

Kasuistik 7: V. H. 35 J. m., Lumboischialgie rechts

Kasuistik 7 »privatisiert«

Kasuistik 8: W. G. 88 J. m., Akute Dysarthrie

Kasuistik 9: K. E. 77 J. m., Akutes Koma nach Reanimation bei einem schwer Parkinson-Kranken

Kasuistik 10: O. S. 66 J. w., Koxarthrose, Diabetes, Adipositas

Kasuistik 11: L. L. 61 J. w., Akute Lumboischialgie mit L5-Reiz-Syndrom u. Bandscheibenvorfall LWK 4–5

Kasuistik 12: G. L. 67 J. w., Hyperkinesen unter L-Dopa-Therapie

Kasuistik 13: A. R. 80 J. m., Staphylokokkensepsis durch Behandlungsfehler

Kasuistik 14: B. W. 70 J. m., Akutes Koma ohne Patientenverfügung

Kasuistik 15: E. St. 98 J. w., Sterbehilfe bei vegetativem Status

Kasuistik 16: J. C. 77 J. m., Operation eines Glioblastoms

Kasuistik 17: J. J. 65 J. m., Vorsorgemedizin mit Prostatabiopsie

Stichwortverzeichnis

Printed in the United States
By Bookmasters